DRC 丛书主编·李 伟

国务院发展研究中心
研究丛书2013

稳定与完善
农村基本经营制度研究

A Study on China's
Agrarian Institution Change

国务院发展研究中心农村经济研究部课题组◎著

中国发展出版社
CHINA DEVELOPMENT PRESS

图书在版编目（CIP）数据

稳定与完善农村基本经营制度研究/国务院发展研究中心农村经济研究部课题组著. —北京：中国发展出版社，2013.6

（国务院发展研究中心研究丛书／李伟主编.2013）

ISBN 978 - 7 - 80234 - 959 - 9

Ⅰ.①稳⋯ Ⅱ.①国⋯ Ⅲ.①农业经营—制度—研究—中国 Ⅳ.①F324

中国版本图书馆 CIP 数据核字（2013）第 124315 号

书   名：稳定与完善农村基本经营制度研究
著作责任者：国务院发展研究中心农村经济研究部课题组
出 版 发 行：中国发展出版社
　　　　　　（北京市西城区百万庄大街 16 号 8 层　100037）
标 准 书 号：ISBN 978 - 7 - 80234 - 959 - 9
经 销 者：各地新华书店
印 刷 者：北京科信印刷有限公司
开   本：700×1000mm　1/16
印   张：21.25
字   数：255 千字
版   次：2013 年 6 月第 1 版
印   次：2013 年 6 月第 1 次印刷
定   价：60.00 元

联 系 电 话：(010) 68990642　68990692
购 书 热 线：(010) 68990682　68990686
网 络 订 购：http://zgfzcbs.tmall.com//
网 购 电 话：(010) 68990639　88333349
本 社 网 址：http://www.develpress.com.cn
电 子 邮 件：fazhanreader@163.com

"稳定与完善农村基本经营制度研究"
课题组

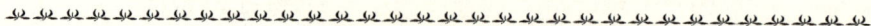

课题顾问

韩　俊　国务院发展研究中心副主任，研究员

课题负责人

徐小青　国务院发展研究中心农村部部长，研究员
刘守英　国务院发展研究中心农村部副部长，研究员

课题组成员

何宇鹏　国务院发展研究中心农村部副部长，研究员
谢　扬　国务院发展研究中心农村部巡视员，研究员
肖俊彦　国务院发展研究中心农村部副巡视员，研究员
秦中春　国务院发展研究中心农村部研究室主任，研究员
张云华　国务院发展研究中心农村部室主任，研究员
金三林　国务院发展研究中心农村部室主任，研究员
潘耀国　国务院发展研究中心农村部调研员，研究员
曾琼锐　国务院发展研究中心农村部调研员，研究员
李　青　国务院发展研究中心农村部副调研员，副研究员
樊雪志　国务院发展研究中心农村部室副主任，副研究员
伍振军　国务院发展研究中心农村部主任科员，助理研究员
谭明智　国务院发展研究中心农村部实习生
杨继伟　国务院发展研究中心农村部实习生
李艺铭　国务院发展研究中心农村部实习生

深化体制改革　促进转型发展

国务院发展研究中心主任　李伟

　　党的十八大提出了到 2020 年全面建成小康社会的宏伟目标。届时，按不变价计算，城乡居民收入水平比 2010 年实现倍增。要实现这一宏伟目标，到 2020 年前，我国 GDP 年均增长速度需要略高于 7% 。如何在转变发展方式的基础上保持经济较快增长，实现全面建成小康社会的宏伟目标，对我们的工作提出了新的要求。

　　未来中国经济发展面临着全新的国际环境。全球金融危机爆发后，世界经济进入了大调整大转型时期。发达经济体难以在短期内恢复高速增长，世界经济进入低速增长新阶段。全球性产能过剩问题加剧，国际市场竞争更加激烈，贸易投资保护主义有所抬头。区域贸易安排取代多边贸易体系，成为贸易投资自由化的主要形式，发达国家正按照自身利益酝酿新的贸易投资规则。三大主要经济体同时采取宽松的货币政策，导致全球性流动性过剩，对国际资本流动、全球金融市场的稳定均产生巨大影响。能源供求结构与格局深刻变化。主要发达经济体在救助金融危机和刺激经济的同时，实施"再制造业化"战略，重视新兴产业发展，推动经济加速转型。国际环境的变化，蕴含着新的机遇与挑战，战略机遇期的内涵与条件发生了重要变化。

中国经济发展进入了新阶段。我国已经进入了中等收入国家的行列，潜在经济增长率将出现下降，经济增长动力正处于转换之中。我国比较优势也在发生深刻变化，以往支撑我国参与国际分工与竞争的低成本劳动力优势正在快速削弱，劳动密集型产品在国际市场上面临着日益激烈的挑战。

转变发展方式刻不容缓。依靠要素投入驱动的经济发展方式难以为继，不平衡、不协调、不可持续的矛盾日益尖锐。经济结构不合理的问题日益严重，影响社会和谐稳定的矛盾更加突出，产能过剩、房地产泡沫、地方融资平台蕴含的金融风险等问题不可忽视。年初华北地区大面积持续的雾霾天气，不仅突显了资源环境问题的严重性，更反映了转变发展方式的紧迫性。

既要转变发展方式，又要保持经济稳定增长，唯一的出路是深化体制改革。体制机制是决定经济发展方式的根本因素，老的体制机制决定了老的发展方式。要转变发展方式，必须要有一套新的体制机制，否则，转变发展方式只能是纸上谈兵。除此之外，抓住新的发展机遇，释放经济增长的潜力，同样需要进一步深化改革。

深化改革要坚持不断完善社会主义市场经济体制。深化改革的关键是处理好政府与市场、政府与社会的关系，要尽可能把市场与社会可以自行承担的职能交给市场和社会，要用体制机制用好、管好政府这只"看得见的手"，充分尊重市场这只"看不见的手"，真正发挥市场机制在资源配置中的基础性作用。

改革进入深水区，需要我们用极大的智慧与勇气推进改革。各种体制盘根错节，相互影响，牵一发而动全身，改革不能零打碎敲，必须做好改革的顶层设计，系统化推进。

国务院发展研究中心是直接为党中央国务院决策服务的政策研究咨询机构。我们始终坚持围绕中心、服务大局的方向，开展政策研究，将战略性、综合性、全局性和前瞻性的重大战略问题研究与对经济社会发展中的热点、难点、焦点问题研究有机结合，力争为党中央国务院决策提供"管用"的政策建议与解决方案。

2013 年的"国务院发展研究中心研究丛书"共包括 16 本著作，是过去一两年我中心部分政策研究成果。《改革攻坚（上）——改革的重点领域与推进机制研究》和《改革攻坚（下）——推进经济体制重点领域改革研究》是对下一步经济体制改革的总体设计，是我中心重大课题研究成果。丛书中还收录了对特定领域改革的研究成果，如《稳定与完善农村基本经营制度研究》《利率市场化改革研究》。关于转型发展方面的研究成果则包括：《中国制造业创新与升级——路径、机制与政策》《中国企业转型发展调查研究》《要素成本上涨对中国制造业的影响及相关政策研究》《大调整时代的世界经济》《全球农业战略：基于全球视野的中国粮食安全框架》《完善城镇化进程中的社会政策》《人口倒挂地区社会管理研究》等。针对经济社会发展中的热点问题，丛书重点收录了建立房地产市场调控长效机制的研究成果，包括《中国住房市场：调控与政策》《土地供应制度对房地产市场影响研究》。另外，丛书还收录了关于经济社会发展中一些新趋势、新问题的研究，如《中国云计算应用的经济效应与战略对策》《中国场外股权交易市场：发展与创新》《中国中长期负债能力与系统性风险研究》。

我们正在着力建设"一流智库"，不断提高政策研究的水平与质量。尽管如此，丛书中收录的研究成果，可能还存在种种不足，希望读者朋友不吝赐教，提出宝贵意见与建议，帮助我们不断改进。我衷心希望，社会各界都能够关心支持政策研究与咨询工作，为实现中华民族伟大复兴的"中国梦"，不断作出新贡献。

2013 年 6 月 3 日

内容提要
Introduction

　　中国的农村基本经营制度是国家根本制度的基础部分。这一制度不仅决定国家基本制度的性质，影响国家与农民的关系和政权稳定，而且决定农村生产力与生产关系状况，影响农业生产发展、农民收入和几亿中国农民的命运。基于此，在中国的政治和经济决策中，农村基本经营制度的选择与变迁具有举足轻重的地位，受到高度重视。新中国60多年来，农村基本经营制度的变革，从土地改革到合作化运动和农业集体化，再到家庭承包经营制改革，可谓历经波折，对中国经济社会尤其是农村、农民产生根本性影响。

　　21世纪以来，随着经济结构的深刻变革，农村人地关系发生重大变化，农业发展处于历史转型期，农村基本经营制度又处于何去何从的十字路口。近年来，关于农村基本经营制度的讨论越来越多，也不乏质疑之声。一些早有定论的观点正在被怀疑甚至被否定，一些原来被认为毋庸置疑的主张似乎又变得模糊起来。与历次关于农村基本经营制度的讨论有所不同，此次的争论是在高速工业化、城镇化背景下展开的，对这些观点的回应以及对未来制度变革走向的思考，也必须来自在这一背景下对农村基本经营制度实际变革的观察与分析。

　　本项研究分析了农村基本经营制度的形成与特征；农村基本经营制度运行环境的变化；农民与土地的关系及其观念变化；刻画了农村基本经营制度正在经历的重大变化。在深入个案调查的基础上，形成《坚持与完善农村基本经营制度研究》总报告，以及《安徽省肥东县农业经营制度变革的系统考察》《上海市松江区家庭农场调查》《四川省成都市农村土地股份合作社调查》《黑龙江省绥化市农业发展方式转变与农业现代化调查》《湖南省农民专业合作社调查》《安徽省农村土地流转与托管服务调查》及《湖南省种粮大户调查》七份案例调研报告。

　　对于当前农村经营制度与组织变化情况，本研究形成以下几点认识：一是农民务农收入高于打工收入和实现农业适度规模经营是推进现代农业的两个前提；二是"保障承包权、分离经营权"是实现农业适度规模经营的制度内核；三是家庭农场是推进现代农业的最有效形式之一；四是以农户内生需求为导向的、互利互惠的合作社更有生命力；五是培养职业农民必须提到议事日程上来。

　　对于如何完善农村基本经营制度、创新农业生产经营体制，本研究在各项调研报告基础上提出以下政策建议：一是坚持完善农村土地承包经营权制度，促进土地流转和适度规模经营；二是制定农业经营者资格认定和培养制度，促进家庭农场发展；三是巩固和规范农业合作制度，把专业合作社办好；四是完善以家庭农场为重点的农业支持政策。

目 录
Contents

附件　成都市土地股份合作社案例

第一部分

总 报 告

坚持与完善农村基本经营制度研究

中国的农村基本经营制度是国家根本制度的基础部分。这一制度不仅决定国家基本制度的性质，影响国家与农民的关系和政权稳定，而且决定农村生产力与生产关系状况，影响农业生产发展、农民收入和几亿中国农民的命运。基于此，在中国的政治和经济决策中，农村基本经营制度的选择与变迁具有举足轻重的地位，受到高度重视。新中国60多年来，农村基本经营制度的变革，从土地改革，到合作化运动和农业集体化，再到家庭承包经营制改革，可谓历经波折，对中国经济社会，尤其是农村、农民产生根本性影响。

21世纪以来，随着经济结构的深刻变革，农村人地关系发生重大变化，农业发展处于历史转型期，农村基本经营制度又处于何去何从的十字路口。近年来，关于农村基本经营制度的讨论越来越多，也不乏质疑之声。一些早有定论的观点正在被怀疑、甚至被否定，一些原来被认为毋庸置疑的主张似乎又变得模糊起来。与历次关于农村基本经营制度的讨论有所不同，此次的争论是在高速工业化、城镇化背景下展开的，对这些观点的回应以及对未来制度变革走向的思考，也必须来自在这一背景下对农村基本经营制度实际变革的观察与分析。

　　本项研究是国务院发展研究中心农村部年度课题《稳定与完善农村基本经营制度研究》的总报告。为了研究在农村基本经营制度改革中，到底该坚持什么、完善什么，课题组成员分别对上海松江区、湖南湘潭市、安徽肥东和凤台县、四川成都市、黑龙江绥化市等展开专题调研，并已形成专题调研报告。本报告旨在各项专题调研报告基础上，对中国农村基本经营制度的特征、面临的挑战、体制创新的实际状况，以及未来可能走向进行分析，并在此基础上提出完善农村基本经营制度、创新农业生产经营体制的相关建议。

一、农村基本经营制度的形成与特征

　　新中国建立以来，围绕农村基本经营制度的争论与试验就没有停息过。农村基本经营制度的选择与变迁，成为我国几十年来农村政策制定与制度变迁的核心。对农村制度创新的评估和未来走向的探讨，也要在现行农村基本经营制度的基础上进行。本部分简略回顾农村基本经营制度的形成，并在此基础上对这一制度的主要特征进行归纳。

（一）农业集体化的教训与遗产

　　1949～1951 年进行的土地改革，是我党取得政权后在"农村进入全面性大革命的最初一役"。它不仅是一项经济制度的变革，即通过土地再分配，废除地主土地所有制，重建农民土地所有制，而且是一场"改朝换代"的政治变革，即通过"发动群众重组基层"，彻底推翻乡村旧秩序，树立农民群众在农村中的政治优势，为实现党对农村的政治和经济领导权打下合法基础。

这一次土地改革，不同于历朝历代仅仅将土地均分作为休养生息的权宜之计，它是一场为改变以私有为基础的土地产权制度和以小农为基础的农业经营制度的革命的前奏，当时的最高决策层只是在保留农民土地私有的时间长短和废除这一制度的条件准备上存在分歧而已。新中国建立之初，农村政策着力于引导农民在一定范围和规模内进行自发、自愿的联合，形成以私有为基础和以农户为基本单位的互助组。但是，土改不久，土地买卖在农村重现，农户之间出现分化。为了阻止农村旧的生产关系复归，山西、东北、河北等老区将一些互助组改成土地入股的农业社，实行土地入股分红和按劳分配，靠积累形成公积金和公共财产，试图以此来动摇私有制。这些涉及制度变革方向的做法，引发中央高层激烈争论。刘少奇对此予以严厉批评："用合作社动摇私有制，是一种错误的、危险的、空想的农业社会主义思想。"毛泽东则表示了明确支持："难道我们就不能把农民组织到合作社，依靠分工协作、统一经营，来提高生产力，动摇私有制基础？"毛刘之间的分歧既有如何实现合作化的策略问题，刘主张先工业化，再进行农业集体化，毛则主张没有工业化也可以先通过调整生产关系推进合作化。更大的分歧在于：刘认为按照《共同纲领》，应先有一个新民主主义革命的过渡期，再通过社会主义革命废除包括农民土地所有制在内的私有制，而毛已经转向为直接进入社会主义革命。

在毛泽东的主导下，1951年提出"计划在10至20年之内完成合作化的任务，改造小农经济"的设想。1953年提出"在一个相当长的时期内，基本上实现国家工业化和对农业、手工业、资本主义工商业的社会主义改造"的过渡时期总路线。新民主主义建设阶段被淡化，原来计划的15年、20年之后再发起社会主义"总进攻"被提前。中国农民在经历了土地改革不到 3 年后，就被组织起来，卷入农业合作化运动的洪流。

在毛泽东的部署下，合作化运动迅速展开。1950 年时，中国农村只有 19 个农业生产合作社（其中，初级社和高级社分别为 18 个和 1 个）。到 1951 年底，农业生产合作社发展到 130 个（其中，初级社和高级社分别为 129 个和 1 个）。1953 年 12 月，中共中央发布《关于农业生产合作社决议》，农业合作化大大加快，农业生产合作社发展到 1.5 万多个（其中，初级社和高级社分别为 1.5 万个和 15 个）。1954 年，农业生产合作社发展到 11.4 万多个（其中，初级社和高级社分别为 11.4 万个和 200 个）。农业生产合作社发展进入冒进状态，大量初级社转为高级社，许多互助组和个体农民直接并入高级社。到 1956 年底，农业生产合作社发展到 75 万个（其中，初级社和高级社分别为 21 万个和 54 万个），参加高级社的农户占全国总农户的 88%。6 亿农民加入合作社，中国农村在生产资料所有制方面的社会主义改造基本完成。

取得 1956 年合作化运动胜利后，毛泽东认为，所有制的改变，一定会带来农业生产力的大发展，并于 1958 年提出"多快好省、力争上游"的总路线。他还主张，农业合作化只能促进不能"促退"，并进一步发起大跃进和人民公社化运动，领导中国数亿农民进行一场空前绝后的大试验。工农兵学商、政社合一、"一大二公"、吃饭不要钱，打破社界、乡界、县界的大协作，实行组织军事化、行动战斗化、生活集体化，推行公共食堂等福利化政策。这些错误的做法造成严重损失，致使大量农村人口非正常死亡。面对农村的严峻局面，毛泽东不得不亲自于 1962 年制定"农村人民公社 60 条"，明确生产队是农村土地等生产资料的所有权单位和基本核算单位，以此稳定农村生产关系。自那以后，集体化时期的农村制度虽历经多次调整，但基本维持"三级所有，队为基础"的制度架构，生产队成为生产和分配核算的基本单位。

农业生产合作社是毛泽东引导农民走上社会主义道路的重要经济组织形式。按照生产资料公有化程度，可分为半社会主义性质的初级农业生产合作社和完全社会主义性质的高级农业生产合作社。

初级农业生产合作社，亦称土地合作社。它建立在主要生产资料私有制基础上，社员将土地作价入股，统一经营；耕畜与大中农机具等生产资料归社统一使用；社员参加社内劳动。初级社的总收入，在扣除当年生产费用、税金、公积金和公益金以后，所余部分分给社员，作为社员的劳动报酬和土地等生产资料的报酬。社员劳动报酬一般高于土地报酬。劳动报酬采取劳动工分的形式。社员除参加社内劳动外，还可以耕种自留地和经营其他家庭副业。社员家庭副业的生产工具、零星树木、家畜、家禽以及生活资料等归社员所有。虽然初级社的土地和其他主要生产资料仍是私有的，但已实行统一经营，并且积累了公共财产。

高级农业生产合作社，简称高级社。它实现了土地等主要生产资料的公有和社员个人消费品的按劳分配。社员私有的土地无代价地转为集体所有；社员私有的耕畜、大中型农机具则按价格由社收买，或为集体财产；社员的生活资料和零星树木、家畜、家禽、小农具以及家庭副业所需要的工具等，仍属社员私有。高级社组织社员参加社内劳动。高级社的总收入在扣除税金、生产费、公积金和公益金以后，剩余部分在社员之间进行分配。

在初级社内，村民们因为仍拥有生产资料，并且通过集体分红得以保障，通常会比较负责地耕作农田或使用牛、船、风车及其他农具。

由于村民通常与初级社的其他成员一起劳动，相互监督，所以即使在非其所有的土地上工作，或者使用他人的农具时，村民还是会注意自己的农活质量，妥善使用农具。作为一个群体，村民们都明白哪块地、哪条船或哪头耕牛归谁所有，使用时都较小心，以确保财产得到适当的维护和照料。即使有人不负责任地使用私人财产、干活马虎，他们也能够使用各种集体认可的形式，如公开责骂、罚款，乃至从合作社开除，加以处罚。总体而言，居住在同村的农社成员，通常都有血缘关系和友情，彼此间的凝聚力比较强，这些非正式的制度规则保证了初级社的绩效。

向高级社过渡后，村民们失去了土地和工具，他们将干部看做是控制着集体全部资源的实际雇主。社员们仅仅为了工分而劳动，只关注工作的数量，而忽视质量；他们不再把农田和工具当成是自己的财产，也不再像以前那样密切注意彼此的工作表现、工具使用情况，农活质量和效率因而随之恶化。不同于之前以村落或邻里关系为基础而设立的初级社，高级社一般包括了数个相隔几里的自然村落。相较于初级社内成员之间多具亲邻关系，能够依靠身份和利益的共识彼此约束，高级社成员很多并不生活在同一自然村落，很可能互不熟识。正因为不同村庄的社员之间缺乏亲密的纽带关系，故很难在新的集体组织中培养认同感。由于高级社通常由几个自然村组成，而合作社领导一般只有几个人，他们无法给上百个成员分配任务，也不可能亲自监督其劳动。因此，在非正式规则约束失效和正式规则难以实施的情况下，高级社的绩效低下也就顺理成章了。

在人民公社时期，实行"三级所有、队为基础"体制，生产队成为基本核算单位。绝大多数情况下，生产队等同于原来的初级社。各生产队自己决定本队社员从事何种劳动、如何监督及如何记工。不过，生产队的产权并不是独立、排他的，它的生产安排与成果还要受"三级所有"支配。与财务独立的初级社相比，分配上的平均主义，导致"干好干坏一个样"，农民的劳动投入与其所得关系明显下降。

在合作社及后来的生产队体制中，除了经营组织的效率损失和分配上的平均主义等制度性因素外，还有两点一直困扰合作社的发展与存亡。一个是在制度变迁方式上，只要是自上而下的推动，就会出现强迫和农民的非自愿。而且农民没有退出权，他们只能以降低努力和不合作应对，从而降低农业合作的绩效。另一个是村干部的委托 – 代理问题。在过渡到高级社之后，农民完全失去了土地和大型工具。他们再也无法退社，只能完全依赖合作社生存。合作社干部对成员的态度改变，在执行上级命令或指示时，逐渐转向"强迫命令"。由于拥有各种特权，合作社的干部与群众拉开了距离，干部特权过多、对待社员搞强迫命令、合作社财务处理不当的现象在各地泛滥。合作社陷入困境，最终归于失败。

（二）家庭承包制改革与农业基本经营制度的确立

1978 年底党的十一届三中全会，拉开了中国改革开放大幕，农村制度变革成为先导。这场对中国几亿农民乃至整个国家命运产生重大影响的制度变革，滥觞于贫困的传统农区，后得到有改革意识的地方及中央领导人的支持，再经由政策推动，得以在全国普及，最终通过法律予以制度上的确立。

1980 年 9 月，中共中央印发《关于进一步加强和完善农业生产责任制的几个问题》通知，在强调"集体经济是我国农业向现代化前进的不可动摇的基础"上，要求"应从实际需要和实际情况出发，允许有多种经营形式、多种劳动组织、多种计酬办法同时存在"。不过，对于专业承包联产计酬责任制更加提倡。对于包产到户（包括包干到户），则主要限于边远山区和贫困落后地区长期"吃粮靠返销，生产靠贷款，生活靠救济"以及群众对集体丧失信心的生产队。

1982 年的中央 1 号文件专门谈农业生产责任制问题。这份文件在强调"我国农业必须坚持社会主义集体化的道路，土地等基本生产资料公有制是长期不变"的同时，也明确提出"集体经济要建立生产责任制也是长期不变的"。明确肯定了分户经营、自负盈亏的包干到户经营方式是建立在土地公有基础上的。农户和集体保持着承包关系，不同于合作化以前的小私有个体经济，是社会主义农业经济的组成部分。在权利处置上规定，社员承包的土地，不准买卖、不准出租、不准转让、不准荒废，否则，集体有权收回；社员无力经营或转营他业时应退还集体。

1983 年，中共中央发布《当前农村经济政策的若干问题》，进一步肯定"分散经营和统一经营相结合的经营方式具有广泛的适应性……分户承包的家庭经营是合作经济中的一个经营层次，是一种新型的家庭经济"。"完善联产承包责任制的关键是，通过承包处理好统与分的关系。根据我国农村情况，在不同地区、不同生产类别、不同的经济条件下，合作经济的生产资料公有化程度、按劳分配方式以及合作的内容和形式，可以有所不同，保持各自的特点。"到 1984 年底，全国已有 99% 的生产队、96.6% 的农户实行了包干到户。

家庭承包经营制确立后，在农村制度上的政策导向有两个：一是在家庭经营制度确立后，探索"统"的内涵和统分结合的方式；二是使家庭承包制法制化，成为一项基本制度。

在"统"的内涵和统分结合方式上，1984 年提出要设置"以土地公有为基础的地区性合作经济组织"。1985 年明确"地区性合作经济组织，要积极办好机械、水利、植保、经营管理等服务项目"。1986 年的政策更加明晰："完善合作制要从服务入手，通过服务逐步发展专业性的合作组织。地区性合作经济组织，应当进一步完善统一经营与分散经营相结合的双层经营体制。"关于统分结合的内容与方向，在 2008 年党的十七届三中全会通过的《中共中央关于推进农村改革发展若干重大问题的决定》中做出明确阐述："推动家庭经营向采用先进科技和生产手段的方向转变，推动统一经营向发展农户联合与合作，形成多元化、多层次、多形式经营服务体系的方向转变。"

在家庭承包经营制的制度化、法制化上，1991 年中共中央《关于进一步加强农业和农村工作的决定》首次提出"把以家庭联产承包为主的责任制、统分结合的双层经营体制，作为我国乡村集体经济组织的一项基本制度长期稳定下来，并不断充实完善"。并明确，"完善双层经营体制，包括完善家庭承包经营和集体统一经营"。家庭承包经营不是"分田单干"，集体统一经营也不是"归大堆"。1993 年中共中央、国务院《关于当前农业和农村经济发展的若干政策措施》中进一步明确，"以家庭联产承包为主的责任制和统分结合的双层经营体制，是我国农村经济的一项基本制度，要长期稳定，并不断完善"。十六大以来的历次中央 1 号文件，一以贯之地将"坚持和完善以家庭承包经营为基础、统分结合的双层经营体制"作为农村基本经营制度，保持了下来。为了稳定和完善以家庭承包经营为基础、统分结合的双层经营体制，赋予农民长期而有保障的土地使用权，维护农村土地承包当事人的合法权益，促进农业、农村经济发展和农村社会稳定。2002 年，《农村土地承包法》在法律上明确"国家实行农村土地承包经营制度"。

（三）农村基本经营制度的主要特征

新中国成立60多年特别是改革开放30多年来，我国农村经过不断的变革与试验，尽管历经反复甚至遭遇重大挫折，但经过不断探索，中国农村基本经营制度的框架已经确立，需要进一步稳定与完善。

第一，坚持土地集体所有制。土地集体所有制是我国农村合作化运动留下的最主要的制度遗产，是我国社会主义基本经济制度的主要组成部分，也是我国农村制度有别于世界其他国家和地区的、独特的制度安排。即使是在三年自然灾害那么严重的挫折面前，农村制度的底线也只是退回到"三级所有、队为基础"的集体所有制；在20世纪80年代初农村改革浪潮中，中央在推动家庭经营和还地权于农民的制度变革时，也再三强调家庭责任制改革是在集体所有制不变的前提下进行的；在90年代明确农村基本经营制度时，也必须强调"统分结合"，而集体所有制是农业经营体制中"统"的最主要合法性来源。改革以后的土地集体所有制的内涵如下：农村土地为农民集体所有，法律赋予农户承包农民集体土地的权力，农村集体组织拥有土地发包权和处置权，土地使用者不得买卖土地；每个集体成员平等享有集体土地的使用权，集体所有制演化为成员权集体所有制；集体的每个成员享有土地非农后的收益分配权。

第二，农户成为土地产权的拥有者。农村改革的最重要制度内涵是，赋予承包农户土地产权，通过产权的保护与实施解决农业生产激励低下和制度预期不稳定的问题。在集体所有制下，农户替代生产队成为农业生产和经济活动的决策主体，拥有合约期内农村土地的承包经营权、收益权和转包权。近年来，不断通过完善土地产权，包括明确和巩固农户的主体地位，稳定土地承包关系（从承包期15年、30年到现在的"长久"不变），以及明确以农户为主体的土地流转，农户拥有了物权化的土地产权。同时，在产权赋予上，承包农户获得的土地权利是承包权和经营权合一的土地承包经营权。

第三，家庭经营是农业生产的主要经营和组织形式。家庭经营替代集体化时期的生产队经营，是农村制度改革的重要成果之一。家庭经营成为农业生产的最主要组织和经营形式，是由农业生产的自然特性和农业劳动的特点决定的，前者要求生产者对农业生产各环节精心呵护，后者要求努力与回报的直接对应。因此，只要农业的自然风险得不到消除，农业投入仍然依赖于农业劳动投入，家庭经营就是最合适的农业经营组织形式。目前，对农村基本经营制度的争论中，对农户家庭经营能否实现农业现代化仍然有所质疑，需要我们认真对待。

第四，建立以农民专业合作社为主的服务体系，是实现统分结合经营体制中"统"的内容的主要制度安排。"统"的层次在目前的农村基本经营制度中的作用到底如何发挥，统与分之间如何结合，"统"的内涵到底是什么，这是目前完善农村基本经营制度中争议最大的一部分。有几点要明确：一是统是为家庭经营服务的，不是替代农户家庭经营再另搞一套，更不能以统削弱家庭经营能力；二是统主要表现为农户之间的联合与合作；三是要建立多层次、多种形式的服务体系为家庭经营服务。

二、农村基本经营制度运行环境的变化

与其他制度变迁一样，农村基本经营制度的变迁，会受到这一制度运行环境改变的影响。改革开放以来，中国的经济结构变革进程加

速，尤其是20世纪90年代中期之后，随着出口导向战略的实施，中国工业化布局发生巨大变化：东部沿海地区的工业化蓬勃展开，成为绵延的工业化带，并于世纪之交成为"世界制造工厂"。相比之下，内陆地区80年代中期以后遍地开花"长"出来的乡镇企业逐渐衰败，工业化进程受阻。一度被作为"中国发展经验"的本乡本土农村工业化模式宣告终结，农民对工业化的参与逐渐从"亦农亦工"模式转变为农村劳动力的跨地区流动。另一方面，伴随计划生育政策效果的逐渐显现，中国人口生育模式和观念不断发生改变，农村人口和劳动力供给发生重大转折。结构高速变革、劳动力转移模式变化以及人口与劳动力供给变化，带来农业产业份额与就业份额加速下降；农业与工业、农村与城市之间劳动力争夺日趋激烈；长期困扰中国农村发展的人地关系有所缓解；土地的经济重要性及农民对土地的观念等发生转折性变化。这些环境特征的变化是我们在本节关注的重点。

（一）经济结构变革对农业发展的影响

1. 农业份额下降到现代化转折点

纵观世界各国经济发展历程，伴随工业化和城镇化，农业份额会不可避免地呈逐渐下降趋势。农业份额的下降，既是经济发展的基本规律，又是结构性变革的主导力量。

在结构变革过程中，农业份额的下降主要表现为两方面：农业产值份额下降和农业就业份额下降。自改革开放以来，我国第一产业生产总值和就业份额"双降"趋势十分明显。从产值份额来看，我国农业产值份额自改革后呈现不断下降趋势，由1978年的28.2%下降到2011年的10%，年平均下降速度约为0.6%。分阶段看，农业产值在1978～1989年间波动较大，1980～1982年和1989～1990年间出现反弹，自 1990 年以后一直处于平稳下降。从就业份额来看，我国农村就业份额从 1978 年的 70.5% 下降到 2011 年的 34.8%，年平均下降速度超过 1 个百分点。2003 年以来，受城镇化加速影响，农业就业份额下降速度进一步加快，年平均下降速度为 1.8%（见图 1）。

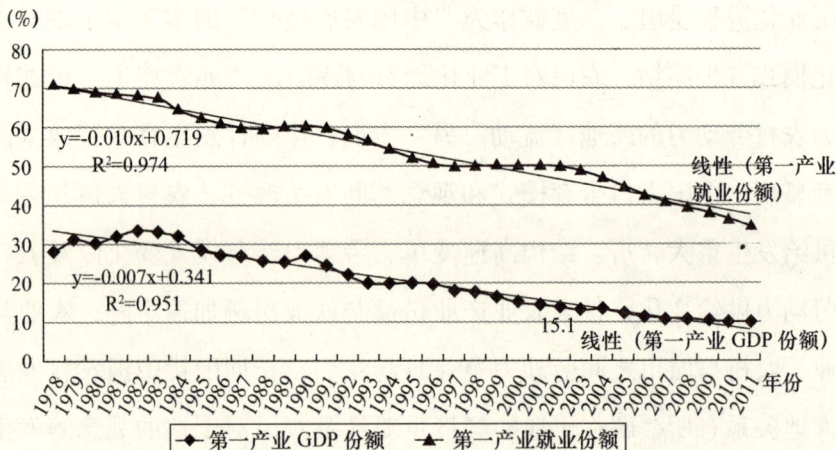

图 1　1978～2011 年我国第一产业 GDP 份额与就业份额情况

值得注意的是，农业份额的下降，并不意味着农业基础地位的下降和农业产业的萎缩。相反，农业以其不断增加的产品供给满足了人口和劳动力非农化后不断增长的食物需求。尤其是 2004 年以来，我国农业绝对产值仍然保持 10% 左右的增长率（见表 1），粮食产量实现"九连增"，从 2004 年的 46947 万吨增加到 2012 年的 58957 万吨，各类农产品人均产量均有不同程度的上升（见图 2），支撑着工业化和城镇化的快速推进，其在国民经济中的基础性作用凸显。

农业份额的下降，尤其是农业就业份额的下降，为进一步缓解农村人地关系、改变农业相对要素价格、促进农业生产组织与制度创新提供了机会。在今后一段时期，中国工业化、城镇化水平还有较大提升空间，农业产业和就业份额还将继续处于下降趋势，其对农业制度变迁的可能影响值得关注。

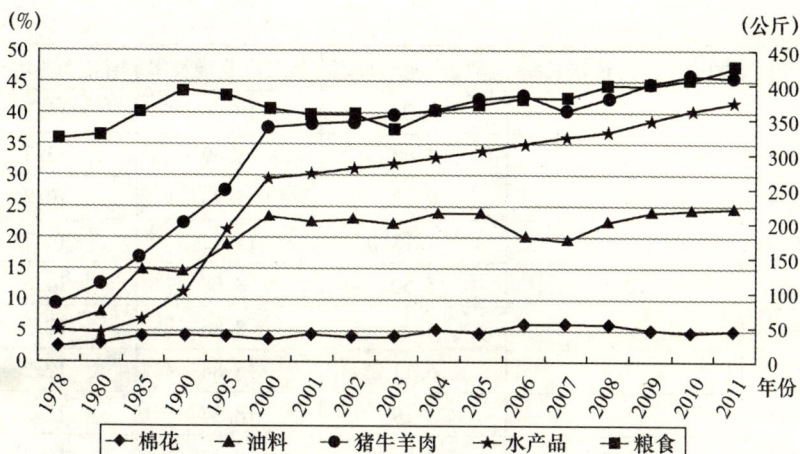

图2　改革开放以来（1978～2011年）我国人均农产品产量变化

注：右侧坐标轴标示的是农产品产量，单位为公斤。

表1　　　　　1979～2011年我国三次产业绝对产值增长率（%）

年份	国内生产总值增长率	第一产业增长率	第二产业增长率	第三产业增长率
1979	11.4	23.62	9.64	0.7
1980	11.9	7.98	14.55	11.7
1981	7.6	13.70	2.90	9.6
1982	8.8	13.98	5.65	8.0
1983	12.0	11.31	11.04	15.1
1984	20.9	17.07	17.36	33.5
1985	25.1	10.72	24.50	44.7
1986	14.0	8.75	16.19	15.8
1987	17.4	15.93	16.89	19.4
1988	24.7	19.56	25.43	28.4
1989	13.0	10.36	10.49	18.7
1990	9.9	18.66	6.04	8.1
1991	16.7	5.54	17.94	24.6
1992	23.6	9.82	28.53	27.5
1993	31.2	18.70	40.64	27.3
1994	36.4	37.46	36.41	35.8
1995	26.1	26.78	27.77	23.5
1996	17.1	15.49	17.98	16.8

年份	国内生产总值增长率	第一产业增长率	第二产业增长率	第三产业增长率
1997	11.0	3.04	10.96	15.7
1998	6.9	2.60	3.89	13.3
1999	6.2	−0.32	5.20	10.8
2000	10.6	1.18	11.02	14.3
2001	10.5	5.60	8.68	14.6
2002	9.7	4.79	8.86	12.5
2003	12.9	5.11	15.84	12.2
2004	17.7	23.19	18.37	15.3
2005	15.7	4.70	18.53	16.0
2006	17.0	7.23	18.40	18.2
2007	22.9	19.08	21.32	25.7
2008	18.1	17.73	18.42	18.0
2009	8.6	4.52	5.80	12.7
2010	17.8	15.07	18.87	17.3
2011	17.8	17.15	17.63	18.1

2. 农业发展方式发生重大变化

新中国成立以来，虽然我们一直致力于对传统农业的改造，但是，由于人口对土地的压力没有改变，农业技术更新一直以提高土地产出、增加劳动投入的类型为主。快速的工业化、城镇化进程，不仅改变了我国农业经济的外部环境，还促进农业转型。具体而言，在投入方式上，从主要依靠以高劳动投入和现代流动投入为主逐渐转向以机械投入为主；在发展方式上，从以提高土地生产率为主逐渐向以提高劳动生产率为主的现代农业转变。

（1）农业投入方式变化。传统农业生产主要依靠增加劳动时间和农药、化肥等现代投入提高土地生产率，但随着农村劳动力向非农产业大规模转移、从事农业的劳动力人数减少和整个农村人口的绝对量减少、农民务工收入上升，我国农业依靠高劳动强度和现代投入提高农业产出的模式发生重大改变。最显著的变化是：农作物用工成本上升、用工数较少。家庭用工价与雇工工价均出现明显增长，且雇工工价近 10 年的增速很快，从 1999 年的 14.05 元/日增长到 2009 年的 53.09 元/日，增长近 4 倍。家庭用工价折算也从 1999 年的 9.5 元/日增长到 2009 年的 24.8 元/日，增长了 2 倍多（见图 3）。1999~2009 年的 10 年间，主要作物的家庭用工核算总费用呈直线上升趋势。其中，棉花成本最高，亩均接近 500 元；其次是油菜籽、稻谷和玉米成本，2009 年接近或在亩均 200 元左右。小麦、大豆成本价格相对较低，分别在亩均 150 元和 100 元以下。

（元/日）

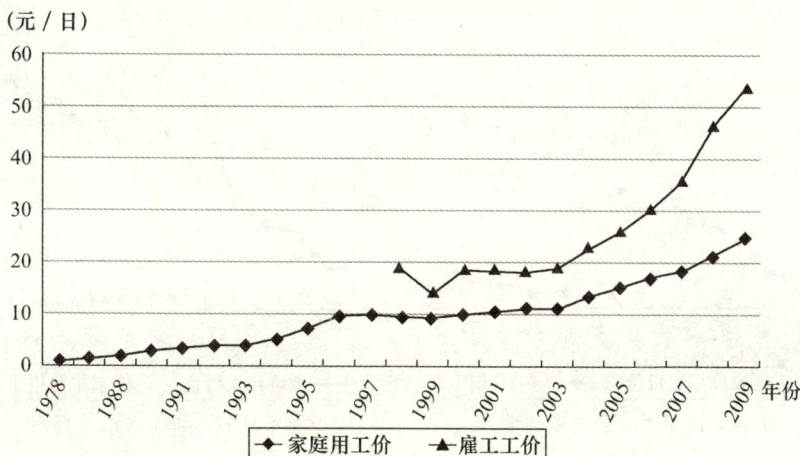

图 3 1978~2011 年主要农作物的每亩用工数量和家庭用工折算的变化

由于劳动力越来越稀缺，劳动用工成本上升，一个农民家庭在进行劳动力配置时，普遍采取减少农作物用工投入的策略，主要农作物用工量大大下降（见图 4）。其中，下降幅度最大的是棉花，从 1990 年的接近 45 日/亩下降到 1999 年的 35 日/亩，又下降到 2009 年的 22 日/亩，20 年间减少了 1 倍；稻谷、油料作物则从 1990 年的 20 日/亩下降到目前低于 10 日/亩，也减少了 1 倍左右。小麦、玉米和大豆趋势类似（见图 5）。

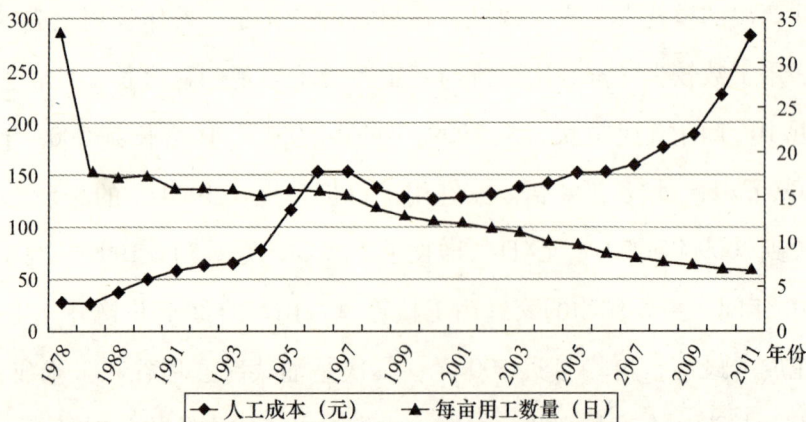

图4　1978～2009年三种主要粮食作物家庭用工价与雇工工价的变化

资料来源：2007～2010年《全国农产品成本收益汇编》。

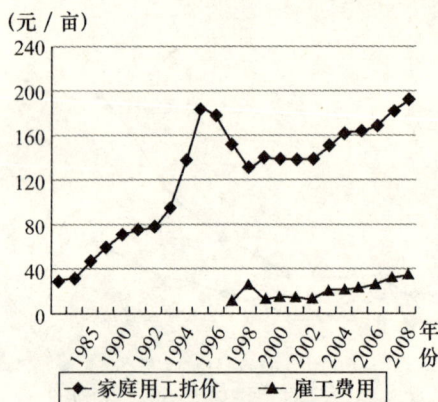

稻谷家庭用工折价与雇工费用

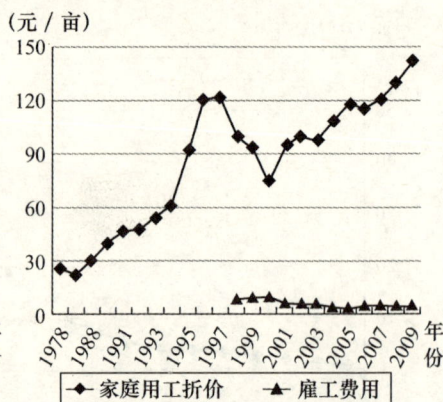

小麦家庭用工折价与雇工费用

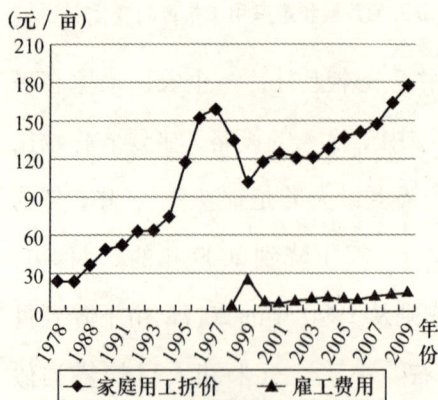

玉米家庭用工折价与雇工费用

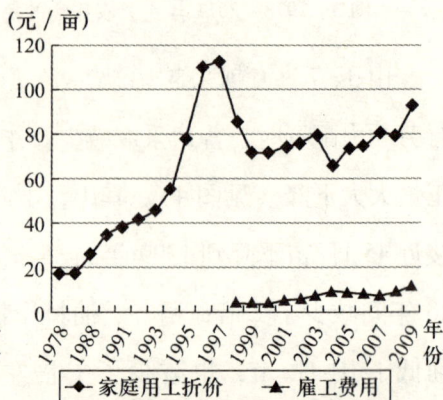

大豆家庭用工折价与雇工费用

油菜籽家庭用工折价与雇工费用

棉花家庭用工折价与雇工费用

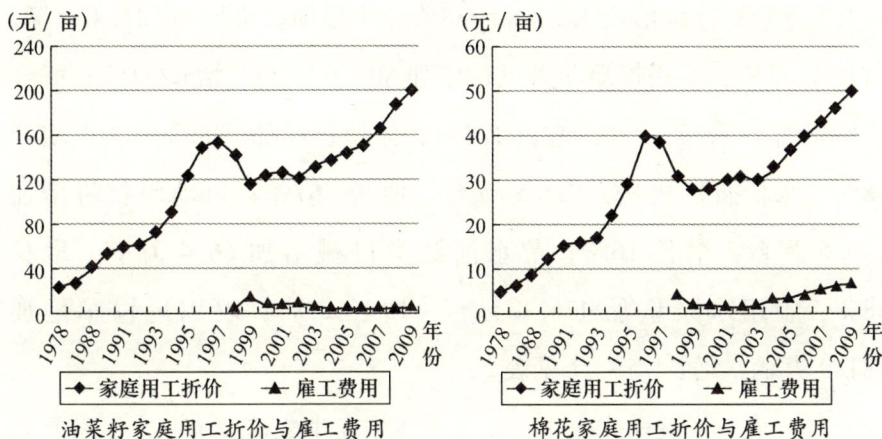

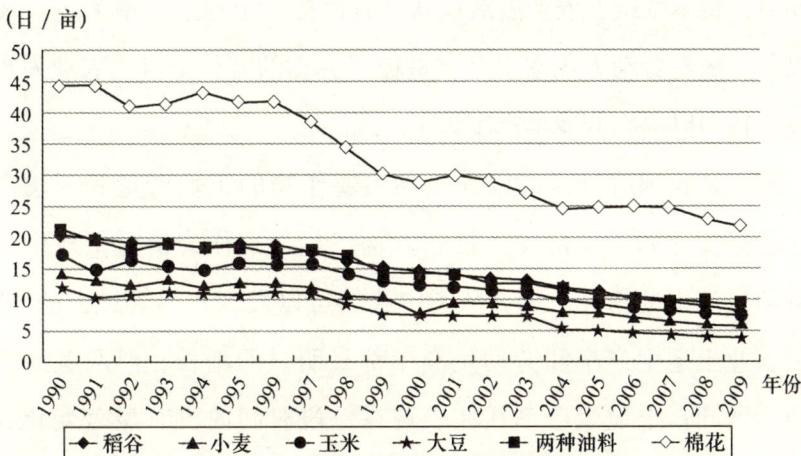

图5 1990～2009年间各主要种植作物的亩均用工量

与之形成鲜明对照的是，农业机械化水平提高与机械投入增加。改革以来，全国的农业机械总动力增长迅速。1978～2002年间，全国农用机械总动力从11749.9万千瓦增加到57929.9万千瓦，年均增长6.9%。2003年以来，全国农用机械总动力继续保持了年均6%的高速增长，从2002年末的57929.9万千瓦增加到2010年底的92780.5万千瓦。2000年以来，全国各种主要农业机械拥有量增长迅速，这是支撑农业机械总动力高速增长的重要条件。2000～2010年间，全国的大中型拖拉机及其配套农具分别增加294.7万辆和

472.9 万套，分别增长 302% 和 338%；小型拖拉机增加 521.4 万辆，增长 41.2%；农用排灌动力机械增加 602.6 万套，增长 41%；联合收割机增加 72.7 万台，增长 274%；播种机增加 238.2 万台，增长 98%；水稻插秧机增加 25.5 万台，增长 567%；机动脱粒机增加 140.6 万台，增长 16%；节水灌溉类机械增加 56.4 万套，增长 58%；农用水泵增加 475.1 万台，增长 29%；农用运输车增加 581.9 万辆，增长 75%（见表 2）。

（2）农业发展模式变化。在农业转型发生之前，中国由于有富余劳动力，资本稀缺，农业发展模式一直以提高土地生产率为主。21 世纪以来，随着劳动力成本上升，机械对劳动的替代上升，农业发展模式逐步转向以提高劳动生产率为主。

图 6 是我国改革开放以来三种主要作物的亩均产量和劳均产量变化趋势图。如果以亩均产量和劳均产量分别作为衡量土地生产率和劳动生产率的指标，那么从图中我们可以发现，尽管过去的 30 年我国农业土地生产率和劳动生产率都有明显的增长，但两者的增长区间却不同：土地生产率往往表现在一段时间内没有显著变化，其增长也呈现出"跳跃式"、"阶梯式"的上升形式；而劳动生产率在 1978～2000 年间增长速度较为平缓，进入 21 世纪后增长速度骤然加快，这既是因为农业劳动力向非农领域大规模转移使得劳动生产率在边际上有所上升，同时农业机械化与农业科技化的逐步推广也成为劳动力迅速提高的重要因素。各农作物的平均土地生产率和劳动生产率的变化情况也是如此，土地生产率的变动与劳动生产率的变动在 2003 年交汇，在那以后，劳动生产率直线上升，土地生产率平缓增长（见图 7）。

表2　2000～2010年全国主要农业机械拥有量

类　别 年　份	2000	2001	2002	2003	2004	2005	2006	2007	2008	2009	2010
大中型拖拉机（万辆）	97.5	83	91.2	98.1	111.9	139.6	171.8	206.3	299.5	351.6	392.2
小型拖拉机（万辆）	1264.4	1305	1339.4	1378	1455	1526.9	1568	1619	1722.4	1751	1785.8
大中型拖拉机配套农具（万套）	140	147	157.9	169.8	188.7	226.2	261.5	308.3	435.4	542.1	612.9
农用排灌动力机械（万套）	1483.4	1506	1571.5	1601	1675	1752.7	1867	1926	2034.9	2086	
联合收获机（万台）	26.5	28.4	31.2	36.2	40.7	47.7	56.8	63.2	74.4	85.5	99.2
播种机（万台）	243.9	266	286	299.3	327.3	364.7	393.6	424.2	482.1		
水稻插秧机（万台）	4.5	4.7	5.3	6	6.7	8	11.2	15.6	20	26.1	30
机动脱粒机（万台）	876.2	904	898.3	883.7	914.7	929	969.4	982.9	963.2	987.9	1016.8
节水灌溉类机械（万套）	97.7	103	107.2	107.2	109.8	115.1	119.1	127	134.5	137.6	154.1
农用水泵（万台）	1633.7	1464	1522.6	1576	1646	1727.3	1841	1911	1979.2	2041	2108.8
农用运输车（万辆）	779.5	869	853.5	1029	1119	1119.4	1236	1296	1320.8	1345	1361.4

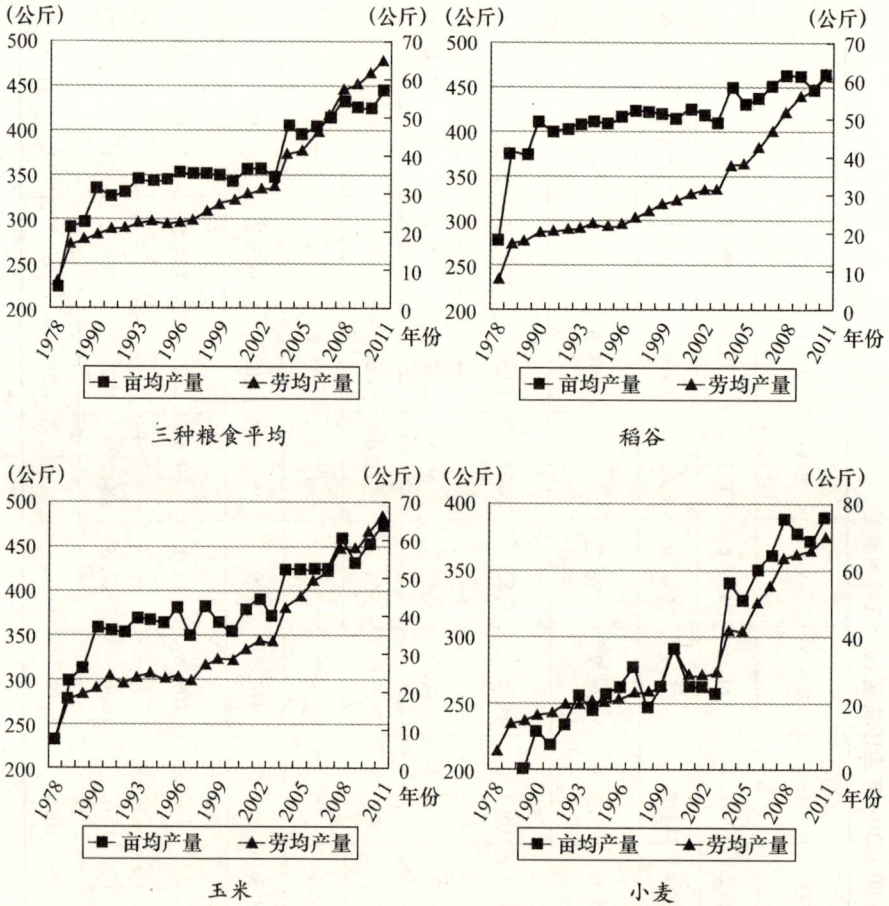

图6　1978~2011年主要作物的亩均产量和劳均产量变化趋势

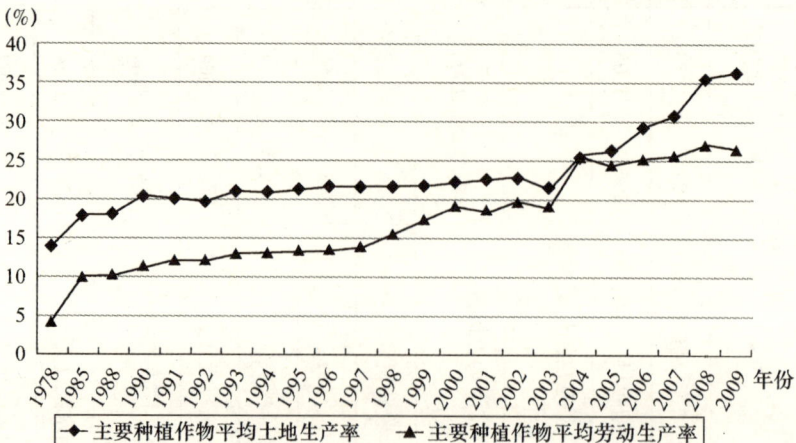

图7　1978~2009年土地生产率与劳动生产率的变化情况

（二）农民就业与收入的非农化

1. 农村人口与劳动力离农化趋势加剧

农村人口与劳动力是影响农业基本经营制度变革最关键的因素。农村人地关系决定了我国农村制度的基本特性。人口与劳动力转移，不仅有利于改变农村人口与土地的关系，而且还会引起农村要素相对价格变化，导致土地制度安排与经营方式的变化。

20世纪90年代末以来，我国经济格局的变化带来全国农村劳动力的跨区域流动加快。中西部地区成为支撑出口导向工业化的廉价劳动力输出地，每年数以亿计的农民工从内地农村流入东部地区的二、三产业部门。这一数量庞大的农民工"候鸟"般地往返于东部工业带和内地农村之间。1996～2010年，跨省流动农民工从2363.5万人增加到7717万人，占外出农民工的比重从32.7%提高到50.3%，中部地区跨省流动农民工所占比重更是高达70.5%（见表3）。到2011年时，全国农业转移人口总量达到25278万人，其中外出打工比例保持在63%左右（见表4）。

表3　　　　1996～2011年外出农民工跨省务工数量及比例　　单位：万人

类别 \ 年份	1996	2003	2004	2006	2008	2009	2010	2011
跨省流动农民工	2363.5	5620	4770	7068	7484	7441	7717	7473
占外出农民工的比例（%）	32.7	49.9	51	53.5	53.3	51.2	50.3	47.1

表4　　　　2008～2011年我国农业转移人口现状　　单位：万人

年份	2008	2009	2010	2011
农业转移人口	22532	22978	24223	25278
1. 外出农业转移人口	14042	14533	15335	15863
占农业转移人口比（%）	62.3	63.2	63.3	62.8
2. 本地农业转移人口	8501	8445	8888	9415

近几年来，东部地区因出口导向企业受挫，中西部地区工业化加速，不仅使农村劳动力转移态势延续，而且区域之间劳动力的竞争抬升了农民工工资。到2011年，东部、中部和西部地区农业转移人口分别占农业转移人口总量的42.7%、31.4%和25.9%，但东、中、西部地区农业转移人口数量较上一年分别增长3.1%，4.2%和6.7%，农村转移人口增量主要在中、西部地区（见表5）。中、西部地区对农业转移人口的吸纳能力也逐步增强。2011年，在东部地区务工的农业转移人口为16537万，比上年降低1.5个百分点，中部和西部地区务工的农业转移人口分别为4438万和4215万，比上年分别提高了8.1%和9.6%。

表5　　　　　2009～2011年农业转移人口数量分地区构成　　　　单位:%

	2011年			2010年			2009年		
	东部	中部	西部	东部	中部	西部	东部	中部	西部
农业转移人口	42.7	31.4	25.9	31.4	25.9	25.3	43.6	31.1	25.3
外出农业转移人口	31.6	36.6	31.6	36.6	31.8	31.6	31.9	36.5	31.6
本地农业转移人口	61.4	22.7	61.4	22.7	15.9	14.6	63.7	21.9	14.4

更值得重视的是，外出农民工中举家外出农民工已经占据一定比例。到2011年，外出农民工为12584万人。其中，举家外出农民工为3279万人，比2010年增加208万人；举家外出农民工占全部外出农民工的20.7%，比2010年增长0.7%（见表6）。国务院发展研究中心2010年调查数据表明，举家外出的农民工比例可能更高，已达25%。这些举家外出的农民工未来离开农村的倾向更强。关于未来定居的打算，举家外出农民工想留在城镇（包括离家近的小城镇）的比例为65%（见表7）。

表6 农民工家庭迁移特征 单位：万人

	2008 年	2009 年	2010 年	2011 年
外出农业转移人口	14042	14533	15335	15863
1. 住户中外出农业转移人口	11182	11567	12264	12584
占外出转移人口比（%）	79.6	79.6	80	79.3
2. 举家外出农业转移人口	2859	2966	3071	3279
占外出转移人口比（%）	20.4	20.4	20	20.7

表7 举家外出农民工未来定居的打算 单位:%

	在务工地所在的城关镇	在务工地所在的城市	回家乡的城市	回离家近的小城镇	回农村定居并改善农村居住条件	还没想好
举家外出农民工	15.6	28.8	11.2	9.5	13.5	21.5
未举家外出	16.9	21.9	10.3	7.8	16.3	26.9
全部农民工	16.5	23.7	10.4	8.2	15.6	25.5

资料来源：国务院发展研究中心"促进城乡统筹发展，加快农民工市民化进程研究"2010年重大课题组。

2. 农户家庭经营收入比例下降

随着农民外出打工数量增加，农民家庭收入构成也发生重大变化。

（1）工资性收入比例大幅上升，家庭经营收入比例不断下降。1990～2012 年的 20 多年时间里，中国农村居民人均纯收入从 990.4 元上涨到 7917 元。但更为显著的是收入结构的变化，农户家庭经营收入从 1990 年的 82.4% 下降到 2012 年的 44.6%。与此同时，工资性收入大幅度上升，从 1990 年的不足总收入的 15%，上涨到 2012 年的43.6%（见表8）。

（2）家庭经营收入中农业收入比重下降。1990～2011 年，人均农业收入从 531 元上升到 1897 元，上涨 2 倍有余。但农业收入占家庭经营收入的比例持续下降。1990 年农业收入比例为 65.1%，最低达到2000 年的 54.7%，下降 10% 有余，2010 年后有小幅上升（见表9）。

表8   农村住户家庭总收入构成   单位:%

年 份	工资性收入	家庭经营收入	财产性收入	转移性收入
1990	14.0	82.4		3.6
2000	22.3	71.6	1.4	4.7
2010	29.9	60.8	2.5	6.8
2011	42.5	46.2	3.3	8.1
2012	43.6	44.6	3.1	8.7

资料来源：1990~2010年数据来自国家统计局《2011年中国住户调查年鉴》；2011~2012年数据来源于国家统计局信息公布。

表9   农业收入占家庭经营收入和总收入的比例

年份	农业收入 （元/人）	农业收入占家庭经营 收入比例（%）	农业收入占总收入比例 （%）
1990	531.1	65.1	53.6
2000	1231.7	54.7	39.2
2010	2728.4	55.3	33.6
2011	1896.7	58.9	26.3

资料来源：1990~2010年数据根据《2011年中国住户调查年鉴》计算，2011年农业数据来源于统计局数据库。

（3）农业收入占总收入的比例和农业收入占家庭经营收入的比例出现不同方向变化。1978~2000年，二者比例一致下降，但2000年以后出现差异。2000~2003年，农业收入占总收入的比例持续下降，而农业收入占家庭经营收入的比例开始持平。2004年后，二者甚至出现相反走势。到2011年，农业收入占家庭经营收入的比例上升3.6%，农业收入占总收入的比例下降7.3%（见图8）。两者走势的差异化，尤其是家庭经营收入占比的提高，很有可能是家庭经营的内容发生了变化。

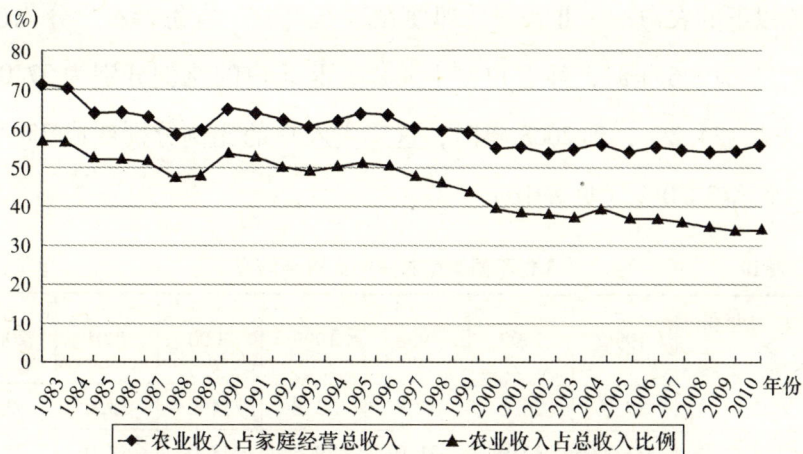

图8　1978～2011年农业收入占家庭经营收入和总收入比例图

资料来源：2011年《中国农村统计年鉴》，其中1990年、2000年、2010年数据来自人口普查数据。

（三）农民分化程度加深

随着农民非农化进程加快，农民经济活动和收入来源差异化加大。与改革开放初农民主要从事务农活动、家庭收入主要来自于农业和农村土地经营相比，农民的经济活动不断多样化，收入来源的差异也很大，由此带来农民的分化。在结构高速变革后，尽管具有同一身份的农民在称呼上一样，但其差别已十分明显。农民的分化带来他们对土地的观念差异化，为农村人地关系重构、土地流转与农业经营者选择提供条件和机会。

有学者依据农业部农村固定观察点数据，对吉林、黑龙江、安徽、四川、浙江五省进行分析。按照农户劳动时间构成和农户收入构成，以及农业生产收入占家庭生产性收入的比例，将农户分为3类：第一类是家庭成员每年从事非农劳动在30天以下的农户——纯农户；第二类是家庭成员每年从事非农劳动在30天以上且农业生产收入占家庭生产性收入比例为50%以上的农户——Ⅰ兼户；第三类是家庭成员每年从事非农劳动在30天以上且农业生产收入占家庭生产性收入比例为

50%以下的农户——Ⅱ兼户。即便在这五个农业省份，农户分化也十分明显。1996年时，纯农户、Ⅰ兼户、Ⅱ兼户的比例分别为37.0%、33.7%、24.2%，到2008年时，这三类农户的比例分别变成25.3%、24.1%和32.0%（见表10）。

表10　　　　　　　　　**5省不同类型农户的比重平均值**　　　　　单位:%

类型＼年份	1996	1997	1998	1999	2000	2001	2002
纯农户	37.0	36.2	35.7	33.8	34.2	33.6	33.4
Ⅰ兼户	33.7	32.0	31.0	29.5	28.0	28.0	27.0
Ⅱ兼户	24.2	25.9	26.2	29.5	29.0	28.8	29.1

类型＼年份	2003	2004	2005	2006	2007	2008	均值
纯农户	27.1	25.4	25.9	25.2	20.9	25.3	30.3
Ⅰ兼户	28.4	33.3	28.2	27.0	26.1	24.1	28.9
Ⅱ兼户	32.0	28.8	31.6	33.0	31.7	32.0	29.4

资料来源：转引自廖洪乐：《农户兼业及其对农村土地承包经营权流转的影响》，载于《管理世界》，2012年第5期。

为了分析结构快速变动下农民的分化，我们采用工资性收入占总收入比例指标，对农户进行了分类：一类是占比低于20%的农户；二类是占比为20%～50%的农户；三类是占比为50%～80%的农户；四类是占比高于80%的农户。全体农村住户收入数据采用中国家庭住户收入调查（CHIPs）1988年、1995年、2002年调查数据；农民工收入数据使用2002年中国家庭住户收入调查（CHIPs）中的农民工调查数据和2008年中国农民工研究（RUMIC）调查数据。可以看出，呈现出以下几个特点。

（1）农户分化加剧。1988年时，一类、二类、三类、四类农户分别占37.6%、29.8%、20.8%、11.8%；到1995年时，这四类农户分别为 33.5%、42.1%、19.4%、4.9%，到 2002 年时，这四类农户分别为 27.8%、30.6%、25.7%、15.8%。

（2）一类农户比例不断下降，四类农户比例不断上升。1988～1995 年间，一类农户比例下降 4%，二类农户上升 12%，三类农户基本持平，四类农户下降 7%；1995～2002 年间，一类农户比例下降 6%，二类农户下降 12%，三类农户增加 6%，四类农户上升 11%。2002～2007 年间，农民工中的一类农户比例下降 32%，二类农户和三类农户下降约 4%，四类农户上升 40%（见图 9）。

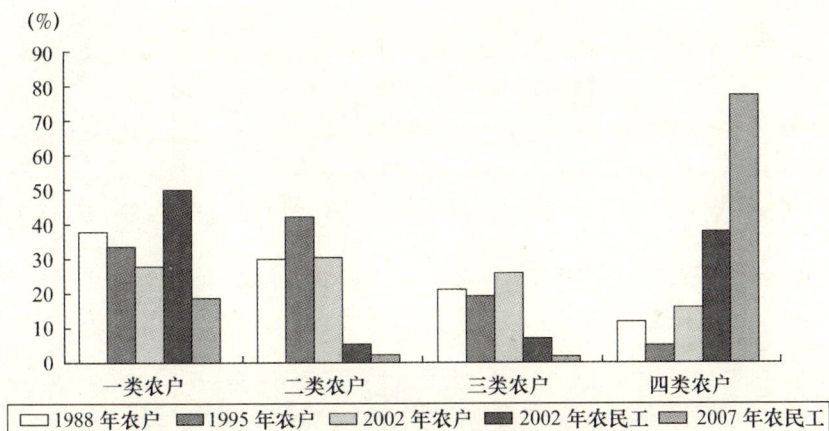

图 9　1988～2007 年不同类型农户数量比例

（3）不同类型农户收入增长趋势和速度出现差异。1988 年时，一类农户平均总收入为 3699 元，是所有类型中收入最高组，2002 年下降 1400 元左右，并且有持续下降趋势；1995 年和 2002 年二类农户总收入最高，分别为 3309 元和 2559 元，出现大幅度上升和下降的现象，2002～2007 年依旧是增长速度最快的类型；三类农户总收入 1988 年为 2042 元，排名第三，1988～1995 年下降，1995～2002 年上升，2002～2007 年进一步上升，排名第二，其总收入也有追赶上一类农户的趋势；四类农户总收入一直是四类收入中最低的，1988～1995 年出现大幅度下降后又开始提升，但2002～2007年增幅仍然是所有类型中最低的（见表11、图10）。

表11　　　　　　　　1988～2007年不同类型平均总收入　　　　　单位：元

农户类型	一类农户	二类农户	三类农户	四类农户
1988 年农户	3699	2923	2042	1161
1995 年农户	2636	3309	1524	388
2002 年农户	2323	2559	2146	1323
2002 年农民工	19053.4	17570.0	15496.1	12943.9
2007 年农民工	42827.8	44357.6	40542.7	21485.9

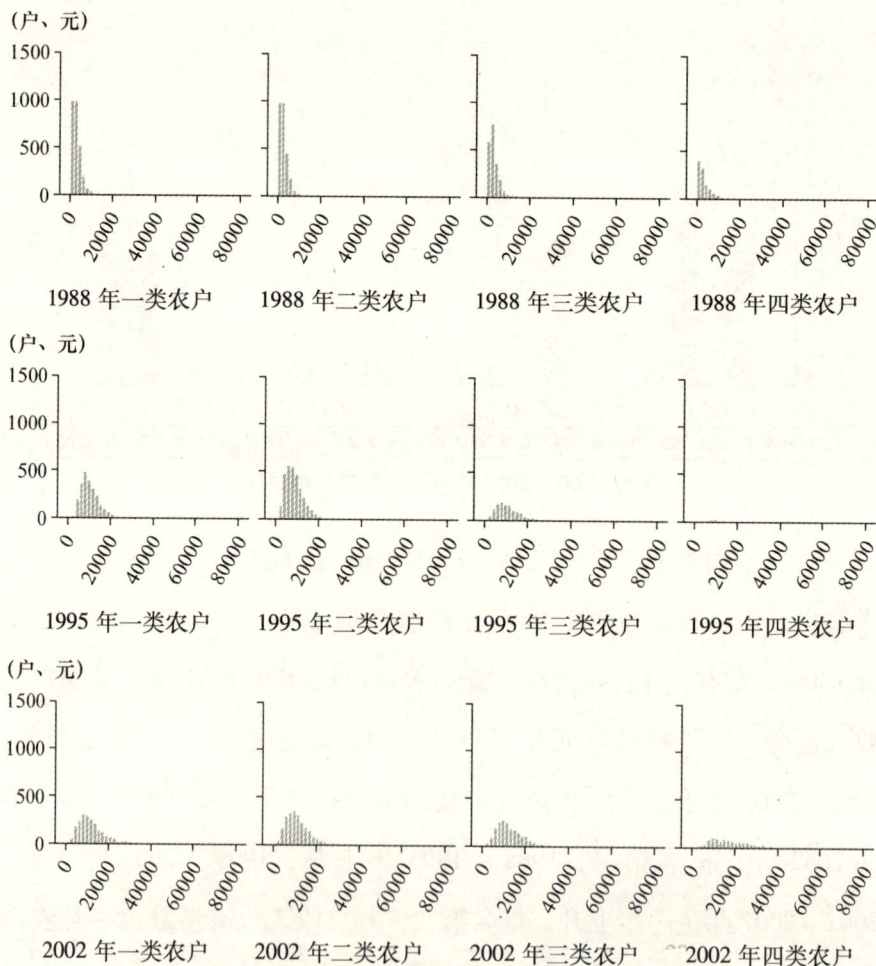

图10　1988～2002年不同类型农户收入分布

（4）工资性收入比例越高，该类型农户的组内收入分布越分散。1988～2002年，四类农户的组内收入分布都向右拉伸，表现出收入增长和平均化的趋势。具体来看，一类农户的集中度最高，二类农户次之，三类农户较为平均，四类农户收入分布最为分散，在0～40000元区间上平均分布。可见，工资性收入比例越高，同一类型农户组内收入分布越分散。

（5）不同类型农户收入来源越来越集中，专业化程度提高。从不同类型农户的收入构成看，一类农户的农业收入比例稳定上升，维持在90%以上；二类农户和三类农户的工资性收入显著上升，但三类农户上升幅度更大；四类农户的工资性收入增长最快，已经超过50%（见表12、表13）。

表12　　　　　　　1988～2002年不同类型农户收入构成　　　　　单位:%

农户类型	年份	一类农户	二类农户	三类农户	四类农户
农业收入比例	1988	93	65.8	36	8.3
	1995	87.7	66.8	37.3	11.2
	2002	92.3	64.5	36	9
家庭经营收入比例	1988	95.7	82	66	44.1
	1995	89.9	78.4	62.1	50.1
	2002	93.5	71	50	33.1
工资性收入比例	1988	0.1	0.7	2.2	4.2
	1995	1	9.7	27.1	39.8
	2002	4	22.8	39.7	52.7

表13　　　　　　　2002～2007年不同类型农户收入构成　　　　　单位:%

农户类型	年份	一类农户	二类农户	三类农户	四类农户
家庭经营收入比例	2002	95.7	60.6	25.8	0.3
	2007	98.3	57.8	31.8	0
工资性收入比例	2002	0.4	34.7	62.4	98.4
	2007	0.2	31.2	56.2	95.1
其他收入	2002	4.0	4.7	11.9	1.2
	2007	1.5	11.0	12.0	4.8

（6）一类农户的各类收入变化趋势不同，四类农户的收入变化幅度突出。首先，从工资性收入比例看，一类农户的农业收入比例和家庭经营收入先下滑后恢复，二、三、四类农户的农业收入比例基本维持。其次，从家庭经营收入比例看，一类农户维持在 90% 以上，其他三类农户都下降 10% ~ 15%，但未来的变化趋势各不相同。2002 ~ 2007 数据显示，未来二类农户的家庭经营收入比例可能继续下降，三类农户的家庭经营收入比例可能上升，纯非农户的家庭经营收入比例继续下降。再次，从工资性收入比例看，除一类农户出现不同幅度提升，其中二类农户上升 22%，三类农户上升 37%，四类农户上升 47.5%，比其他类型农户高出 10 ~ 25 个百分点。最后，从其他收入比例看，1988 ~ 1995 年除一类农户出现上升，二、三、四类农户分别出现 6.6%、21% 和 51.7% 的降幅，四类农户比其他类型农户降幅高出 15 ~ 45 个百分点。1995 年后，一类农户的其他收入比例下降迅速，二类农户有一定程度下降，三类农户基本稳定在 10%，四类农户开始上升。2002 ~ 2007 年数据显示，四类农户的其他收入可能继续上升。

农户脱离农业生产和农村生活是一个渐进的过程，农户首先从非农就业（兼业）中获得一定的非农收入；当非农收入超过农业收入时（Ⅱ兼农户），农民逐渐离开土地外出务工；当农户逐渐适应城镇的生活环境时，就可能考虑举家外出。

（四）农村外出打工者年轻化、务农者老龄化

在人口迁移的过程中，庞大的外出打工者群体对务工者和务农者的年龄结构都产生重要影响。目前的农村外出打工者仍然以年轻务工者为主。从外出打工人群的年龄结构看，初次外出的平均年龄为 26.7 岁，本地农业转移人口中 40 岁以上的占 60.4%，而外出农业转移人

口 40 岁以上的仅占 18.2%。

一方面，与外出人口年轻化相对应，我国农村人口的年龄结构也体现出老龄化加剧的趋势。2010 年，我国乡村 65 岁以上人口占 10.1%，比全国老龄人口比例高 1.2%，比城镇老龄人口比例高 2.3%。就乡村自身而言，2010 年老龄人口比例比 2000 年增长 2.6% （见表 14）。

表 14　　　　　2000～2010 年城乡年龄结构　　　　单位:%

年　份	2000			2005			2010		
全国/城乡	全国	城镇	乡村	全国	城镇	乡村	全国	城镇	乡村
0～14 岁	22.9	18.4	25.5	19.6	16.6	21.9	16.6	14.1	19.2
15～64 岁	70.1	75.3	67.2	71.4	74.9	68.5	74.4	78.1	70.8
65 岁以上	7.0	6.3	7.4	9.1	8.5	9.5	8.9	7.8	10.1

资料来源：2000 年、2010 年数据来源于"五普"、"六普"数据，2005 年数据来源于 10% 人口抽查数据。

另一方面，育龄人口的大量外出，也使得乡村人口去幼龄化趋势明显。2010 年，乡村 0～14 岁儿童比例为 19.2%，虽然仍然高于全国平均水平 2.6%，但比 2005 年下降 2.7%，比 2000 年下降 6.3%。

三、农民与土地的关系及其观念变化

（一）农村人地关系与劳均规模的变化

过密人口与土地的紧张关系是长期困扰我国农村制度选择的重要因素。在我国悠久的农业文明中，农民对于土地的依存、人口增长对土地的长期压力，形成了中国特色的以家庭为主体的小规模土地经营模式。1949 年新中国成立至改革开放前，尽管集体所有制实现了以生产队为单位的更大经营规模，但是由于农村人口被禁锢于土地的局面没有改变，人口对土地的压力进一步加重，人地比率进一步降低。人均土地规模从1949年的4亩下降到1981年的不足2.14亩。改革开放初期，由于人口增长和农村人口基数过大、农村工业化吸纳劳动力能力有限，中国农村人口对土地的压力格局也没有发生改变。

20世纪90年代中期以后，随着计划生育政策效果的逐渐显现，我国人口和增速持续减慢，农村劳动力的跨地区流动展开，农村人地关系得到缓解。从人口总量上看，在严格的人口政策控制下，1978～1994年间，全国的人口规模增加了24.5%，人口自然增长率徘徊在11‰～17‰之间。20世纪90年代中后期以来，我国进入低生育率时代，人口再生产发生了历史性转变，总和生育率一直处于1.5以下，并且大体稳定。1995～2009年，人口规模增加10.2%，人口自然增长率从10.55‰降到5.05‰。人口发展模式转变，为缓解人地关系提供了机遇。自2003年起，人地比例逐年上升，分别从2003年的1.96上升到2009年2.26（见图11）。

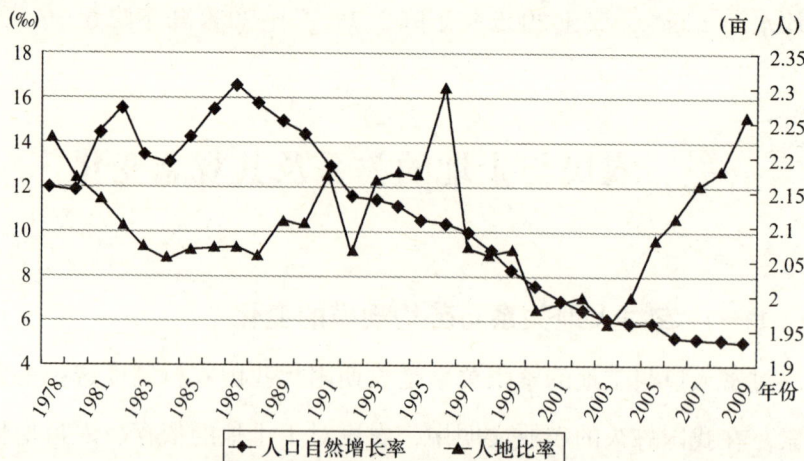

图11　新中国成立以来（1949～2009年）中国的人口增长率和人地比率

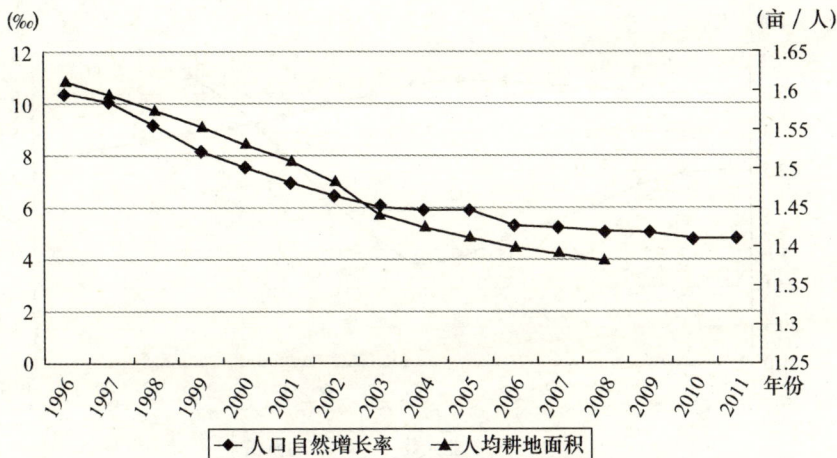

图12　近年来中国的人口增长率和人地（耕地）比率

注：耕地数据来自国土资源部各年国土资源公报。因 2009 年以后国家统计局与国土资源部停止对外公布耕地总数，因而 2009～2011 年份数据缺失。下表同。

与人口增长模式改变引发的人地关系缓解相比，农村劳动力的跨区域流动对农村土地经营规模的影响更为显著。1996～2009 年间，全国农村转移出去的劳动力达 2.5 亿，农业劳动力总量从 1996 年的 3.17 亿下降到 2009 年的 2.59 亿。随着更多的农村劳动力转到非农部门就业，农村土地经营规模进入逐渐扩大时期，在劳均耕地规模上，按农业劳动力计算的劳均耕地面积从 2004 年的 5.97 亩/人增加到 2009 年的 7.05 亩/人（见图 13）。

从区域来看，东部沿海地区由于农村劳动力的非农化比例更高，农业劳动力占农村总劳动力的比重从 1990 年的 66.77% 下降到 2009 年的 32.32%，东部地区劳均耕地规模也从 1990 年的 3.4 亩/人上升到 2007 年的 4.99 亩/人。在中部地区，农业劳动力占农村总劳动力的比重从 1990 年的 82.2% 下降到 2009 年的 65.5%，其下降程度没有东部地区显著。劳均耕地规模的上升也没有东部地区那么明显，从 1990 年的 3.19 亩/人上升到 2007 年的 3.67 亩/人。

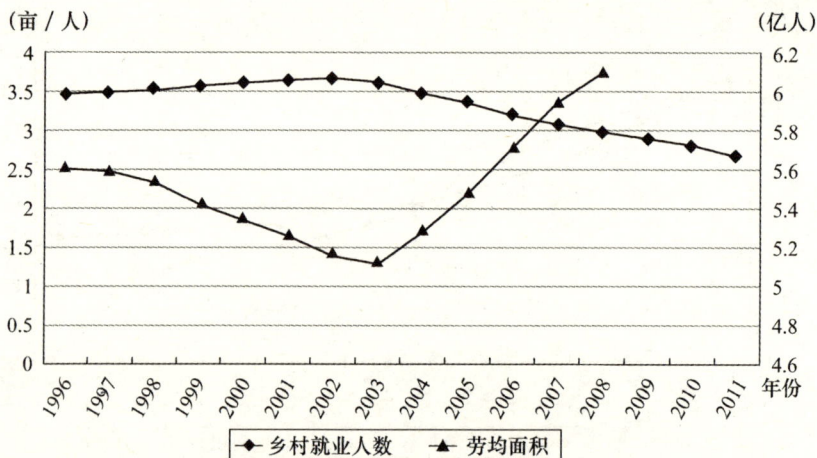

图13　1996～2011年我国劳均规模发展趋势

（二）农村土地承包权与经营权分离的趋势加大

我国现行法律明确保护农民的土地承包经营权，但土地承包经营权在权利设置上是合一的。在工业化和城镇化背景之下，农村人口和劳动力流动加速，农村土地承包权和经营权的分离趋势愈加明显。从全国来看，目前的出外打工六个月以上的农民工达到 2.5 亿，这些人继续拥有土地承包权，但土地经营权已由留守在家的老人和妇女支配，或者以很低的价格甚至无偿托付给邻里、亲戚经营。在一些地方的实地调研发现，承包权与经营权分离的情况更加明显。上海松江区 2011 年从事农业的劳动力占比仅 2.9%，农村户籍人口近 2/3 到城镇居住，代表在城市近郊地区土地经营权已基本分离出去。在广东、浙江、江苏等高度工业化地区，本地农村劳动力从事农业的比例不到 10%，代表了发达农区土地承包权与经营权的大量分离现状。即便在中部农区，这种趋势也十分明显，2000～2010 年，安徽乡村居住人口减少 930 万人，农民到城镇居住的比例增加，肥东县近两年房屋销售中，农村购房者占 67%。

农村人口和劳动力配置的巨大变化，带来农户土地承包权与经营权事实上的分离，长年出外打工者以及在城镇购房农民继续拥有承包权，但已不再经营土地。拥有承包权的农民不一定继续经营土地的现象也越来越普遍，这样在法律上笼统提出的承包经营权的概念和内涵，在现实中面临执行的困难。具体表现在：一方面，为了保护承包权就可能导致经营权的弱化，这不利于农村土地的流转以及土地经营规模的适度扩大；另一方面，一旦强调经营权，政策导向为加大农村土地流转，这样又容易导致原农村集体组织成员承包权的丧失。如何做到既切实保障原农村集体组织成员的土地承包权，同时又在法律上保护土地经营权，以达到依法保障农民的土地权利、促进农村土地流转和实现农业现代化的目标，是当前和今后一段时期农村政策面临的巨大挑战。

（三）农民对土地的观念变化

农民外出打工的增加和举家外出的趋势，使农民收入构成发生重大变化，尤其是小规模务农收入与出外打工收入差距拉大，农民对土地的观念也发生变化。在典型农区，以一个农村家庭 4 口人及全县人均耕地 1.4 亩计算，一个农民家庭的耕地面积约 5.6 亩，全年种植业总收入约 6160 元（5.6×1100 元/亩），4 个人月生活费按 1000 元计算，维持家庭的正常生活开支需 1.2 万元/年，缺口为 5840 元，再加上子女上学、人情礼节、进城买房等各项开支，光靠 4～5 亩的小规模经营，种田收入根本不能支撑起家庭生活，外出打工成为农民不二选择。与出外打工年轻化趋势一致，相比 20 世纪 60～70 年代的农民，对于 80 年代后的新生代农民来讲，土地不再是他们赖以生存之本，他们对土地的依恋下降，对土地的感情趋于淡薄，他们不愿固守农村生活，随着出外打工年头增加，他们的生活方式与观念也越来越城市化，种田对"农二代"的吸引力下降。肥东县有关部门对农民种田意愿的调查结果表明，70%的受访人员表示对种田不感兴趣，"80后"、"90后"受访者95%以上不愿种田。即便在30%愿意种田的人群中，"不想多种地，只种自己口粮田"代表目前种田人的基本心态。种田已由过去的"主业"演变为"副业"。从我们在全国其他农区的实地调查看，这种状态具有普遍性。

我们利用我国家庭住户收入调查（CHIPs）1988年、1995年、2002年调查数据和农民工研究（RUMIC）调查数据计算的结果表明：采用农业收入比例作为分类依据，从纯农户到纯非农户，耕地减少趋势逐年显现。随着农业收入比例的增加，农户拥有的耕地数量依次递减。1988年纯农户平均拥有耕地12亩，Ⅰ兼农户为9.3亩，Ⅱ兼农户为7.8亩，纯非农户为6.3亩。由图14中可见，随着农业收入比例的增加，1988～2002年耕地面积分布图逐渐向左移趋势日益明显，这说明农业收入比例越低，耕地面积逐渐减少。特别是纯非农户一列，1988～2002年分布图左移趋势明显，2002年平均耕地面积为3.9亩，比1988年下降38%。

四、农村基本经营制度正在经历重大变化

（一）农村土地权属状况与变化

中国农村土地改革后的土地产权结构，可以概括为以下三点：一是继续保持集体所有制不变，即维持"三级所有、队为基础"的所有权架构。二是实行产权归农户，即农户拥有农村土地使用权、收益权和转包权。三是实行村社成员权共有制，即村民小组边界内的每个成员，拥有平等土地产权。人口增减变化，调地；土地被征用后，平分

（户、亩）

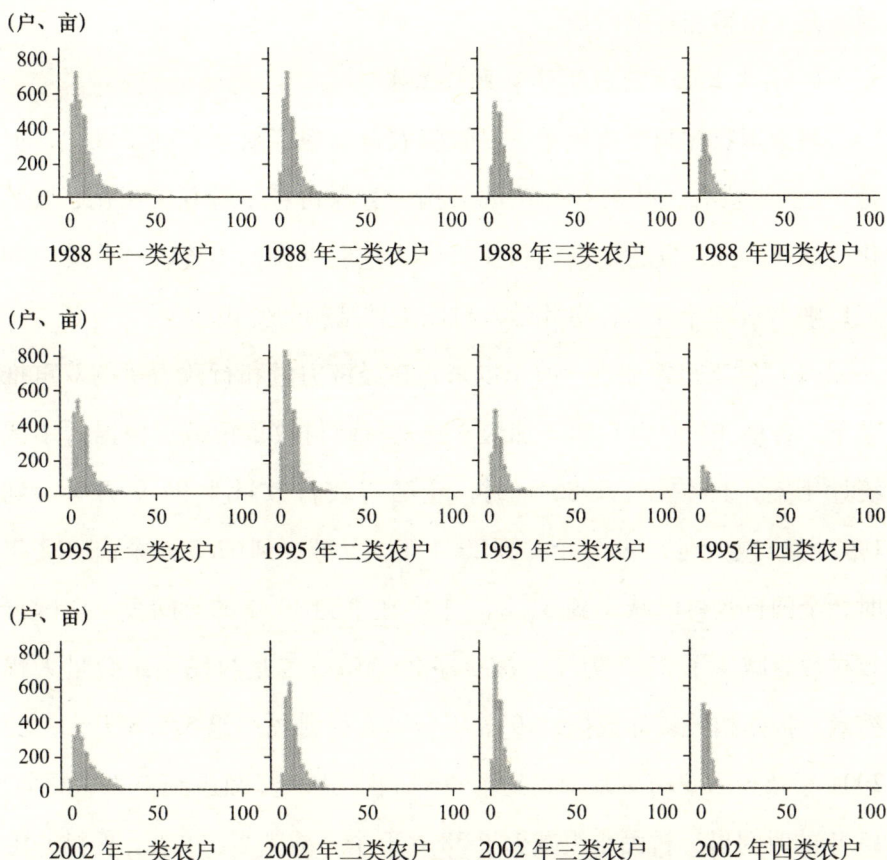

1988 年一类农户　　1988 年二类农户　　1988 年三类农户　　1988 年四类农户

（户、亩）

1995 年一类农户　　1995 年二类农户　　1995 年三类农户　　1995 年四类农户

（户、亩）

2002 年一类农户　　2002 年二类农户　　2002 年三类农户　　2002 年四类农户

图14　1988～2002 年不同类型农户拥有的耕地面积

土地补偿款，重分土地；土地非农开发的租金成员分红。在这一基本框架下，在政策和法律上，对农村土地产权不断予以完善。其一，延长土地承包期，从15年延长到30年，再到提出农民与承包土地的关系长久不变，形成农民与土地关系的稳定预期。其二，在合约结构上，从改革初的达成"上交国家、留够集体、剩余归自己"的合约安排，到实行承包人与承包地块对应，承包期内"增人不增地、减人不减地"，再到提出长期而有保障的土地使用权，以明确农户对土地的利益归属，实现土地产权权能。在此基础上，通过《土地承包法》和《物权法》对产权予以合法保护。在实施层面，农村土地产权演变出现了几个值得注意的特征。

1. 集体土地所有权主体变更与上收

在中国农村制度改革中，尽管将农村土地产权下放到了农户，但是，"三级所有、队为基础"的架构一直保留着。随着工业化、城镇化的加速推进，发达地区的村庄被卷入这股洪流，传统农村劳动力和人口则不断离开村庄，由此带来村庄治理结构的变化。

（1）村庄归并加剧。改革以来，在经济力量和行政力量的双重推动下，各地并村、并组势头加快。一是行政村数量锐减。根据《中国统计年鉴》的数据，1985 年时，全国行政村数量为 94.9 万个；到1997 年，减少到73.9 万个；到2004 年，又减少到62.5 万个；2012 年时，全国行政村已减少到 61.2 万个。在不到 30 年的时间里，全国行政村数量减少了 33.7 万个，减少了 35.5%。二是村民小组数量大幅缩减。根据相关统计数据，1997 年全国农村村民小组 535.8 万个，到2004 年减少为 507.9 万个，到了 2012 年，进一步减少到 497.2 万个。15 年的时间里，村民小组减少了 38.6 万个，减少了 7.2%。拆村并组的推行，更多是从变化环境下农村治理成本的考虑。但是，在中国现行土地集体所有制下，无论是拆村还是并组，即意味着其土地所有权边界的改变，村与村之间、组与组之间的人口规模不同、土地数量各异，对应的权利和利益也不一样，因此，大量村组归并中的纠纷大多因此而起。

（2）集体土地所有权主体上收。由于"三级所有、队为基础"的模糊性，近些年来，村长治理结构的变化中，事实上又加剧了土地所有权主体的上收。在改革初实施包产到户时，除了少数地区的土地所有权在行政村以外，绝大多数村庄的土地分配单位在生产队（即自然村）一级。但是，按照农业部经管司的统计，到 2011 年，全国集体所有耕地为13.8亿亩，但统计归村所有的面积已达5.2亿亩，占37.9%，归组所有的面积只有7亿亩，占50.5%，尚有1.6亿亩耕地未明确所有权主体，占集体所有耕地的11.6%。很显然，原本作为土地集体所有权主体的村民小组（即原生产队），在村庄治理结构变革中，越来越失去土地的所有权。我们在基层调查时，向地方干部问及此种做法时，他们都觉得理所当然，理由是村民小组已经不承担什么职能了，生产功能被农户家庭取代，公共物品提供和行政事务主要由村委会行使，所以行使土地所有权主体的土地发包、证书签发等也就自然到了村委会一级，村民小组作为土地所有权的单位也就被视为可有可无了。

2. 成员权集体所有制不断自我强化

1998年，正值中央强调和落实"延长承包期30年政策"。针对中央政府提出的承包期延长到30年的政策，有62%的被访农户不赞成30年内不再调地，而且越是在传统农区比例越高；81%的被访农户不接受"新增人口不再配给土地的做法"（8县800农户调查，刘守英、龚启圣）。到了2003年，正值《农村土地承包法》实施，尽管赞成延长承包期到30年的农户比例上升到62.9%，但是还有20.6%的农户明确主张要缩短承包期；赞成承包期内不再调地的比例上升到51.1%，但是还有36.8%的农户仍然认为在承包期内可以调地（6省12县2114农户调查，赵阳）。到2008年，"农村土地承包期内30年完全不调整""不合理"的被访者高达62.79%，认为"增人不增地"和"减人不减地""不合理"的被访者比例分别高达61.98%和59.95%（6省30县2200农户调查，陶然等）。

3. 农村土地承包经营权的保障与丧失

根据农业部经管司统计，2011年，全国集体所有农用地总面积60.6

亿亩。其中，耕地 13.8 亿亩、园地 1.2 亿亩、林地 18.4 亿亩、草地 22.9 亿亩、养殖水面 0.8 亿亩、其他 3.5 亿亩。其中，实行家庭承包经营的耕地面积 12.8 亿亩、园地 0.6 亿亩、林地 9.1 亿亩、草地 15.7 亿亩、养殖水面 0.3 亿亩，合计为 38.5 亿亩，占农用地面积的 63.5%。

但是，在结构快速变化和相关政策作用下，失去农村土地承包经营权的农民在增加。

（1）因征地引发的农民土地承包经营权丧失。1987～2001 年，国务院发展研究中心课题组研究数据表明，中国非农建设占用耕地 3394.6 万亩，其中 70% 以上是征地，约有 3400 万农民因征地失去或减少了土地，年均 242.9 万人失去或减少土地。到 2011 年，据农业部统计，农户因征地失去承包耕地 296.6 万亩，若按照农民人均耕地 1.45 亩计算①。2011 年全国因征地而失去或减少耕地的农村人口就多达 204.2 万人。按照 2002～2010 年间年均失地人口 223.6 万人②推算，8 年间失地人口达到 1788.4 万人。据此估计，中国 1987～2011 年，共征占农民土地超过 5200 万亩（2001～2011 年按照人均 1.45 亩计算），共有 5300 万以上的农民失去或减少土地承包经营权。按照《全国土地利用总体规划提要》，在未来 20 年间，我国还将占用超过 3000 万亩耕地，因而导致失去土地承包经营权的农户数还将大幅增加。

（2）因实施"增人不增地、减人不减地"导致无地人口增加。据对贵州省湄潭县实施 25 年"增人不增地、减人不减地"结果调查，1987～2010 年，该县新增人口 12 万，实行"增人不增地、减人不减地"后，这些人口就没有再分到土地，到 2010 年，无地人口占总人口的比例高达 25%。目前，这一政策已经成为全国性政策，如果得到完

---

① 按照农村集体所有耕地 13.8 亿亩，农村人口 9.5 亿人计算。

② 按照 2001 年的 242.9 万人与 2011 年的 204.2 万人的平均值计算。

全实施，在 1998～2012 年间，新增人口约为 2.2 亿人，按照农村户口占比 70.9% 计算（按照农村人口 9.5 亿，全国人口 13.4 亿计算），约有 1.56 亿农村人口成为无地人口。

（3）因实施计划生育政策超生产生的无地人口。计划外超生人口因为违反了计划生育政策，未能分得土地，成为无地农民。根据全国第六次人口普查数据，我国无户籍人员大约 1300 万人，绝大多数为超生人员。据此估计，严格按照计划生育政策，由此产生的无地人口约为 1300 万人。其中，由于罚款等措施，一部分超生人口分到了土地，导致实际的无地人口数应该略小。

4. 土地确权与实施

2001 年底，国土资源部下发了《关于依法加快集体土地所有权登记发证工作的通知》和《集体土地所有权调查技术规定》，农村土地确权工作才得以继续推进。2008 年《中共中央关于推进农村改革发展若干重大问题的决定》提出，搞好农村土地确权、登记、颁证工作，以进一步完善农村土地管理制度。2010 年中央"1 号文件"再次强调，"扩大农村土地承包经营权登记试点范围，保障必要的工作经费"，并要求"力争用 3 年时间把农村集体土地所有权证确认到每个具有所有权的农民集体经济组织"。并且，每年中央政策文件出台之后，国土部、农业部等部门出台相应的文件，各个相关部委、部分省（区、市）成立了工作领导小组，落实或基本落实的经费达 20 多亿元，加快推进农村土地确权工作。

自 2008 年《中共中央关于推进农村改革发展若干重大问题的决定》以来，我国农村集体土地确权登记发证工作取得积极进展。根据国土资源部统计数据，截至 2012 年 10 月，全国农村集体土地的确权颁证覆盖率已达 86%，其中广西、天津、海南、安徽等省（市）的确权颁证覆盖率已超95%。近几年来，按照中央政府对集体土地确权要求，土地承包经营权保障程度提高。据农业部统计，截止到2011年，实施家庭承包经营的耕地面积为12.8亿亩，约占集体所有耕地13.8亿亩的92.8%；签订家庭承包合同的2.22亿户，约占家庭承包经营农户数量2.29亿户的96.9%；颁发了土地承包经营权证份数为2.08亿户，若一份合同对应一份权证，约有93.7%的农户拿到证书。

（二）土地流转与规模经营的进展

土地规模过小、细碎化程度高，一直被认为是妨碍农业现代化的突出问题。土地流转不畅、制度不健全被认为是妨碍土地规模经营的重要因素。事实上，中央关于土地流转的政策一直是鼓励农户层次的土地自愿、依法、有偿流转的。近年来，随着农村人口与劳动力非农化进程加快，农村土地流转也呈加快之势，并出现一些新特征。

1. 土地流转的新特征

（1）近年来土地流转明显提速。20世纪80年代初到90年代初，全国土地流转比例很小。根据全国农村固定观察点调查资料，1984～1992年间完全没有转让过耕地的农户比重达93.8%，转让一部分耕地的农户比重仅1.99%。到2003年时，土地流转比例有所增加，农业部农村固定观察点对全国东、中、西部20842户的抽样调查显示，全国土地流转面积占总耕地面积的9.1%，其中，东、中、西三大区域分别为9%、11.6%、3.86%。

近年来，全国土地流转面积呈现较快增长趋势。一是土地流转面积明显增加。截至2011年底，全国家庭承包耕地流转总面积达到2.28亿亩，比2010年底增长22.1%，占家庭承包经营耕地面积的17.8%，比2010年提高3.1个百分点。二是发达地区的农村土地流转比例已经很高。到 2011 年时，上海市的农村土地流转率已达 58.2%，其次为北京市，为 46.2%，江苏省为 41.2%，浙江省为 40.3%，广东省为 25.8%。三是农区的农村土地流转增速显著。2011 年土地流转面积比上年增长幅度较大的 10 个省（区）分别是：甘肃 88.3%、河南 50.9%、山西 49.5%、河北 45.8%、宁夏 41.4%、辽宁 39.3%、湖北 35.2%、贵州 29.6%、山东 27.4%、安徽 26.8%。

（2）转包和出租仍是土地流转的主要形式。按照农业部的相关政策规定，耕地流转主要有转包、出租、互换、股份合作、转让五种形式。2011 年，这五种类型的流转比重分别为 51.1%、27.1%、6.4%、5.6% 和 4.4%。以转包和出租流转的土地占总流转的 78.2%，且这两种形式流转的耕地面积比 2010 年分别增长了 52.5% 和 25.4%。

（3）农户仍是土地转入的主体，但接包主体趋于多元化。2011 年，在全部流转耕地中，流入农户的比例占 67.2%，仍然是接包土地的主体。但是，土地向其他主体流转也大量存在，依次为：农民专业合作社占 13.4%，企业占 8.4%，其他主体占 10.6%。值得注意的是，与 2010 年相比，流入农户的土地比例下降了 1.6 个百分点；流入农民专业合作社的土地比例上升了 1.5 个百分点；流入企业的土地比例上升了 0.36 个百分点；流入其他主体的土地比例降低了 0.3 个百分点。

分省看，在有些省份，土地流入合作社的规模较大，且速度加快。2011 年，流入合作社的土地面积占流转总面积比重较大的省（市）依次是：青海 33.4%、江苏 28.9%、上海 28.3%、湖南 19.6%、安徽 18.6%、贵州 16.4%、山东 16.3%、山西 16.3%、浙江 15.4%、重庆 14.1%；土地流转到企业比例较大的省（市）依次为：宁夏 22.3%、重庆 21%、北京 17.6%、四川 17.5%、山东 15.9%、云南 14.1%、海南 13.3%、湖北 12.4%、上海 12.3%、天津 11.5%。

近年来，黑龙江省绥化市农业经营的显著特征是农业经营主体由农户单一主体向种植大户、农民专业合作社等多种主体转变，土地从小规模经营向大规模、机械化经营转变。在实现规模经营的 1020 万亩土地中，大户经营面积占 383 万亩，合作组织经营面积为 365 万亩，农户联合体经营面积为 171 万亩，家庭农场经营面积为 38 万亩，涉农龙头企业经营面积为 31 万亩，村集体经营面积为 7.7 万亩，场县共建经营面积为 24.3 万亩。可见，农业生产大户、合作组织以及农户联合体已经成为规模经营的主要经营主体。

（4）流转耕地用于种植粮食作物的比重下降。2011 年，农户流转出的承包耕地中，用于种植粮食作物面积为 1.25 亿亩，占流转总面积的 54.7%，比 2010 年降低 0.4 个百分点。在土地非粮化方面，各省程度不一。黑龙江和吉林的流转土地仍然主要从事粮食生产，分别高达 85.8% 和 81.5%；主要产粮区的土地流转用于粮食生产的面积还是高于全国平均数，安徽 69.5%、内蒙古 68.0%、河南 62.7%、江西 62.4%、湖北 58.5%、宁夏 56.3%；也出现部分产粮区流转土地非粮化明显，北京 85.6%、广东 80.3%、云南 72.4%、贵州 70.7%、陕西 70.5%。

（5）土地流转合同签订率提高。由于土地流转向非农户等其他主体增加，农户在土地流转时更加重视合同签订。截至 2011 年底，全国流转出承包耕地的农户达 3877 多万户，占家庭承包农户数的 16.9%，比 2010 年上升 2.4 个百分点；签订流转合同 2520.8 万份，涉及流转耕地面积 1.39 亿亩，分别比 2010 年增长 24.9% 和 31.5%；签订流转合同的占流转总面积的 61.1%，比 2010 年增加 4.7 个百分点。但各地流转合同签订率有较大差异。前 10 位省（市）依次是：上海 94.5%、青海 80.6%、新疆 77.7%、江苏 76.8%、北京 76.6%、云南 73.4%、吉林71.5%、浙江70.2%、重庆69.8%、广东68.6%。一些省份的土地流转合同签订率较低，排后10位的省份从低往高依次为：山西32.5%、海南32.7%、福建34.1%、陕西36.7%、广西40.8%、湖南41.4%、江西46.5%、贵州51.7%、安徽51.8%、四川54.1%。

2. 农户经营规模变化

伴随土地流转加快，农户经营土地的规模也在增加。截至2011年底，全国实行家庭承包经营的耕地面积12.77亿亩，家庭承包经营农户2.288亿户。经营耕地10亩以下的农户有2亿多户，占家庭承包户总数的85%以上。经营耕地在10亩以上的农户已经占到15%。在经营规模扩大的类别中，10～30亩和30～50亩两个组别的比例最高，分别达到10.7%和2.3%，与农区人地关系、技术条件及农民经营能力比较相称。除此之外，另外几个经营规模较大的类别尽管占比不高，但农户数也不少。经营耕地50～100亩的农户有194.1万户，经营规模在200亩以上的农户有25.7万户，经营规模在100～200亩的农户有53.2万户（见表15）。

表15　　　　　　　　　　农户经营耕地规模情况

经营面积	农户数（万）	比重（%）
10亩以下	22659.3	86.0
10～30亩	2819.3	10.7
30～50亩	611.4	2.3
50～100亩	194.1	0.7
100～200亩	53.2	0.2
200亩以上	25.7	0.1

在中国这样长期处于过小规模农业经营的国家，出现如此多的适度规模农户，其对未来农业效率及收入分配的影响，值得关注。根据湖南省农工部提供的数据，该省近几年种粮大户呈快速发展势头。到

2011 年，全省 30 亩以上和 100 亩以上的种粮大户为 10.5 万户和 5.4 万户，分别是 2008 年的 1.7 倍和 1.1 倍。2011 年与 2008 年相比，全省 100 亩以上的种粮大户增加 5655 户，达到 7441 户；1000 亩以上的增加 102 户。绥化市规模经营达到 1000~5000 亩的土地有 182 万亩，5000~10000 亩的有 52 万亩，10000 亩以上的达到 119 万亩，分别比 2011 年增长 32%、34% 和 32%。

种粮大户作用凸显。一是稳住了粮食播种面积。2003~2011 年，湖南省粮食播种面积从 6795 万亩恢复到 7900 万亩，种粮大户粮食种植面积从 5% 上升到 18% 以上。到 2011 年，种粮大户粮食种植面积超过 1600 万亩，占全省种植面积的 20% 以上。种粮大户的涌现，扭转了前些年"双改单"、耕地季节性抛荒局面，全省种粮大户 80% 以上种双季稻，且 60% 以上是优质稻。二是提高了粮食产量。湖南省农办统计，种粮大户亩产比普通农户高 5%~10%。对 5 县区早稻生产调查表明，大户亩产明显高于小农户，10 亩以下的亩产为 405 公斤，20~30 亩的亩产为 448.5 公斤，50~60 亩的亩产为 437.3 公斤，100~200 亩的亩产为 421.7 公斤。三是增加了务农收入。5 县区大户种双季稻亩均纯收益 350~550 元，高的达 600 元，比普通农户高 100 元。种粮大户户均粮食经营收入 10 万~20 万元。

3. 土地流转与规模经营中存在的问题

（1）土地流转不规范。土地流转市场尚未建立起来，土地流转大多是农户间自发进行的，采取口头协议进行土地流转的仍然占很大比例，流转过程不规范。流转地价的评定缺乏科学合理的标准，流转价格难以真实反映土地价值。有些农户之间的土地流转，只有口头协商，没有签订书面合同。有的流转合同，转出方多是村或村土地合作社，而有经营权的农民却没有书面委托，造成流转双方主体资格不明确。

土地流转不规范造成每年发生大量纠纷。2011 年产生土地流转纠纷 6.77 万件，比 2010 年上升 2 个百分点。流转纠纷中，农户之间的纠纷有 5.03 万件，比 2010 年增加 5.3%，占流转纠纷的 74.3%，比 2010 年增加 0.1 个百分点；农户与村组集体之间的纠纷 0.96 万件，比 2010 年减少 3.6%，占流转纠纷的 14.2%，比 2010 年减少 1.2 个百分点；农户与其他主体间发生的流转纠纷 0.78 万件，比 2010 年增长 16.4%，占流转纠纷的 11.5%，比 2010 年上升 1.1 个百分点。

（2）部分土地流转后"非粮化"。近年来，随着土地承包经营权流转规模扩大、速度加快、流转对象和利益关系日趋多元，土地流转过程中逐步出现土地"非粮化"使用现象。在东部经营发达省份，土地流转后"非粮化"倾向更为明显。从目前农业生产效益情况看，粮食作物生产是农业生产经济效益比较低的产品，流入土地的经营主体要承担流转土地租金成本，所以选择经济效益较高的生产经营项目才能实现其流转土地生产经济效益。因此，"非粮化"成为土地流转的基本动因和趋势。

（3）土地经营规模不是越大越好。湖南省的调研表明，种粮大户除了普通农户面临的生产资料价格上涨困扰外，还要应对一些特殊困难。一是地租快速上涨。2011 年和 2010 年的亩租金相比，珠江县松子社区从 400 斤谷价涨到 600 斤谷价，零陵区从 176 元涨到 233 元，新化县曹家镇从 160 元涨到 500 元，赫山区兰溪镇从 200 元涨到 580 元。桃源县深水港乡种粮大户黄爱军 2009 年以 145 元/亩租金租赁长湖村的 100 多亩水田，之后租金年年上涨，2010 年和 2011 年分别为 177 元和 240 元。二是雇工费用高、"请工难"。从 5 县区 50 个种植 100～120 亩大户的情况看，2010 年户均请工支出达到 37180 元，2011 年早稻请工支出高达 20129 元。株洲县种粮大户彭满珍租赁 3380 亩地种植水稻，请长工 30 多人，每月工资 1400 元，农忙时请工 60 多人，每日工资 120 元/人。近几年种粮大户农忙时"请工难"极为普遍。5 县区种粮大户晚稻栽插时因请不到工至少导致 5000 亩错过农时。工价上涨也是种粮大户的一块心病。2010 年请一天工 80 元左右，2011 年和 2012 年分别提高到 100 元和 120 元。规模经营的"度"很重要。湖南调查表明，一户 2 个劳力经营规模为 30～100 亩为适当，不但基本不用请工，还可以做到精耕细作，土地产出率和利用率大于 100 亩以上的大户。

（三）农民专业合作社发展及其特征

《农民专业合作社法》正式施行以后，我国农民专业合作社快速发展，截至 2011 年末，全国共成立农民专业合作社 50.9 万个，平均每个行政村成立合作社 0.9 个；年度财政扶持资金总额 44.6 亿元，扶持 2.9 万个农民专业合作社发展壮大，平均每个合作社获得财政扶持 15.6 万元。全国实有社员 3444.1 万户，平均每个合作社有 70 个成员；通过合作社带动非入社成员 5366 万户，平均每个合作社带动 105 户。合作社平均为每个成员统一销售农产品 1.34 万元，平均为每个社员统一购买化肥、种子、农药等生产投入品 4600 元。农民专业合作社作为一种便于农民开展规模经营、拓展市场空间、提高谈判地位和完善自我服务的组织形式，成为转变我国农业经营方式的重要主体。

1. 农民专业合作社的阶段特征

（1）农村能人占据领办合作社的主导地位。21 世纪初，我国农民专业合作社由农村能人和专业大户等农民牵头领办的占 65%，由基层农技推广部门牵头领办的占 9.3%，由农产品加工龙头企业牵头领办的占 5.7%，由基层供销社职工发起成立的占 4.3%，其他力量发起成立的占 15.7%。目前，农村能人仍然是发起成立农民专业合作社的主力军。2011 年末，全国由农村能人领办的合作社 45.8 万个，占总量的 90%，其中，由村组干部领办的占 18.1%，工商企业牵头领办的占 2.9%，基层农技部门领办的占 2%。从调研情况来看，安徽省由农民和村组干部创办的合作社共占 86.7%。黑龙江省绥化市由农村能人领办的合作社占总数的 80.7%。在湖南省湘乡市的专业合作社构成中，由农村能人及专业户牵头兴办的占 75%。返乡创业的一批高等院校毕业生、大学生村官成为领办合作社的重要力量。截至 2012 年上半年，湖南省参与合作社的大学生已达 1269 人，安徽省参与农民专业合作社发展的返乡大学生和大学生村官有 700 多人。

（2）种植业和畜牧业是开办合作社的重点领域。在各地开办合作社的实践中，地方的优势特色产业是兴办合作社的重点领域，已经涵盖粮食、蔬菜、花卉、水果、食用菌、苗木、旅游、水产、畜禽养殖、农机服务等各个行业。种植业合作社占总量的 48.3%，畜牧业占 28.2%，服务业占 9%，林业占 5.1%，渔业占 3.9%。各地都注重发挥资源优势，力图通过专业合作来增强本地主要农产品的市场竞争能力。云南省开远市利用本地的红土高原特色，开办种植业合作社 104 家，占全市合作社总量的 61%。开远市红土高原种植专业合作社充分发挥当地特有的高原立体气候和土壤条件优势，应用科学化和标准化种植技术，带动农户大幅增收。黑龙江省绥化市土地资源丰富，是现代化大农业的示范地区，创办了东泉、金穗等多家稻米生产合作社，注册了"七河香"、"多维康"等品牌有机大米。湖南是我国粮食主产省，也是生猪生产第二大省，种植业和养殖业合作社占总量的 3/4。

（3）民办互利是合作社成功运作的基础条件。从各地农民专业合作社的运作情况来看，民办互利是合作社保持旺盛生命力的前提条件。现阶段的农民专业合作社，社员之间已经形成了民主管理、民主决策、利益共享、风险共担的运行机制。农民通过专业合作，提高了组织凝聚力，共同谋求全体成员的最大利益。凝聚合作社成员的机理在于加入合作社后能产生比单干更大的收益。发起人之所以组建合作社，其目的之一是联合更多农户并通过集体行动提高自身的谈判能力，通过联合产生规模效益，把优势产业做大做强。农户加入合作社的目的，主要是为了利用合作优势降低生产成本、提高销售利润，实现比单干时更大的收益。2011 年，农民专业合作社为成员提供的经营服务总值为 6183 亿元。其中，统一销售农产品总值为 4615 亿元，平均为每个成员销售农产品 1.34 万元；统一购买生产投入品 1568 亿元，平均为每个社员购买化肥、种子、农药等生产投入品 4600 元。由此，全国实行产供销一体化服务的合作社有 26.6 万个，占总量的 52.3%；以生产服务为主的合作社 13.7 万个，占合作社总量的 26.9%。无论是合作社的领办者还是加入者，利益都是联结他们的重要纽带。

2. 专业合作社成为转变农业生产方式的实施主体

（1）开展土地规模经营，提高农业生产绩效。随着农业生产力的发展，中国户均耕地 7.5 亩、分为 5.7 块耕作的过小规模及过度分散经营模式已经与生产力的发展不相适应。目前，农民专业合作社已经成为调整农村生产关系、推动土地适度规模经营、建设现代农业的重要载体，合作社经营模式的土地产出率、劳动生产率和投入产出率明显提高。2012 年，黑龙江省绥化市北林区新天地农机合作社入社农户 421 户，集中连片种植玉米 2 万亩，人均增收 1500 元。云南省开远市金土地粮食专业合作社入社农户 168 户，经营土地 715 亩，建设 2.5 万立方米的塘坝 3 个，新建灌溉沟渠 6 公里，显著改善了农业生产条件，与成立合作社之前相比，农户每亩土地收益净增 800 元。湖南省湘潭市军明水稻种植合作社经营 653 亩耕地,每年净收益为 669978 元,7 个合作社成员户均净收益 95711 元。

(2) 推进农业服务社会化,提升农业科技应用水平。多年来,许多农民都是一家一户分散种植,到处都是稻、麦、薯、豆交错的"花花田",地挨地、垄靠垄,大型农业机械难以使用,病虫害统一防治无法进行。农民专业合作社使统一田间作业管理成为现实。2011 年,全国共有农机合作社 2.6 万家,植保合作社 6000 家,土肥合作社 2000 家。安徽省登记注册的农机专业合作社 1283 个,社员 3.5 万人,各类农机设备 9.5 万台(套),农机作业服务面积 3500 多万亩。农机专业合作社的服务已经涵盖了耕、种、收、植保、灌溉和烘干各个环节。上海市松江区按照"大机专业化,小机家庭化"的原则,推广"机农合一"的家庭农场经营模式,共组建农机专业合作社 30 家,共有农机合作社社员 279 户,农机驾驶员 295 人、联合收割机驾驶员 216 人、大中型拖拉机驾驶员 284 人,拥有大中型拖拉机 328 台、收割机 198 台,实现了水稻生产耕地和收割的机械化,协议服务面积 16.1 万亩,农机专业合作社的实际覆盖范围已经能够覆盖松江区的全部粮田。以上海忠佩农机合作社为例,该合作社由沈忠良、孙佩章、姚火良、李小东、顾龙官、金家生 6 户以农业机械折资 60 万元组建,分别占股 25%、25%、20%、20%、5%、5%,现有收割机 6 台、拖拉机 13 台、直播机 2 台,财政出资 25 万元建设农机库房设施;季节性聘用农机驾驶员 8 人。在 6 家出资人中,沈忠良等 5 家都是粮食家庭农场经营户,共经营耕地 718 亩,协议作业范围为金家村和团结村的 4464 亩耕地。2011 年实际作业 5800 亩,6 家农户年终按实际作业量和出资比例分红,依次为 3.8 万元、2.8 万元、5.6 万元、1.8 万元、1.12 万元、1.12 万元。松江区的农机专业合作社显现出良好的自生能力。总体来说，农民专业合作社在推动农业生产机械化、标准化、科技化等方面发挥了重要作用。

（3）通过农户经营的集体行动，增强市场竞争力。农民专业合作社促使农户从分散经营变为集体行动，从而"集体统一经营"拥有了一定的组织基础。2011 年末，全国注册产品商标的合作社有 3.96 万个，通过产品质量认证的合作社有 2.1 万个，开展资金互助的合作社有 5849 个。农户通过专业合作社以团体形式购买生产资料并销售农产品，提高了市场竞争力。在农业生产阶段，专业合作社以低于市场的价格，为农户统一提供种子、化肥、饲料、农药和兽药等生产资料，降低了农业生产成本。湖南省湘潭县全丰蔬菜专业合作社经营土地2400 多亩，在生产方面实现了统一规划品种，实行土豆、杂交玉米、小葱、豌豆尖、萝卜、辣椒、油麦菜、生菜等的成片种植和规模经营；统一购置旋耕机，统一机械化耕作；统一采购生产资料，统一定点采购肥料、农药，降低要素；统一组织施肥、打药。在农产品销售阶段，通过农户集体行动，加强品牌建设，提高信息搜集能力和市场谈判能力。湘潭县全丰蔬菜专业合作社统一组织产品销售，在超市、学校、企业、批发市场设立基地蔬菜批发点，与外地农产品经销企业签订销售合同，稳定市场价格、平滑农户年际的收入；统一包装和申请产品质量安全认证，培育合作社产品品牌。绥化市向阳百合瓜菜专业合作社建立起了万亩绿色无公害瓜菜生产基地，将合作社生产的瓜菜注册了"向阳花"牌商标，组建了农产品批发市场，实行订单和对外签订销售合同，借助销售优势，合作社的瓜菜畅销东三省，名优产品"向阳瓜"还打入上海、大连等城市，社员年人均纯收入近万元。

3. 农民专业合作社发展亟待解决的问题

（1）有些专业合作社的制度要求与实际差距较大。当前，我国的合作社制度建设在"形式上"趋于规范，基本上都设立了成员大会、理事会、监事会等组织体系。从农民专业合作社章程制定过程来看，大多数合作社都是机械地从主管部门的网站上下载《农民专业合作社示范章程》，根据本合作社的业务范围稍加修改而成，实践中各地情况不同，难于符合每个合作社的实际。比如，云南省开远市红土高原种植专业合作社按照示范文本制定的本社章程，提出"成员大会是本社的最高权力机构，决定重大财产处置、对外投资、对外担保和生产经营活动中的其他重大事项"；"本社成员大会选举和表决，实行一人一票制，成员各享有一票基本表决权"。这些规定的原则性很强，操作起来较为困难。在生产经营过程中，红土高原种植专业合作社急需从建设银行申请贷款300万元，这属于重大生产经营活动。在贷前审查过程中，他们没有实行社员代表制，需要社员大会的社员逐个签字。而农业生产的季节性非常强，直到错过了资金利用季节，这笔贷款最终也没能发放。

（2）土地流转的短期化影响合作社的稳定经营。目前，农民的土地权益意识越来越强，希望能够有效监控自己名下的土地。这种心理使得土地流转短期化现象较为严重，农民专业合作社流入的耕地一年一租的现象十分普遍。合作社在经营这些流入的土地时，也存在资金投入方面的顾虑，不敢放开手脚经营。黑龙江省绥化市新天地农机合作社经营了2万亩土地，流转合同都是一年一签，合作社理事会十分担心遇到个别农户突然不愿流转的情况发生，若是这些地块处于连片耕地的中间位置，势必影响农业生产效率，土地开发中的道路和水利设施建设也会面临困难。

（3）部分农民专业合作社呈现公司化趋势。合作制强调的是社员的联合，而不是资本的联合，"一人一票"是合作社的经典原则，但随着资本入股量的增加，"一人一票"的原则逐渐受到冲击。黑龙江、云南等地的一些合作社领班者表示："自己资金入股规模较大，希望在表决合作社重大事项时，能够拥有更多的权利。"而《农民专业合作社法》规定："出资额或者与本社交易量（额）较大的成员按照章程规定，可以享有附加表决权。本社的附加表决权总票数，不得超过本社成员基本表决权总票数的百分之二十。"事实上，20%的附加表决权无法满足领办者的需要。一些合作社的领班者既希望拥有合作社开展业务时的政策优惠，又希望能够按照股份有限公司的运作方式管理合作社。按交易量分红，而不是按股份分红的原则也受到挑战。

（4）资金和人才等要素制约着合作社的发展。许多农民专业合作社处于初创和起步阶段，社员出资额有限，自身积累不多，普遍存在发展资金不足问题。加上专业合作社从事农业生产，自然风险大，市场风险变化无常，收益不稳定，除了本乡本土的一些农村能人，一般性的社会资本不愿介入，农民专业合作社面向社会直接筹集生产资金有相当大的难度。合作社缺少合格的抵押品和有效的担保机制，向农信社等金融机构申请贷款也是异常困难。另一方面，人才也是制约合作社发展壮大的重要因素，一些合作社片面依赖领班者的个人管理。农民专业合作社尤其缺乏经营管理、财务管理、农产品加工、市场营销、企业策划和专业技术等方面的人才。

（四）农业社会化服务体系的现状与发展

根据农业社会化服务的不同供给主体，农业社会化服务体系服务组织主要分为以下几类。

1. 以政府涉农部门和国家技术部门等公共服务机构为主导的服务组织

在国家层面，农业部、财政部联合启动了以农产品为单元、产业为主线的现代农业产业技术体系建设，到 2010 年，全国共建设 50 个农产品的产业技术研发中心，累计投入财政资金 31.218 亿元。根据 2010 年第二次全国农业普查结果，全国有农技推广服务机构的乡镇 17920 个，占全国乡镇总数的 92.4%。全国有农业技术人员的村 132742 个，占全国村庄总数的 20.8%，主要为农户提供购买良种、农药、技术推广等服务（见表 16、表 17）。

表 16　　　　　　全国有农技推广服务机构的乡镇统计情况　　　　　单位：个

类别（乡镇）	合　计	是县政府驻地乡镇
农技推广服务机构（个）	51958	5101
农技推广服务机构从业人员（人）	313147	45884
农技推广服务机构平均从业人员数（人/机构）	6.03	9.00

表 17　　　　　　　　全国农业技术人员数量　　　　　　　　单位：万人

指　标	全　国	村　内	单位内
合　计	208.9	115.1	93.8
初　级	150.3	94.7	55.6
中　级	46.8	17.3	29.5
高　级	11.9	3.2	8.7

数据来源：2010 年《中国第二次全国农业普查资料汇编》第 37 页。

县乡农业技术推广职能按性质分为四大类：一是法律法规授权或者行政机关委托的执法和行政管理，例如动植物检疫、畜禽水产品检验、农机监理等。二是纯公益性工作，例如动植物病虫害监测、预报和组织防治，无偿对农民的培训、咨询服务，新技术的引进、试验、示范、推广，对农药、动物药品使用安全进行监测和预报，参与当地农技推广计划的制定和实施，对灾情、苗情、地力进行监测和报告等。三是带有中介性的工作，例如农产品和农用品的质量检测，为农民提供产销信息，对农民进行职业技能鉴定等。四是经营性服务，例如农用物资的经营，农产品的贮、运、销，特色优质农产品的生产和品种的供应等。

还有一类是以教育科研部门为依托的农业社会化服务组织。具体来说，以科研院所、大专院校为服务主体，以农户为客体，以市场为引导，各类科技推广机构、涉农企业开展合作，进行新技术、新成果示范和推广的农业科技推广服务。采用政府主导与市场运作相结合的方式，一方面由财政投入科技资金，用于公益性科技推广应用，如测土配方施肥、实用技术培训及公共科技平台建设等；同时依托技术支撑单位，运用市场化运作模式开展"订单"项目，采用"专家＋项目"、"专家＋产业"等方式，打造专家、企业和农民利益的有效联结机制。同时，在政府主导下建立以"农业服务超市"为载体的专业化服务体系，为农业提供产前、产中和产后服务。

2. 村集体一级经济组织提供农业社会化服务

这主要分为两类：一类是农业综合性服务，包括技术服务、信息服务、资金服务等；另一类是农业单项服务，为农业生产某个环节需要，包括购买种子、机耕机修、加工运输、产品销售等，还承担一定的社区公益事业服务。服务项目较大的有：提供水利设施服务、灌溉服务、机耕服务和提供租用农机服务。

村集体提供的农业社会化服务主要是通过"村集体＋合作社＋农户"的形式提供，包括技术服务、销售服务、土地流转服务等。这些服务以产前和产中服务为主，农业产后服务比较薄弱。在2007年一项对晋、鲁、陕三省27个村的调查中发现，村级集体经济组织为农户提供的社会化服务普遍较少，服务内容以综合性项目为主。其所调查的39项社会化服务中，只有在技术指导和灌溉两项服务上提供服务的村占样本村总数的比例超过了50%，分别达到59.3%

和63%。

总体而言，当前村级集体经济组织在农业社会化服务体系建设中所发挥的作用十分有限。造成这种状况的原因最为关键的是，当前我国村级集体经济组织的实力普遍较为薄弱，村级组织难以正常运转，村级组织的凝聚力很弱，提供农业社会化服务能力低。

3. 以农民专业合作组织为依托的农业社会化服务

农民通过加入合作社，实现农业生产活动与农业经营活动的合理分工，农户可以专心于农业生产，而将其他农业经营活动。例如，农业生产投入品的采购，新技术的选择，信息的获取，产品的分级、包装、加工、贮藏、运输、营销以及品牌化等分离出去，由农民专业合作社来统一经营与服务。

根据农业部农村经济体制与经营管理司统计，2011年全国共有农民专业合作社50多万个。按其经营服务内容情况数量来看，以产加销一体化服务为主要经营服务内容的合作社达到266293个，占所有合作社的52.3%；其次是以生产服务为主的合作社，为137048个，占26.9%（见表18）。

表18　2011年全国农民专业合作社按其经营服务内容情况数量统计

经营服务内容	合作社个数	比上年增减比例	占所有合作社比例
产加销一体化服务	266293	+45.1%	52.3%
生产服务为主	137048	+48.6%	26.9%
购买服务为主	17623	+33.5%	3.5%
仓储服务为主	3886	+38.7%	0.8%
运销服务为主	17000	+34.3%	3.3%
加工服务为主	11404	+28.6%	2.2%
其　他	55666	+44.9%	11%
合　计	508920	+44.7%	100%

从事服务业的农民专业合作社占全部合作社的9%。其中,以提供农机服务为主的合作社为26431个,占服务业合作社的57.5%;植保服务的6003个,占13.1%;土肥服务的1656个,占3.6%;金融服务的623个,仅占1.3%(见表19)。

表19　　　　　2011年全国农民专业合作社从事服务业的分类统计

服务业类型	合作社个数	比上年增减比例	占服务业合作社比例	占所有合作社比例
农机服务	26431	+47.3%	57.5%	9%
植保服务	6003	+66.7%	13.1%	
土肥服务	1656	+60.9%	3.6%	
金融服务	623	+33.3%	1.3%	
其　他	11271		24.5%	
合　计	45984	+51.8%	100%	

与村集体一级经济组织的问题相类似,农民专业合作社在发展过程中所面临的重要问题也是资金问题。根据农业部农村经济体制与经营管理司统计,2011年全国获得财政扶持资金的合作社数为28640个,仅占所有合作社的5.63%;其中,获得农业部门扶持的仅有3.25%(见表20)。

表20　　　　　2011年全国扶持农民专业合作社发展情况统计

	合作社个数	占所有合作社比例
获得财政扶持资金的合作社数	28640个	5.63%
其中,农业部门扶持	16562个	3.25%
各级财政专项扶持资金总额	445748万元	

4. 以盈利为目的的公司性质的服务组织

此类社会化服务组织一般以自身利益最大化为目标,为农民提供运输、加工、销售等方面的有偿服务;多数以龙头企业为依托。在所有社会化服务中起着较大作用的服务项目是收购与销售、加工、包装和运输服务。主要模式如下。

（1）公司＋农户模式。龙头企业为基地上的农户提供生产资料和资金技术，农户按公司的生产计划和技术规范进行生产，产品由公司按照合同价格收购销售。

（2）公司＋合作社（协会）＋农户模式。农业社会化服务由农民自己成立的合作社（或专业协会）通过与企业达成一致来提供。由于提供方是农民自己的组织，信任度大大提高，农民违约也大大降低。企业直接与合作社打交道，也降低了交易成本。

（3）公司＋政府机构＋农户模式。农业产业化龙头企业和乡镇政府机构对接，利用政府部门的组织资源连接农户。

（4）公司＋村委会＋农户模式。农业产业化龙头企业通过村委会作为中介和农户进行对接，可以节约企业交易费用。农民对村委会也比较信任，有利于新技术的推广和信息的沟通，对于农民的生产过程也可以起到很好的监督作用。

现有农业社会化服务体系存在如下问题。

一是农业社会化服务体系不健全。农业社会化服务体系建设"头重脚轻"，在乡村基层形成断层，且人员素质和服务质量有待进一步提高。简单来说，乡村一线的农业社会化服务技术力量薄弱，远远不能满足农户对社会化服务的需要。目前，我国的农业社会化服务体系大部分是国家技术经济部门向下延伸形成的，因此往往重视县级以上的农业社会化服务体系建设，而忽视区、乡、村级的建设。如农技推广服务体系建设，投资的重点都放在县级，乡级服务站的人手较少，村级服务更是缺乏，远远不能满足农户对农技推广服务的需要。相当一部分服务到乡镇未到农村，到村组未到农户，到干部未到群众，出现了"忙在县级、停在乡级、空在村级"的被动局面。并且，我国农业技术推广体系存在着人员数量多，专业素质较差；经费严重不足，开展工作困难；管理体制不顺，职能发挥不平衡；非政府部门的推广机构参与度提高，但有局限性等问题。

二是农业社会化服务主体间的职能定位不明确。目前，我国各种农业服务组织间的角色经常错位，应由政府农业技术部门承担的职责往往推给乡村集体，本来可由赢利性组织或合作经济组织承担的职能，政府农业技术部门却常常插手。在一些财政开支较为困难的乡镇，原本属于政府所有的社会化服务组织被承包或转包给个人，且不加监督管理，原为政府社会化服务组织中的工作人员，也因工资收入低改行或弃行。

三是政府涉农的服务组织主体存在"部门化"问题。服务组织和机构之间缺乏密切合作、有机联系，服务组织与农民未形成利益共同体，而且这种体制上的不顺，使支农资金条块分割、社会化服务体系结构紊乱。其后果是造成农业服务部门化、层级化的服务组织主体之间受部门利益驱使竞相进入利润高且缺乏有效监管的服务领域，难以进行有效监管和规范。

四是财政支持农业社会化服务体系建设资金不足，农业社会化服务的资金管理方面存在弊端，管理体制不顺。一方面财政对农业社会化服务体系建设资金投入不足，另一方面已投入的资金条块分割、分散使用，上级下拨的支农资金往往是主管部门分兵把口，下级不便统一调度，造成重复构建和损失浪费现象，进一步加剧了资金供需矛盾。

五是农业社会化服务组织没有与农民形成利益共同体，服务内容和需求脱节。目前，农业社会化服务组织与农民之间一般是"提供服务，收取费用"的关系，有的服务机构存在过于追求经济利益的倾向，没有与农户的最终生产成果相联系，缺乏紧密的利益共享与风险共担机制约束。一些服务组织具有浓厚的行政色彩，服务意识浅薄，服务功能单一，质量不高，服务内容与农民的需求相差甚远。农业社会化服务的市场监管力度有待加强。

六是农村金融和农业保险服务落后。当前，如何有效地向农民提供信贷服务，解决农民贷款难的问题已经成为制约农业和农村经济发展的重要因素。在农业保险方面，由于我国自然灾害频繁，农业保险赔付率高而处于亏损状态，许多地方早已停止开办此项业务。面对农业风险，农民力不从心。

五、几点认识与政策建议

（一）对当前农村经营制度与组织变化的几点认识

1. 农民务农收入高于打工收入和实现农业适度规模经营是推进现代农业的两个前提

随着工业化、城镇化的快速推进，我国农业产值在国民经济中的份额已降到各国实现现代化的转折点——10%以下，农业劳动力中从事纯农业的人大大减少，来自于家庭经营的收入占农民纯收入的比重在逐渐下降，在长三角、珠三角和其他东部沿海发达地区，农民家庭收入中的比例则更低。如何在高度工业化、城镇化下保持农业不衰退、农村不凋敝，是我国现阶段面临的重大挑战。上海松江区、湖南湘潭市、安徽凤台县等地的调查表明，在农业劳动力大量转移、农民收入越来越依靠非农收入的情况下，只有提高纯务农者的农业经营收入，使其收入高于农民从事非农经营的收入，农业才会重新具有吸引力，农民才会以农业经营为业。要平衡农业与非农业经营收入，在现行户均规模过小的农村土地占有和经营格局下，光靠各级政府财政补贴难以做到。只有采取适当措施，推行土地适度规模经营，才能增加务农者收入、稳定农业经营者、推进发展现代农业。我们认为，我国长三角、珠三角等沿海发达地区及大城市郊区，已经具备普遍实行土地适度规模经营的条件。在农业劳动力大量外出的粮食主产区，由于人地关系已经和正在发生变化，在农户自愿的前提下，将大量外出劳动力农户，尤其是举家外出农户承包地的经营权流转给大户从事适度规模经营，也具有现实可行性，可以审时度势、因势利导实行，但要坚决防止自上而下、强迫推行土地流转。

2. "保障承包权、分离经营权"是实现农业适度规模经营的制度内核

要推行土地的适度规模经营，就必须在"人人有份"的农村土地权利基础上，改变"户户种地"的经营格局。在现行农村土地制度下，由于农村土地的集体所有，集体社区的每个成员对集体所有土地"人人有份"；由于赋予每个集体成员土地承包经营权，土地承包权与经营权是合一的，在没有其他经济机会的情况下，必然形成"户户种地"局面，由此导致农村土地经营分散且规模过小，不利于现代农业发展。上海松江区、湖南湘潭市、安徽凤台县等地的做法表明，要推行土地适度规模经营，就必须在保障"人人有份"的土地承包权前提下，将土地经营权从土地承包权中分离出去，然后将分离出的土地经营权通过流转制度，集中到少数农户来经营。这样，一方面，让原集体土地成员保留土地承包权，获得应得的地租收益，为土地流转创造条件；另一方面，通过土地承包权人委托村组织流转，形成适度规模土地。土地适度规模经营，既保证了农业经营者获得体面的收入，又实现了政府保障基本农产品供应和国家粮食安全的目标。地方探索的启示是：要推进适度规模经营，

保障原土地承包权人的利益是前提，实行土地承包权与经营权分离是基础。

3. 家庭农场是推进现代农业的最有效形式之一

实地调查发现，尽管也有少量公司进入农业等进行经营形式的探索，但是，家庭（或大户）农场仍是各地现代农业经营组织的主要形式。上海松江区进行的最有价值的探索之一是，在经济高度发达阶段，仍然选择了将适度规模家庭农场作为推进现代农业的经营组织。在对现行农业基本经营制度的抨击中，"家庭经营"被很多人认为只是解决温饱的权宜之计、其制度潜力已经释放完了、妨碍了农业现代化，而坚持家庭经营也成了保守和不与时俱进的代名词。松江区农委主要负责人告诉我们，他们之所以选择适度规模家庭农场，一是因为即便他们的农场规模达到了 80～150 亩，从世界农业来看，仍然是小规模的，以自身的资源禀赋，不可能建立美国那样的大农场；二是如果搞公司农场，公司的逐利性必然使农业形态和种植结构发生根本改变，不利于基本食品的稳定供给；三是农场规模搞得过大，政府财政补贴必然增加，经营风险也必然加大，不利于农业经营的稳定；四是以夫妻为主、农忙雇工从事的适度规模经营，既有利于避免雇工农场的监督问题，也适合农业需要精心呵护的特点，使土地经营更加精细。对不同经营形式探索的比较初步表明，适度规模家庭农场是我国结构变革环境下发展现代农业、提高农业"三率"（即土地生产率、劳动生产率、资源利用率）的最有效形式，也是保持农业可持续发展的最有效经营组织。当然，结构快速变化下形成的家庭（或大户）农场与均分制下的超小规模农户比，尽管保留了家庭细胞的内核，但是其经营行为和生产函数均发生本质变化，它以适度规模经营为基础、以利用机械为主要手段、以纯务农收入（而不靠兼业收入）为主要收入来源、以利润最大化为目标，适度规模家庭（或大户）农场是与以提高劳动生产率为主要特征的现代化农业相匹配的。

4. 以农户内生需求为导向的、互利互惠的合作社更有生命力

我们在地方调研中发现，这一轮合作社的发展之所以速度这么快，关键还是在结构变革背景下农户对合作的内在需求上升的结果，政策对合作社发展的提倡和支持起到因势利导的作用。其一，由于农业劳动成本上升，机械投入增加，农民通过农机合作社可以使要素投入变化后的机械利用得更充分。其二，农民组成合作社，形成更大生产资料购买量和农产品销售量，在价格谈判上能力增强。其三，农民组成合作社，在农业生产各环节的"统一"能力增加，提高了规模效应。其四，农民组成合作社，户与户之间互助和协作的能力提高。因此，我们认为，这一轮农村专业合作社的发展是健康的，符合农村现阶段需求和未来发展方向的。以农户内生需求催生的合作社发展，应该成为我国发展新型合作经济的主要政策目标。

5. 培养职业农民必须提到议事日程上来

发展现代农业，农民是行为主体，建设现代农业最终要依赖有文化、懂技术、会经营的新型农民。在松江粮食家庭农场发展模式中，只有具备相应的生产能力和生产经验、掌握必要农业种植技术、熟练使用农业机械的农民才能成为农场主。即便如此，一些地方的家庭（或大户）农场经营者普遍处于依靠经验种植养殖阶段，从文化程度上看，初中和小学学历占90%以上，高中以上学历者不多。从经营者年龄上看，30岁以下的不足5%，50岁以上的将近占一半。农业经营后继乏人的局面尚未扭转。

要推进适度规模家庭农场，培育新型农民已经成为发展现代农业的重要任务。松江家庭农场的实践证明，通过建立竞争机制，使农民

主动学习、掌握农业技术和积累市场经验，是造就职业农民的有效途径。同时，还应全面加强对农业从业人员的培训，提高家庭农场经营者的技术水平、市场意识和管理能力。加强宣传引导，激发年青一代从事农业生产的热情，鼓励家庭农场经营者子承父业，逐步培育新一代技能型种粮农民队伍，使家庭农场经营后继有人。

（二）稳定和完善农村基本经营制度的政策建议

1. 坚持完善农村土地承包经营权制度，促进土地流转和适度规模经营

一方面，进一步完善土地承包经营权制度，促进土地适度规模经营和现代农业发展；另一方面，要防止和纠正借土地规模和土地流转侵犯农户土地承包权的行为。

（1）完善政策和相关法律，促进土地承包权与土地经营权的分离。完善农户土地承包权权能，明确土地承包权为田底权，拥有土地承包权的农户对土地享有使用权、收益权、转让权、处置权和抵押权。明确土地经营权是土地承包权中派生出的土地权利，设置土地经营权为田面权。土地经营权农户享有对土地的使用权、收益权、享有一定比例的土地投资回报权和依土地收益及土地上的投资作为抵押物获得信贷的权利。对土地承包权和经营权实行依法同等保护。

（2）保障土地承包权权益。土地承包权流转必须遵循自愿、依法、有偿原则。地租归原土地承包权农户。土地承包权人享有长久不变的土地承包权。

（3）发挥集体组织服务功能作用，在落实农民承包土地的确权登记颁证工作的基础上，促进土地规范流转。

2. 制定农业经营者资格认定和培养制度，促进家庭农场发展

农业经营者资格认定制度，是保障农村土地农用和粮食生产的基本制

度；农业经营者培养制度，是促进现代农业健康可持续发展的有效手段。

（1）认真总结上海松江区实行家庭农场的做法，在国家政策和法律中设置农业经营者资格认定、进入条件、退出机制。在法律上保护农业经营者的合法权利。

（2）明确家庭农场是现代农业的主要经营形式。完善政策，促进家庭农场发展。

（3）建立农业经营者国家培养体系。国家设立专门资金用于农业经营者培养，建立国家农业经营者培训体系。

（4）明确工商企业不得长时间、大面积租借农民的土地经营。严格用途管制制度，对企业将农用地非农化的做法采取法律禁止行为，并予以依法处罚。

3. 巩固和规范农业合作制度，把专业合作社办好

新型农业合作经济的发展，决定我国小规模农户经营制度的生命力；专业合作社的健康运行，决定我国农业经营的效率。

（1）把农户需求作为衡量专业合作社成效的最重要指标。以专业合作社对农户服务的能力为标准，推进合作经济的发展。防止地方片面追求专业合作社数量、忽视质量的倾向。

（2）规范和完善专业合作社内部制度建设。落实专业合作社的"民办、民管、民受益"原则，帮助合作社建立明晰的内部管理制度，完善合作社利益分配制度。

（3）明确专业合作社的主管单位，改变目前几个部门争管理权的格局，提高相关部门对专业合作社的服务能力。

（4）完善促进专业合作社发展的相关配套政策。试点专业合作社利用自身资产（如农机具、农作物收益）作为抵押物获得信贷的办法。明确专业合作社利用集体土地建厂房、设施、农具摆放、粮食烘

干设施等的用地政策。

（5）制定鼓励专业合作社发展加工业的政策。

4. 完善以家庭农场为重点的农业支持政策

在实行适度规模家庭（或大户）农场后，政府对农业的支持政策不仅不能削弱，而且应该进一步强化。应该在继续执行原有的以承包农户为基础的普惠制农业补贴政策的基础上，完善农业支持政策，促进适度规模家庭农场的发展。

（1）制定向家庭农场倾斜的农机补贴政策。随着家庭农场的组建和实施，家庭农场主（农户）的农业经营主体地位凸显。由于经营规模扩大，机械是其主要要素投入，家庭农场也就成为农机需求的主体。建议完善现行农机补贴政策，将补贴资金和对象向适度规模的家庭农场倾斜，激励其购置农业机械和设备，从事农业专业化经营。

（2）实行促进家庭农场规模经营的土地整理。适度规模家庭经营，要求土地的连片成方和田、水、路、林的综合整理，单个家庭农场无力实施。建议对国土资源部、财政部、农业部等多家实施的土地整理项目进行统筹，进行高标准农田建设，为适度规模家庭农场提供农业基础条件。

（3）提供优质、高效的农业技术服务。实行适度规模家庭农场后，农产品品质的要求更高，农业技术服务的需求更高，地方政府必须搭建更完善的农业服务体系，在农技、种子、防疫、生产资料供应等方面提供全程高效服务，提高家庭农场农业经营的效率。

执笔人：徐小青　刘守英　樊雪志　李　青

伍振军　谭明智　李艺铭　杨继伟

第二部分

调研报告

安徽省肥东县农业经营制度变革的系统考察

农业经营制度是国家根本制度的重要组成部分，也是影响几亿农民命运和农村发展的基础性制度。近年来，关于农业经营制度的讨论越来越多，质疑之声越来越大。一些早有定论的观点正在被怀疑甚至被否定，一些原来被认为毋庸置疑的主张似乎又变得模糊起来。与历次关于农业制度的讨论有所不同，此次的争论是在高速工业化、城镇化背景下展开的。在我们看来，要准确把握新时期农业经营制度变革的走向，制定切实可行的政策，就必须就结构变革对农业经营制度带来了哪些影响进行一线观察，为此，国务院发展研究中心农村部组织全体研究人员赴安徽省肥东县展开调查。

肥东县是合肥市郊区县，位于江淮之间，是一个典型的农业大县，也是近10年来结构变革非常显著的县。它在农业经营制度上面临的问题及正在发生的变化，在全国农区具有典型性。本报告的结构如下：首先描述了近10年来快速推进的工业化、城镇化进程及其所带来的农业形态变化和农民分化；分析了在新的城乡关系下农民对土地观念的变化及所进行的行为调整；然后重点展示了农业经营制度的几个重大变化及其重要特征；最后是在调研基础上形成的几点判断。

一、结构变革下的农业与农民

21 世纪以来，肥东县发挥省会城市郊县的区位优势，抓住国家中部崛起战略实施的历史机遇，工业化、城镇化加速，县域经济发展加快。2002～2011 年，全县地区生产总值由 35.6 亿元增加到 298.64 亿元，年均增长 26.7%（现价，下同），其增速比安徽省同期水平高 9.1 个百分点，比全国同期水平高 10.3 个百分点；人均生产总值由 3300 元增加到27552 元，年均增长 26.6%，其增速也高于安徽省和全国同期水平。

（一）工业化、城镇化提速

与沿海地区相比，肥东县的工业化进程于 2000 年后才开始加快。2002～2011 年，工业增加值由 7.5 亿元增加到 115.1 亿元，年均增长35.5%，工业增加值占 GDP 的比重由 21.1% 上升到 47.8%，提高 26.7个百分点，大大高于安徽全省和全国同期水平（见表 1）。到 2011 年，工业对 GDP 的贡献率达 69.6%，拉动 GDP 增长 13.2 个百分点。

表1　　　　　　　肥东县工业增加值占 GDP 的比重及对比情况　　　　单位:%

	2002 年	2011 年	提高幅度
全　国	39.4	39.9	0.5
安　徽	36.2	46.7	10.5
肥　东	21.1	47.8	26.7

工业化的快速推进，带来产业和人口聚集，肥东县的城镇化进程也开始加速。根据第六次全国人口普查数据，2010 年肥东县城镇人口比重

达到 35.2%，比"五普"时的 2000 年①提高了 21.4 个百分点，年均提高 2 个百分点，其增长速度大大高于安徽省和全国水平（见表 2）。到 2011 年，肥东县的城镇化率为 35.2%，进入城镇化加速期。

表2　　　　　　　　　肥东县城镇化率变动情况　　　　　　　单位:%

	2000 年	2010 年	提高幅度
全　国	36.09	49.95	13.86
安　徽	27.81	43.01	15.2
肥　东	13.8	35.2	21.4

（二）农业地位变化与农业转型

过去 10 多年间，肥东县在工业化、城镇化快速推进的同时，农业增长也十分显著，农业增加值和农业总产值年均增长约 15%，大大超过全国平均增长水平。2011 年的全县第一产业增加值比 2002 年增长 2.6 倍，农林牧渔业总产值比 2001 年增长 3.03 倍（见图 1）。

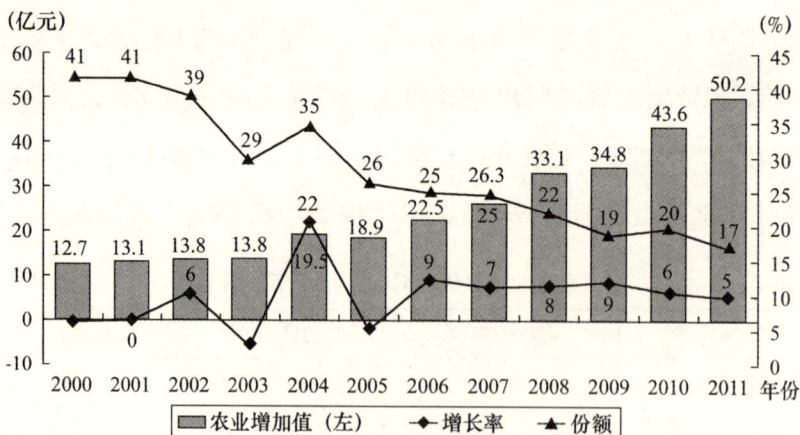

图1　2000～2011 年肥东县农业增加值、增长率与所占份额

数据来源：肥东县统计局。

---

① 2000 年，第五次人口普查没有纳入城镇常住人口计算，全县非农业人口占全县户籍总人口的比重为 13.8%。

在工业化程度和城镇化率提高的同时，农业在三次产业中的份额显著下降。近10年来，第一产业产值比重由2002年的38.8%下降到2011年的16.7%，降了16.7个百分点，年均下降1.9个百分点，其降幅也大大高于安徽省和全国平均水平（见表3）。

表3　　　　　　　　肥东县三次产业结构变化情况　　　　　　单位:%

		2002 年	2011 年	变动幅度
全 国	一产比重	13.7	10	-3.7
	二产比重	44.8	46.6	1.8
	三产比重	41.5	43.4	1.9
安徽省	一产比重	21.9	13.4	-8.5
	二产比重	44.1	54.4	10.3
	三产比重	35	32.2	-2.8
肥东县	一产比重	38.8	16.7	-22.1
	二产比重	26.7	61.8	35.1
	三产比重	34.5	21.5	-13

在农业内部，粮食生产的地位得到巩固与加强，其面积和产量都有增加，其他传统农作物由于用工多或亩均收益减少出现波动甚至面积下降，其中变化最为显著的是棉花和油料。由于地处合肥郊区，肥东县的蔬菜种植面积上升，大棚菜更是成为部分农民增收和致富的重要途径（见图2、图3）。我们所调查的牌坊乡，蔬菜种植面积达1万多亩，设施栽培基地30处，面积7000多亩，其中杭椒面积5000余亩，已成为全国三大杭椒生产基地之一，产品远销北京、济南、上海、杭州、武汉等大城市，在市场上享有较高的知名度。

在这期间，农业产业化程度加深。到2011年，全县市级以上农业产业化龙头企业达到97家，其中，农产品加工企业58家，畜禽养殖企业23家，现代种植企业10家，林业企业4家，流通类企业2家；省级以上龙头企业10家，超亿元的28家，超5亿元的5家，超10亿

（万公顷）

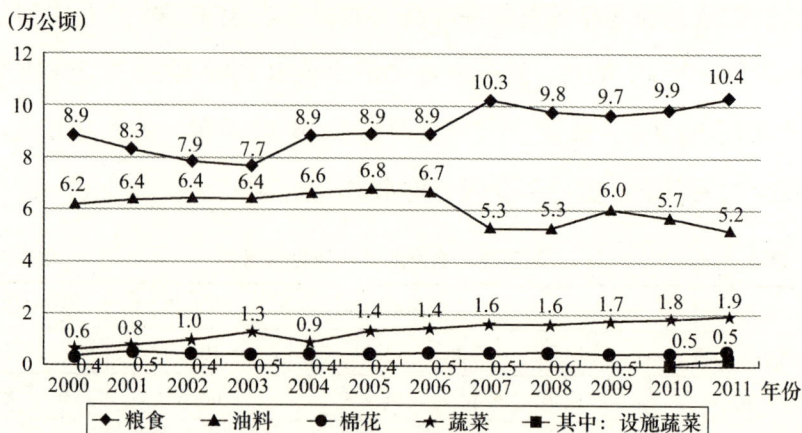

图2 肥东县主要种植业产品面积变化

数据来源：肥东县统计局。

（万吨）

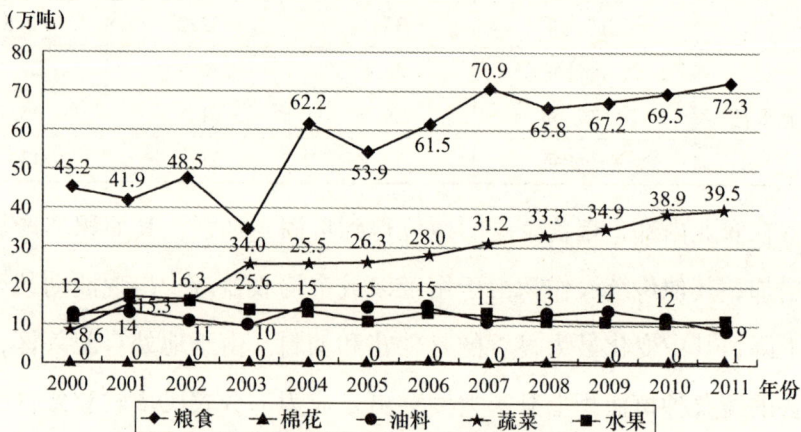

图3 肥东县主要种植业产品产量变化

数据来源：肥东县统计局。

元的3家。龙头企业建立生产基地45.8万亩，带动农户32.9万户。

畜牧业规模化、产业化成为肥东发展现代农业的重点。肥东奶牛场于2008年引进建设，到2010年正常运行，当年获利600万元，2011年获利4000万元。2012年8月，现代牧业肥东养牛场存栏奶牛1.97万头。全县还新种植了7万亩饲料玉米和紫花苜蓿，为这近2万头奶牛服务。肥东县还重点支持和诚、义昂公司等现代肉禽产业项目，新建或改扩建大型标准化肉鸡场，建成标准化肉禽场 10 家，建筑面积达 45000 平方米以上。先后引进和威、通威、新希望、大北农、湘大五大饲料行业生产巨头，形成了全省最大的饲料产业集群，年加工能力达到 100 万吨以上。江苏雨润集团在肥东投资 3 亿元的年屠宰 200 万头生猪屠宰加工项目已建成投产。还与温氏集团结缘，在梁园、八斗等 3 个乡镇投资 2.5 亿元人民币，建设集科研、饲料加工、种猪繁育为一体的"公司 + 农户"标准化养猪模式。安徽安泰公司正在肥东建设国家级种公猪站项目，项目建成后，不但保证肥东养猪业所需，同时供应周边地区并覆盖全省。由于规模养殖的发展，肥东县过去 10 年间养殖产值和出栏数也有显著增长。2011 年出栏家禽数比 2001 年增加 4 倍，禽蛋产量增长 43.79%，出栏生猪增长 38.9%（见图 4）。2011 年，全县畜牧业产值比重占农业总产值的 49%，规模饲养比重达 80% 以上。

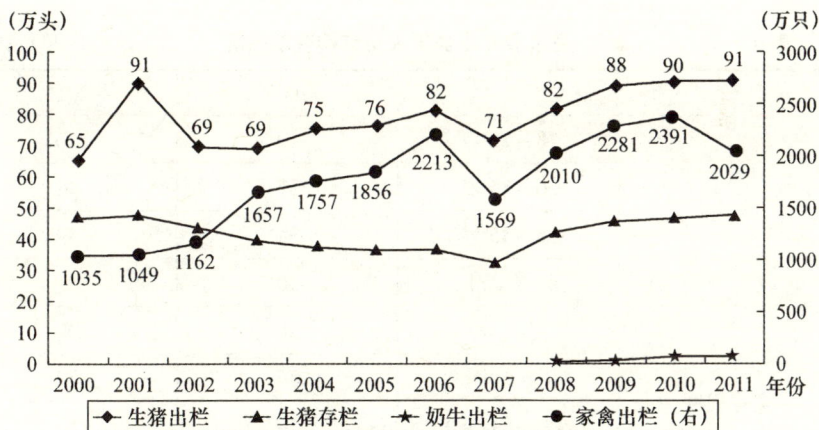

图4　肥东县畜禽产品出栏和存栏变化

（三）农业劳动者外出就业与农民分化

肥东县是全国劳务输出基地县和全国外派劳务基地县，近年来转移农村劳动力人数呈上升趋势，从 2003 年的 19.5 万人增加到 2010 年的 31.06 万人（见图 5）。

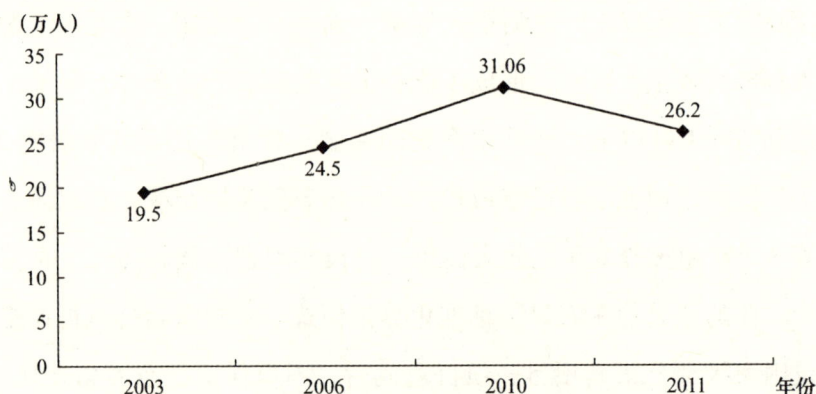

图 5　肥东县农村转移劳动力数量变动情况

在转移外出劳动力中，26～45 岁的青壮年占到 80% 以上，高中以上文化程度农村劳动力绝大多数已离开农村和农业。在外出劳动者中，转移就业一年以上的占 90%，到省外和县内转移就业的各占 1/3 左右。男性大多数到县外务工，女性大多数在县内就业（见表 4）。

表 4　　　　　　　　肥东县外出务工人员结构变动情况　　　　　　　单位：%

年　　份		2003	2011
年　龄	18～25 岁	19	8
	26～35 岁	37	44
	36～45 岁	34	39
	46 岁以上	10	9
文化程度	小　学	20	8
	初　中	56	22
	高中（高职）	18	51
	大　专	6	19
县　外	男　性	72	59
	女　性	28	41
县　内	男　性	41	43
	女　性	49	57

我们在调研中发现，随着肥东县近几年招商引资力度加大，企业落地增加，农村劳动力转移开始出现"就近就地就业"苗头，出县劳动力数量有所减少，县内转移数量呈增加态势，将来走势如何，有待观察。

随着农业劳动者就业非农化，农民收入构成发生重大变化，工资性收入快速增长，成为农民收入增长的主要因素。2011 年，全县农民人均工资性收入 3942.8 元，是 2002 年的 5.9 倍；家庭经营收入 3858.9 元，是 2002 年的 2.9 倍。工资性收入占比由 2002 年的 31% 提高到 2011 年的 47%，家庭经营收入占比则由 2002 年的 62% 下降到 2011 年的 46%，收入结构比也由 2002 年的 31:62:1:6 调整为 2011 年的 47:46:2:5（见表 5）。

表 5　　　　　　　　肥东县农民人均纯收入结构变动及对比情况　　　　单位：%

		2002 年	2011 年	变动幅度
全　国	工资性收入占比	33.9	42.5	8.6
	家庭经营纯收入占比	60	46.2	-13.8
	财产性收入占比	2	3.3	1.3
	转移性收入占比	4	8.1	4.1
安徽省	工资性收入占比	33.4	43.7	10.3
	家庭经营纯收入占比	61.6	47.9	-13.7
	财产性收入占比	1.5	1.7	0.2
	转移性收入占比	3.5	6.7	3.2
肥东县	工资性收入占比	31	47	16
	家庭经营纯收入占比	62	46	-16
	财产性收入占比	1	2	1
	转移性收入占比	6	5	-1

农村人口和劳动力外出增加，导致农业劳动力构成发生变化和人

口净减少。从事农业的劳动力从 2001 年的 35 万人减少至 2010 年的 25 万人，到 2011 年又进一步下降到 24 万人。10 年间农业劳动力平均年龄上升了 15 岁，女性比重提高了 10 个百分点，初中以上文化程度农民比重下降了 10 个百分点。农村常住人口由 2000 年的 83.8 万人下降到 2010 年的 55.9 万人，10 年间减少了 27.9 万人，年均减少约 3 万人。就业和收入多样化也带来农民的分化，只有一小部分完全靠非农收入的农民，还有一小部分基本靠务农收入的农民，而绝大部分是主要靠在外打工收入、部分靠务农收入的农民，以及相当一部分靠在本地非农收入以及部分务农收入的农民。

二、农民对土地的观念与行为变化

有史以来，土地就一直是肥东农民的命根子。这里也是带头进行包产到户的地区之一。那场改变农民和整个中国命运的土地改革，重新唤起农民对土地的热情，充分调动起农民在土地上劳作的积极性，解决了农民的温饱，增加了农民收入和农产品供给。包产到户制度成为农业基本经营制度。伴随结构变革，农民就业和收入构成发生重大变化，土地的收入重要性相对下降，农民与土地的关系及他们对土地的观念也正在发生重大变化，这些变化直接影响农民对土地的行为。

（一）农工收入差距拉大

近年来，国家出台了一系列强农惠农政策，农业补贴不断增加，对提高农民种粮积极性起到了一定的激励作用。但是，由于农民打工收入大幅提高，农业生产成本过快上涨，远远高于农产品价格提高幅度，加之农业生产自然风险和市场风险较大，易造成增产不增收，导致农民种粮收益远远低于打工收入。

根据肥东县提供的资料，对比20世纪90年代初与2010年，20年间打工收入增长幅度远远高于亩均收益增长幅度（表6）。

表6　　肥东部分农产品、生产资料价格与打工收入变化对比

	1990 年	2010 年	增长倍数
稻谷（元/50 公斤）	23	108	4.7
小麦（元/50 公斤）	25	95	3.8
油菜（元/50 公斤）	158.4	220	1.39
化肥（元/50 公斤）	12	142.5	11.88
打工平均收入（元/天）	10～15	117.5～160	11

2011年，当地农民种植一亩水稻、油菜、小麦的种植成本分别为560元、260元和330元，每亩净收益分别为670元、400元和335元（见表7）。一亩耕地按一稻一油（麦）两季种植，正常年景收益在1100元左右。相较之下，一个农民工（包括熟练工）不同工种平均后，每天平均工资收入约117.5元，月收入为3525元。也就是说，一个农民打工月收入是一亩耕地两季收益的3倍多（见表8、表9）。农民反映，"种一季田不如打半月工"。

（二）农民种田意愿下降

以一个农村家庭4口人及全县人均耕地1.4亩计算，一个农民家庭的耕地面积约5.6亩，全年种植业总收入约6160元（5.6×1100元/亩），4个人月生活费按1000元计算，维持家庭的正常生活开支需1.2万元/年，缺口为5840元，再加上子女上学、人情礼节、进城买房等各项开支，

表7　　　　　　　2011年水稻、油菜、小麦种植成本状况　　　　单位：元/亩

	水　稻	油　菜	小　麦
化　肥	160	120	120
种　子	50	10	10
翻　耕	80	70	70
插　秧	120	0	0
收　割	70	0	70
农药、除草剂	80	60	60
合　计	560	260	330

表8　　　　　　2011年亩均水稻、油菜、小麦收益调查　　　　单位：元

种　类 ＼ 收益	产量（公斤）	单价（元/公斤）	产　值	成　本	收　益
水　稻	500	2.46	1230	560	670
油　菜	150	4.40	660	260	400
小　麦	350	1.90	665	330	335

表9　　　　　　　　2011年农民工打工收益状况　　　　　　单位：元/天

工　种	报　酬	工　种	报　酬
瓦工（操作熟练）	180～220	小工（成年男性）	80～120
木工（操作熟练）	150～200	小工（成年女性）	60～100
平均工资	117.5		

光靠4～5亩的小规模经营，种田收入根本不能支撑起家庭生活，外出打工成为农民不二选择。与出外打工年轻化趋势一致，相比20世纪60～70年代的农民，对于80年代后的新生代农民来讲，土地不再是他们赖以生存之本，他们对土地的依恋下降，对土地的感情趋于淡薄，他们不愿固守农村生活，随着出外打工年头增加，他们的生活方式与观念也越来越城市化，种田对"农二代"的吸引力下降。肥东县有关部门对农民种田意愿的调查结果表明，70%的受访人员表示对种田不

感兴趣，"80后"、"90后"受访者95%以上不愿种田。即便在30%愿意种田的人群中，"不想多种地，只种自己口粮田"代表目前种田人的基本心态。种田已由过去的"主业"演变为"副业"。

（三）土地集约利用度下降和季节性闲置

农村改革初，农民家庭收入主要来自农业经营收入，承包农户通过提高复种指数，增加单位土地产出，以增加产量和收入。近年来，随着农村劳动力就业非农化，工农收入差距拉大，劳动力价格逐年上涨，农民对土地种植的态度也发生很大变化，农村土地利用集约度下降，甚至出现抛荒现象。肥东县委政研室、县农委对全县9个乡镇做了调查（9个乡镇位于肥东县南、北、中部，具有较强代表性），村庄和农户选取采取抽样办法，每个乡镇抽取3个村，每个村抽查10户，共计27个村270户。2011年，270户共有耕地面积1740.98亩，实种水稻、小麦、油菜等作物1175.78亩，有565.20亩（按播种面积统计）出现季节性甚至全年闲置，占调查耕地面积的32.46%。有些村的耕地空闲率较高，如龙城等15个村耕地空闲率高于20%，最高的达81.10%。细究农民空田现状，真正因外出打工常年弃种的仅17亩耕地，占空闲田面积的3.01%。绝大多数是采取轮作休耕模式种植，即秋冬季主动弃耕，面积达548.20亩，占空闲田的96.99%。在548.20亩季节性空闲田中，因务农劳力不足、种粮效益低主动放弃秋种次年种植一季水稻的面积282.90亩，占空闲田面积的50.05%；因自然条件差不得不放弃秋种的面积65.85亩，占空闲田面积的11.65%；因农业种植结构调整（预留"五旱"作物茬口、秧田）等造成的空闲田面积216.45亩，占空闲田面积的38.3%（见表10）。

表 10　　　　　　　　270 户秋冬季耕地、已播种、空闲田状况

样本村10户合计 \ 类别		实有耕地面积（亩）	(1)已种植小麦、油菜等面积（亩）	(2)空闲田面积（亩）	空闲率（%）	其中：预留秧田、"五早"作物面积（亩）	除去预留茬口田后的空闲率（%）
陈集镇	竹滩村	84.70	74.60	10.10	11.90	9.00	1.30
	肖圩村	71.63	54.00	17.63	24.60	7.63	15.36
	秦湖村	135.67	111.80	23.87	17.60	18.87	3.69
古城镇	岗李村	81.63	32.00	49.63	60.80	9.03	49.74
	刘庄村	89.42	32.00	57.42	64.20	7.00	56.40
	大袁村	45.46	18.65	26.81	59.00	6.71	44.20
白龙镇	青龙村	99.40	80.60	18.80	18.90	11.8	7.04
	快乐村	85.20	68.60	16.60	19.50	9.60	8.22
	白龙村	85.20	69.40	15.80	18.50	8.40	8.69
八斗镇	南鲁村	84.30	57.70	26.60	31.60	13.20	15.90
	胡祠村	90.30	59.20	31.10	34.40	17.50	15.10
	小汤村	88.10	59.50	28.60	32.50	15.70	14.64
石塘镇	龙城村	43.40	8.20	35.20	81.10	6.30	66.59
	新展村	66.67	34.40	32.27	48.40	3.70	42.85
	同合村	62.67	16.76	45.91	73.30	6.00	63.68
梁园镇	蒋岗村	72.35	59.85	12.50	17.30	2.50	13.82
	民主村	68.65	55.45	13.20	19.20	8.00	4.66
	邓岗村	55.28	55.28	0.00	0.00	0.00	0.00
桥集镇	国光村	60.69	48.43	12.26	20.20	8.96	5.44
	龙泉村	40.62	27.00	13.62	35.50	8.80	11.87
	桥安村	52.20	42.92	9.28	17.80	5.68	6.90
撮镇镇	长乐村	39.93	10.30	29.63	74.20	8.54	52.82
	旭光村	47.28	39.75	7.53	15.90	5.83	3.59
	仙临村	30.78	26.84	3.94	12.80	1.90	6.60
长临镇	迎霞村	33.05	13.20	19.85	60.00	8.75	33.59
	星二村	21.02	14.72	6.30	30.00	6.30	0.00
	姚埠村	5.38	4.63	0.75	13.90	0.75	0.00
合　计		1740.98	1175.78	565.20	32.50	216.45	20.03

资料来源：肥东县政研室、县农委。

三、农业经营制度正在经历重大变化

与全国其他农区一样，农业经营制度运行的环境在变化，农民对土地的观念在变化。农业经营制度向何处去？它的哪些方面在变，哪些方面不会变？农业经营制度的变化，涉及土地产权变化、经营规模改变、经营主体变化以及服务体系变化。下面将分别予以关注。

（一）土地流转速度加快，流转制度更加规范

肥东县现有耕地面积177万亩，已承包到户土地面积116.8万亩，获得土地承包权农户24.3万户，土地经营权证发放率达98.3%。土地承包权保障为土地流转和农业经营制度创新打下了基础。

2008年以来，肥东县农村土地流转速度明显加快，仅2012年上半年新增土地流转面积3.46万亩（总流转土地面积达43.11万亩，土地流转率达36.3%）。在转出土地中，出租、代耕和转包仍是主要形式，分别占土地流转面积的38.1%、31.8%和26.9%（见表11），土地主要流向家庭经营为主的大户和合作社，两者加总占到土地流转面积的65.4%。值得关注的是，流向企业的土地也不低，占流转土地的18.2%，流向其他经营主体的面积也有4%，2011年这两项加总面积达36.7万亩，这两类主体的具体经营方式和效益到底如何，需要细致分析；其生命力如何，需要进一步关注。

由于土地流转加快，土地适度规模效益显现，土地租金逐年增长。2008年，土地年租金平均在280元/亩，2009年增加到350元/亩，2010年进一步升至450元/亩，2011年平均每亩在500元以上。2008～

表 11　　　　　　　　2008 年以来肥东县土地流转情况　　　　　　　单位：万亩

年　份	流转面积	流转方式					
		转包	转让	出租	互换	入股	代耕
2008	20.4	8.4	0.27	8.25	0.28	0.1	3.1
2009	25.7	8.9	0.2	10.1	0.3	0.42	5.78
2010	35.7	8.87	0.2	11.4	0.35	0.48	14.4
2011	39.65	9.08	0.2	14.75	0.38	0.68	14.56
2012（上半年）	43.11	9.03	0.2	18.21	0.38	0.68	14.56
合　计	164.56	44.28	1.07	62.71	1.69	2.36	52.4
占流转面积的比重		26.9%	0.7%	38.1%	1.0%	1.4%	31.8%

年　份	涉及农户数	流　向			
		农户	企业	合作社	其他经营主体
2008	2.1	13.9	5.9	1.9	4
2009	4.5				
2010	8.68	25.9	6.2	3.2	0.4
2011	9.53	26.5	8	4.4	0.74
2012（上年半）	8.68	26.8	9.9	4.9	1.5
合　计		93.1	30	14.4	6.64
占流转面积的比重		56.6%	18.2%	8.8%	4.0%

2011 年，租金的快速上涨，对于土地租出户收入增长有好处，但对于租入户收入和种植结构的影响还有待观察。

通过土地流转，建起省级、市级具有瓜菜产业特色的“一村一品”示范村分别达到 4 个和 42 个，总面积达 3 万亩以上；创建了 2 个国家级蔬菜标准示范园，6 个省级现代农业科技示范园，37 家市级现代特色农业示范园，22 家市级农业科技示范园。其中，1000 亩以上的农业科技示范园 18 家。涌现出石塘、包公万亩露地蔬菜基地，撮镇万亩水生蔬菜基地，牌坊 6000 亩设施栽培基地和撮镇唐安、梁园柯岗等一批千亩蔬菜生产基地。

在土地流转加快的同时，土地流转制度进一步完善，土地市场服务水平提高。肥东县先后制定《农村土地承包经营权流转管理办法》、下发《关于加快农村土地承包经营权流转服务平台建设的通知》，成立肥东县农村土地流转服务中心，目前已有 301 个村（居）设立了农村土地流转服务站，占 91% 以上，店埠、牌坊、八斗、白龙、撮镇、石塘等乡镇成立了乡镇农村土地流转服务中心。建立肥东县农村土地流转信息网，店埠、牌坊两乡镇建立了子网站。采用合肥市农委统一编印的土地流转规范合同文本，明确流转的形式、数量、年限、租金、条件及双方的权利、义务、责任等；流转合同经过发包方报乡镇农经站或公证机关鉴证；对变更土地承包关系的流转地，及时办理农村土地承包经营权证变更登记手续。对流转土地的承租方实行严格的资质审查制度，在流转达成初步意向后，承租方要上报流转土地使用的方案，承租 1000 亩以下的由所在乡镇流转服务中心进行审查；1000 亩以上的经所在乡（镇）流转服务中心初审，上报县农业行政主管部门审查，审查受让方的法人资格、信誉度、资金实力、履约能力及拟实施项目是否符合国家的法律法规、环境保护政策、产业发展规划等。充实和调整了肥东县农村土地承包仲裁委员会，组建一个 60 多平方米的标准化仲裁庭，仲裁委在原有人员的基础上增加了律师和农民代表，2007 年以来受理 21 件仲裁申请，有 13 件采用协商办法解决，仲裁调解 6 件、仲裁裁决 2 件；接受县政府交办的农村土地承包纠纷信访复查复核案件 37 件，全部办结。

（二）土地适度规模经营正在形成

农村大量劳动力外出，降低了单位土地面积上的劳动人数，长期困扰农业发展的紧张人地关系开始有所缓解，农业经营规模呈扩大趋势。肥东县耕地面积由 2001 年的 136 万亩下降到 2011 年的 120.4 万亩①，减少了 11.5%。但由于农业从业劳动力从 35 万人下降到 24 万人，减少了 31.4%，人均劳作的耕地面积由 2001 年的 3.9 亩增加到 2011 年的 5.0 亩，增长了 29.1% （见表 12）。

表 12   肥东县农业劳动力人均耕作面积变化情况

	2001 年	2011 年	变动（%）
耕地面积（万亩）	136	120.4	-11.5
农业从业人员（万人）	35	24	-31.4
人均劳作耕地面积（亩/人）	3.9	5.0	29.1

近年来，随着土地流转加快，规模化种植水平快速提高，种植 50 亩以上的种粮大户从 2010 年的 182 户快速增加到 2012 年的 339 户，种植面积从 4.2 万亩增加到 9 万亩，主要种植一季水稻和一季小麦。其中，50~500 亩适度规模经营趋势最为明显。目前，肥东县经营自己承包的耕地的农户仍然占主体。一般农户经营自己承包的耕地面积在 15 亩以内，主要种植一季水稻和一季小麦（油菜）。其中，种植 50~500 亩的大户增加最多，户数从 2010 年的 150 户（占规模经营户总数的 82%）增加到 2012 年的 300 户（占规模经营户总数的 88%）（见表 13）。

表 13   肥东县种粮大户、种植面积统计表

年份	50 亩以上		其　　中							
			50~500 亩		500~1500 亩		1500~3000 亩		3000 亩以上	
	总户数	总面积（万亩）	户数	面积（万亩）	户数	面积（万亩）	户数	面积（万亩）	户数	面积（万亩）
2010	182	4.2	150	3	13	0.65	2	0.35		
2011	282	6	272	4.6	7	0.6	3	0.7		
2012	339	9	300	4.2	30	2.5	7	1.5	2	0.8

---

① 地方政府上报数字，与实际保有量有一定差距。

由于土地租金增加，规模种植户亩均收益低于小户亩均收益。据测算，经营自己承包耕地面积15亩以内的农户，不用交田租费用，每年种植一季水稻和一季小麦，每亩两季生产成本850元（机耕每亩140元，肥料每亩230元，种子每亩120元，农药每亩60元，收割每亩160元，水稻移栽每亩140元），按照一季水稻一季小麦丰收年景计算，每亩产值1830元（水稻每亩1000斤，单价1.2元/斤；小麦每亩700斤，单价0.9元/斤），每亩效益980元。土地流转实现规模经营后，大户种植成本与小户经营成本基本相同，大户种植成本还另加上土地流转田租费每亩600元左右，实际每亩效益380元左右。

（三）专业合作社快速发展

近年来，肥东县把大力发展和培育农民专业合作社作为推进农业经营方式转变的重要措施。自2007年7月到2012年8月，全县农民专业合作社登记注册达345家。其中，种植业152家，畜牧业81家，林业22家，水产业21家，服务业46家，其他行业23家，分别占44%、24%、6%、6%、13%、6%。合作社成员增加到25566户，其中农民成员近25000户，占95%。合作社年均实现农业增收2100多万元，成员户均增收1000元以上，农民入社积极。

合作社的组建主体呈现多元化的趋势。一是种养大户。种养大户发挥自身在种植和养殖方面的经验、技术和资金优势，牵头把有积极性的农民联合到一起，形成生产经营规模。二是农村经纪人，创办有特色的区域型农民专业合作。三是龙头企业，牵头与农户合办。四是农技服务组织，利用自身的技术优势和科研团队，把相同产业的农民联合起来，组建各类农民专业合作社。目前，全县各类合作社中，农民种养大户、农村经纪人及运销户等占到60%，供销社、龙头企业、农技部门领办的各占 10% ~ 15% 左右。同时，大学生、返乡农民工、城市投资者创建的合作社开始增多。

从合作社与农户之间的关系来看，主要有以下三种类型：第一，农户的土地承包经营权不发生流转，土地仍然由农户自行经营，合作社在资金及技术上为社员提供帮助，合作社与农户之间按照产品包销合同进行利益分配。第二，农户的土地承包经营权直接流转到合作社，入股成为社员和经营主体。合作社和农户之间签订土地承包经营权流转合同，一般由合作社按照"四统一"模式进行管理（统一引进良种、统一技术培训和指导、统一田间管理、统一收购销售）。在收益分配上，一般是合作社先按产品交易量（额）比例返还给社员，比例达到 60% 以上；剩下的 40% 收益留一部分作为合作社的发展资金后，按社员所占股份份额进行二次分配。第三，合作社与农户不发生直接利益关系。首先农户将土地承包经营权流转到村集体组织，与村委会签订流转合同，确定租金；然后合作社与村委会签订流转合同，租金不变。这种做法避免了合作社与各个农户签订合同的繁琐和矛盾。

【案例1】 **肥东县田丰农业专业合作社**

肥东县田丰农业专业合作社，成立于 2008 年 11 月 24 日，位于肥东县长临河镇罗洪村，现有农民股东 104 人，其中土地入股 97 人，注册资金 203.23 万元。合作社法人代表王兵是肥东县长临镇东红村土生土长的农民，熟悉和精通农业生产的各项技术，尤其是莲藕的生产技术。2007 年，王兵开始承包 400 多亩低洼地，通过整治，种植莲藕。2008 年，王兵成立了肥东县田丰农业专业合作社，将土地作为股份，鼓励周边有土地的农民入股。到 2011 年底，合作社流转土地 8000 亩，涉及周边等村，引导周边近万亩的低洼盐碱低产田开发，成为肥东县莲藕生产基地和观光旅游带。合作社按照"四统一"模式进行管理，即统一引进良种、统一技术培训和指导、统一田间管理、统一收购销售，发展以大棚蔬菜、水生蔬菜和粮食种植为主，以生态农业、城郊旅游为有效补充的现代化休闲农业，并注册了"姚埠圩"商标，获得无公害认证农产品 8 个，建立无公害莲藕基地 5000 亩。2011 年，还建立优质水稻基地 2000 亩、优质小麦基地 2000 亩、优质绿色草莓 600 亩钢架大棚、反季节杭椒等蔬菜 400 亩钢架大棚，年产值 2620 万元，利润 270 万元，带动基地农户户均增收 1.2 万元。

【案例 2】　　　　　肥东县建华农业专业合作社

肥东县建华农业专业合作社，由肥东县建华社区委领办，2007 年 3 月 19 日在肥东县工商局注册登记，注册资金 1525 万元。合作社成员以现金入股（1200 元/股）和土地入股（每亩折合 10 股）等方式入社；按"入社自愿，退社自由"的原则，年终保底分红，吸引周边农民参股入社。截至目前，现金入股农民共 1146 人，入股资金达 1220 万元，土地入股农户 1243 户，占建华社区农户的 70%，土地流转规模达 5736 亩。2011 年，合作社实现产值 3460 万元，兑现股息 410 万元，分红 150 万元。合作社拥有"四个一"，即一个国家级蔬菜标准园，一个 3000 亩集观光、休闲、垂钓等为一体的生态湿地荷花园，一个采购、配送、加工一体化的净菜公司及莲藕农贸批发市场，一个从事水生蔬菜、花卉生产科研与经营的水生动植物开发公司。

【案例3】　　　　安徽鸿汇养蜂专业合作社

安徽鸿汇养蜂专业合作社，位于肥东县龙塘，2006年8月由蜂产品加工龙头企业安徽鸿汇食品（集团）有限公司与四户养蜂专业户联合发起成立，从事蜂业养殖、蜂产品生产和收购。于2007年8月28日进行工商登记注册，成为全县唯一一家集蜂业养殖、生产、技术服务、咨询培训、自主经营的合法农民专业合作组织，注册资金200万元。现有社员200人，95%是蜂业生产专业户，入社的蜂群拥有量2万群（箱）。目前，合作社共有成员200户，其中龙头加工企业、蜂业养殖大户、油菜种植大户28户，初步形成以长临河镇为中心的蜜源示范基地，以安徽鸿汇集团为龙头的销售市场，以县农委、县科协为主体的技术指导体系，连接蜜源种植基地20万亩，网络农户200户。

一是统一培训服务。定期将养蜂户、种植农户组织起来，通过现场讲课培训、实地指导、发送资料等方式，统一对会员进行培训。5年来，累计培训24次，累计培训农户4800人次。先后推广标准化养蜂生投产技术4类、优质强群蜂种4个，推广蜜蜂防病治病生物蜂药、中药12副，推广高效种养模式3种。

二是统一信息服务。及时准确地收集、整理国际、国内市场和科技信息，统一对社员进行发布。

三是实行"六统一分"的经营模式，即统一品种、统一技术、统一品牌、统一蜂药、统一加工、统一销售，分户经营。依托安徽鸿汇集团在长临河镇设立的优质蜜源生产基地，合作社与该集团签订了合同订单，以高出市场价格5%~10%销售蜂产品。

以"科技＋品牌＋市场"三位一体的战略作为养蜂专业合作社发展的方针，始终把精品名牌作为关键环节来抓。其一，创新蜂业养殖、生产科技。合作社鼓励社员发展无公害蜂产品生产，建立了纯天然无公害、安全、优质的蜜源生产示范基地。其二，主攻蜂产品加工。合作社充分发挥蜂产品加工龙头企业安徽鸿汇集团户的优势，筹资2000万元，建起了蜂产品加工厂，注册了"鸿汇"牌商标。

养蜂专业生产合作社共覆盖周边4个乡镇，油菜等蜜源农作物种植面积20万亩。年加工蜂蜜在5000吨以上，为当地农民增收1500多万元，户均增收5万多元。2010年，鸿汇养蜂专业合作社各社员共实现销售收入1840万元，纯收入230万元，分别比上年增长22%、27%。

【案例4】　　　　肥东县日升养牛专业合作社

肥东县日升养牛专业合作社，成立于2006年3月，2007年10月经肥东县工商局注册，成员出资总额100万元人民币，流动资金2000万元人民币。现有科技人员13人，宣传办公人员6人，拥有奶牛3000多头、肉牛20000多头；养殖户201人；进行"桂禾"牌牛肉的生产、加工、销售，出售荷斯坦奶牛、西门塔尔、夏洛莱、鲁西黄牛改良牛；统一收购农作物秸秆。

强化与基地农户的利益联结，带动了农民增收。在牌坊回族满族乡、长临河镇、包公镇、桥集镇与农户签订饲养合同，将6000多头肉牛发放给农户饲养，每户5～20头。合作社每月给予每头200元的放养费作为工资，使这些农户年增收一万多元。

发展优质牧草种植。合作社带动周边乡村义务给400多户农民举办技术培训和指导服务，提供 5000 多份宣传资料。

收购农作物秸秆饲料。牛是草食性动物，需要消耗大量的农作物秸秆。合作社与农户签订玉米秸秆、花生秸、稻草等原材料收购合同，粗饲料全部来源于附近农户，既保证养殖小区饲草供应，又使农户每亩增加 300 多元的收入，同时极大地减少了秸秆焚烧所造成的环境污染。

到目前为止，合作社带动了 1500 多农户发展奶、肉牛养殖，多次对农户开展专业技术培训并无偿提供信息服务，以网络为联系渠道，建立饲养和疫病防治。将原料生产加工、养殖管理、产品销售等环节连接起来，形成一个完整的产业体系和组织体系。通过利益和契约的联结，使分散的大场小户有机地联系起来，在更大范围和更高层次上实现了农业资源的优化配置。2010 年合作社向省内外提供肉牛达 20000 多头，送达全国 10 多个省（市、自治区），销售牛肉 1000 多吨和农作物秸秆饲料 3 万多吨，年利润近 600 万元，使会员户均年净增利润 2 万多元，同时通过会员带动周边养殖户（小区）3000 户，户均年养牛新增收入 2000 元以上；并且合作社还先后举行了 4 次大型养殖培训，参加人数达上千人，带动周边养殖户 10000 多户，在肥东县推进农业产业化中起到龙头示范作用。

【案例 5】 肥东县包公稻米专业合作社

肥东县包公稻米专业合作社，于 2007 年 9 月 24 日经肥东县工商行政管理局登记注册成立。目前拥有资产 250 多万元，成员 438 名，其中大米加工企业成员 3 个。合作社主要从事优质水稻种植、收购、加工、销售以及向成员提供种植技术、信息交流等方面的服务。合作社通过"公司＋合作社＋农户"模式，开展产前、产中、产后服务，实行订单农业，保护价和加价收购农产品，农民增收效果显著；2010年各类经营收入3621万元，净盈利达79万元，成员户均增收2147元。合作社按照"民办、民管、民受益"的原则，依托肥东县是水稻主产区的资源优势，联手农业科研单位——肥东县水稻良种场，宣传、推广、引进优质高产水稻品种"丰两优"，对成员和非成员举办培训班，2009～2011年连续三年免费培训合作社成员和水稻种植基地农民11000人次，让社员掌握实用高产种植技术，实行"五统一"，为农户增加收入带来实质性的保障。仅2010年，合作社与成员和非成员农民签订种植合同4980份，种植面积16540多亩。

在合作社的示范带动下，农民入社的积极性高涨，成员由2009年的243人增加到438人，增幅80.2%。合作社先后投入200多万元，在肥东县包公镇、石塘镇建立完善2万亩绿色水稻种植基地，新修砂石路4300米，维修当家塘5口，完善沟渠8000米。通过加强基地建设，合作社成员的收入明显增加。合作社位于包公故里，充分利用人文优势，注册"包公"大米系列品牌，提高了稻米的知名度，在合肥、芜湖、南京、上海等地，派出有销售经验的经纪人建立销售网络，年销售额达2400万元。

合作社以订单农业形式，实行"利益共享，风险共担"的原则，对农民做出四项承诺：①积极参与优质水稻生产示范基地工作，带动农户种植优质品种，提高经济效益，配合农业等主管部门搞好各项服务。②保证按合同收购农民签订的优质水稻。做到"四不"，即不拒收、不限收、不克斤扣两、不压级压价。③根据当前市场行情预测，以高于市场普通稻谷价格每公斤 0.04~0.05 元的价格收购会员和农户的优质水稻。④收购以现金结算。一手交钱、一手交货，钱货两清。对会员和农民的要求是：①保证按签订的品种、面积种植，所产水稻除自用口粮外，80% 以上由合作社组织出售。②保证出售稻谷无杂质、无污染，符合国家中等稻谷质量标准。③听从农业技术人员的各项技术指导，适时播种、施肥及田间管理。④确保连片种植，标准化生产。⑤收获结束，三个月内交售完毕，并扣回合作社投放的良种款。⑥按照商定的时间和地点，确保有序收购。

【案例6】　　　　　　　**肥东县凯源花生专业合作社**

肥东县凯源花生专业合作社，前身是肥东县马湖乡花生经销大户和部分种植农户的经济联合体，由陈正群等 10 人发起，成立于 2007 年 7 月。截至目前已发展到合作社社员 325 人。

第一，紧密联系广大农户。肥东县凯源花生合作社的产品是优质、高产花生的种植、收购、销售。它以位于马湖乡的 2000 亩花生生产基地为中心，积极组织力量，引进优质花生良种，实行无公害生产，从种植到收购采取"四统一"，即统一培训、统一良种采购、统一管理、统一收购。为减少农民种植的后顾之忧，在花生播种前期，由合作社牵头，到马湖乡、古城镇等地进行优质花生品种"鲁花 11 号"宣传。预先购置良种，以订单农业形式，合理地引导农民进行种植结构调整。合作社对农民承诺：①积极参与优质花生生产示范基地工作，带动农户种植优质品种，提高经济效益，配合农业部门搞好各项服务。②保证按合同收购农民签订的优质花生，不拒收，不限收，不克斤扣两，不压级压价。③根据当前市场行情预测，给予价格指导，收购价高于市场普通花生价格每公斤0.04元。④收购实行现金结算，一手交钱一手交货，钱货两清。同时对合作社成员和种植农户提出必要的要求：①保证按签订的品种、面积种植，所产花生95%以上出售。②保证做到无杂质、无污染，保证品质，符合国家花生中等质量标准。③服从农业技术人员的各项技术指导，适时播种、施肥及田间管理。④收获结束，一个月内交售完毕。农户按照商定的时间和地点，确保有序收购。通过双方订单合同的带动，与农民建立利益共同体，形成良好的信誉合作关系，真正实行"利益共享，风险共担"，有效地提高农民抗抵御自然灾害及市场风险的能力。在组织花生生产基地的同时，扩大对非成员的带动，不仅是省内，还发展到山东、辽宁、河南、黑龙江等省，主要通过收购的鲁花11号、庐花9号、白沙、海花、四粒红等花生产品带动，对所收购花生仁加工，然后销往欧盟、中东、东南亚等国家和地区。

第二，加快品种引进。不断优化品种，向高产、优质、高效品种要效益，提高成员收益。在原有的优质"鲁花11号"稳定的基础上，2011年引进"皖黑1号"黑花生，在合作社马湖乡小陶村基地试种，种植面积1000余亩，目前长势良好，有望形成新的经济增长点。

第三，构筑"党支部＋合作社"的创新体制。合作社于2011年3月成立了凯源合作社党支部，合作社秘书长黄主东任支部书记，已发展新党员3名。党支部在合作社中主要有以下做法：一是准确定位、明确职责，在合作社管理中充当"强力引擎"。始终坚持服务和指导合作社的理念，做到既不缺位也不越位，积极融入参与而不世外旁观；始终坚持"出谋划策而不直接决策、组织引导而不发号施令、主动服务而不越权干预"的原则，正确履行自身职责。党支部与合作社建立联席会议、定期研究工作制度，重大事项，都由支部提出初步设想，交合作社领导机构、社员议事会表决通过，减少了合作社决策失误，降低了产业风险，有力引导了合作社的顺利发展。二是着力加强干部队伍建设。在保证合作社独立自主发挥职能作用的同时，党支部围绕"守信念、讲奉献、有本领、重品行"的目标，重点加强干部队伍建设。采取"双向进入、交叉任职"的办法，一方面，党支部坚持把党员干部推向合作社的理事会、监事会负责人、技术骨干、市场总监、信息采集员等关键岗位，让他们在合作社中挑大梁，充分发挥他们的管理作用；另一方面，将合作社中带领群众致富的优秀党员培养成村干部，形成"社长型书记"、"经纪人型组长"、"能人型党员"。这样，通过"三培养"，实现了农村基层党组织建设与经济工作的有效对接和良性互动，党支部在合作社中充当"强力引擎"，强化了对合作社的正确领导和有效管理，充分发挥了"推动发展、服务群众、凝聚人心、促进和谐"的作用，保证了合作社的健康协调发展。

合作社自成立以来，严格按照《章程》规定，进行规范化运作，合法经营，按照"民办、民管、民受益"的原则，联动农业科研单位——肥东县花生原种场，联动分散的农户，为花生生产提供产前、产中、产后服务，走出了一条"公司＋合作社＋农户"的农业产业化之路，以肥东凯源花生专业合作社为纽带，坚持不懈地努力，竭尽全力为广大会员服务。尤其是对种植大户，协会实行紧密型经济联合体，上门服务，统一供种，统一管理，统一监测，统一技术指导，统一收购。积极引导他们推广科学技术，实现无公害生产，提高种植水平。由于配套服务到位，基地新品种、新技术得到广泛的运用和推广。为了加快肥东县农业种植结构调整步伐，使广大农民早日致富奔小康，做大做强肥东县花生产业，合作社与安徽凯利粮油食品有限公司、肥东县花生原种场共同加强花生生产示范基地的建设，多方联系，协调和引导全县花生种植区。2010 年与农民签订种植合同 5000 多份，种植面积 20000 多亩。按照合同与签订订单的农户兑现，合同的履行率达 95%。据农户反映，种植优质花生品种"鲁花 11 号"比常规花生品种既增产又增效，农民每亩增加收入 460 元左右，为农民致富奔小康架起了一座"金桥"。截至目前，已带动周边 10000 多农户种植优质高产花生，为当地农民增加收入 2000 多万元。

（四）社会化服务体系建设

1. 农技推广体系建设

推行农技人员科技进村入户行动，逐步形成农技人员抓科技示范户、科技示范户带动普通农户的科技入户新模式，通过农技服务咨询热线、网络技术等适时提供答疑指导，利用农业科技示范场、科技示范基地、科技示范户等开展现场观摩指导的推广方式，提高推广效率。通过走出去、引进来的方法，主动与省级高等院校、科研机构合作，强化农科教结合机制，组建合肥市农业专家系统，创办"农技 110"信息咨询服务中心，架起政府与农民，农民与市场之间的桥梁，使农业科技推广与传播的更加快捷。建立起包村连户制度和"一对一"工作机制，即农技人员对口联系种田大户和生产基地，强化技术指导和服务，改变以往农技人员工作无抓手的局面，切实把农技人员从繁重的行政事务中解脱出来。进一步理顺农技推广管理体制，基本形成以县农技推广中心为龙头，以区域站和乡镇站为依托，以村级科技推广员为基础的县、乡、村三级农技推广网络。

2. 农资农机服务体系建设

2000 年以来，肥东县农机化发展很快。农机总动力由 40 万千瓦发展到近 60 万千瓦。农机装备结构明显改善，由原来的小型农机发展到目前的大、小兼有，大型农机比例正逐步加大。作业水平明显提升。实现机耕 200 万亩，机收水稻、小麦 150 多万亩，油菜机械化生产从无到有，机插秧 10 万亩，机插率约为 10%；专业化趋势明显。农机由农民自买自用变为从事经营创收。农机服务组织化程度从无到有，发展至今已有 10 家专业合作社，2 家农机协会。农机固定资产在 30 万元以上、年作业收入 10 万元以上的农机大户 38 户，农机专业户 8765 个；农机服务经营收入达到 6.12 亿元。

农业社会化体系建设效果显著。以粮油高产创建为平台，持续推进"良田、良种、良法、良制"的有机结合，一大批"超级稻"、优质麦、"双低"油菜和抗虫棉等高产稳产优质品种得到广泛应用；标准化生产、测土配方施肥、油菜育苗移栽、农作物机收、秸秆机械粉碎还田、"田头窖"堆腐等先进适用技术深入人心。全县水稻优质率达 95% 以上，油菜籽优质率达到 100%；先后引进优质良种 57 个，推广适用技术 24 项，建立栽培新模式 15 项，优化集成适宜我县种植业高效发展新的技术规程 4 套，农业科技入户率、到位率达 92%；截至今年 6 月底，全县农机总动力达 58.50 万千瓦，各类农机 10.73 万台套，插秧机 197 台，谷物联合收割机 1305 台，油菜收割机 231 台。科技增产、增收的能力和水平显著提高。

四、政策建议

（一）财政投入基础设施建设向重点薄弱领域倾斜

一是加大小型农田水利投入。在全面做好水资源普查和规划工作的基础上，加大小型农田水利建设投入，解决好"最后一公里"问题；加大对小型水利工程管护资金的投入，让已建好的水利工程得以发挥长期效益，逐步改善农业生产条件和确保群众用水安全。

二是加大土地治理力度。加大对土地平整、沟渠配套等方面的投入，进行高起点、高标准统一规划，逐年推进，不仅大大改善农业生产经营条件，还可加快农业机械化和土地流转步伐。三是加大村级公益事业投入力度。连接农民田间地头的微支渠、村内道路、垃圾处理等村级公益事业欠账多，要通过村民一事一议"自下而上"地选择村内公益事业建设项目，将财政支持向农民最需要、最关心的领域倾斜，改善农村生产生活面貌。

（二）大力培育新型农业主体

根据调查，30~100亩规模的农场亩均收益最大，要鼓励有文化、懂技术、会经营的农民、种养大户，通过承租、承包、有偿转让、投资入股等形式，将分散土地集中连片开发，发展适度规模经营的家庭农场。一是加大农业培训，积极培养家庭农场等职业农民。二是通过财政支持、税收优惠、金融信贷保险补贴等政策，支持农民专业合作社建设，建立家庭农场农民社会化互助平台。三是在基础设施建设上，重点扶持新型农场建立规模化、标准化农产品生产基地。四是适当提高农产品保护价格，实现适当规模家庭农场的农业经营收入略高于社会平均收入，提高农户增加农业投入、采用新技术提高农产品产量和质量的积极性。

（三）加快建立新型农业服务体系

积极探索建立紧密协作、互相融合、共同发展的集农业生产、供销、科技信息服务"三位一体"的新型农业服务体系。努力创新农技推广服务方式，树立新的农技推广服务理念，把农民需求放在第一位，把农民满意程度作为评价工作的主要依据。一是要强化基层公益性农技推广服务。对扎根乡村、服务农民、艰苦奉献的农技推广人员，落实工资倾斜和绩效工资政策，增加基层农技推广服务的工作经费，确保公益性农技推广服务有人员、办公有场所、下乡有工具、工作有经费。二是要引导和扶持新型农业社会化服务组织，发挥农民专业合作社、供销合作社、农业龙头企业、农业科技信息服务单位在农技推广服务中的作用。这些组织与市场、与农民的利益联系纽带更紧密，要加强政府主导的公益性农技推广机构与这些农业社会化服务组织的协作和互助，提高服务效益。三是要广泛开展基层农技推广人员分层分类定期培训，及时更新专业知识，全面提升整体素质和服务技能。四是要积极发挥农民技术人员示范带动作用，对科技示范户等农民技术人员，按承担推广服务任务量，给予相应补助。

（四）加大对涉农主体金融服务的支持力度

一是创新农村金融服务，提高贷款授信额度，大力推行联保贷款，扩大农村信贷规模，适应农业规模经济主体不断扩大的资金需求。二是加大涉农贷款税收优惠力度。针对涉农企业贷款较难的问题，建议建立涉农贷款金融企业营业税普惠制，如果金融企业将贷款业务的七至八成贷给农户和涉农小企业，就可以享受免交营业税的政策。可以由国家农业发展银行或中国农业银行提供批发资金，财政还可以通过担保、贴息、风险补偿、保险补贴等方式，鼓励金融企业向农户和涉农小企业发放贷款。三是完善农业风险防范体系，建立以政策性保险为主，民政救助为辅的农业保险体系，降低规模经营主体的自然风险。

（五）做好涉农税收优惠落实工作

目前，对农业龙头企业、农民专业合作组织等涉农财政支持项目覆盖面小，存在较大的制度漏洞，基层反映实施效果并不好。可以考虑对涉农机构实施更广泛的税收优惠，简化税收优惠享受手续，以支持这些社会化机构在更广的范围内发挥对农业生产的重要作用。同时，为让符合条件的公司尽可能享受增值税、企业所得税等优惠，要指导涉农企业做好税收筹划。如现行税法规定公司作为农业生产者可以享受税收优惠，但对如何认定自行生产并未明确。在与农户合作时，公司应尽量把自己定位在农业生产者的角色，在"公司＋农户"合作模式中，如果公司提供猪（鸡）苗、饲料、药物和技术指导，产品由公司包销，养殖成本主要由公司出，养殖户仅提供场地，负责饲养，或者对受托养殖户支付劳务费。这种情况可以理解为委托养殖，公司就可以享受税收优惠政策。

一是推广经费严重不足，农技人员待遇较低、职责不明，推广措施难以落实，存在"有钱吃饭，无钱打仗"的问题；二是推广体系体制不顺、机制不活、精神不振、管理缺位，存在"压力不够、动力不足"的问题；三是推广队伍建设面临人才不足、专业单一、知识老化、后劲乏力，存在"后继无人"的问题；四是推广机构办公条件简陋、基础设备缺乏、推广方式落后，农技推广存在全凭"一张嘴，两条腿"的问题；五是农业从业人员老化、科技素质偏低、学习新技术能力差，存在"最后一公里"的问题。

（六）健全农技推广模式

一是要不断健全农技推广服务体系。要提升公益性农技推广能力，大力发展农业社会化服务，加快形成"一主多元"的基层农技推广服务网络。一方面，要强化基层公益性农技推广服务，明确公益性定位，确保基层农技推广服务机构办公有场所、工作有经费、下乡有工具、服务有手段。另一方面，要引导和扶持新型农业社会化服务组织参与农技推广服务，通过政府订购、定向委托、招投标等方式予以扶持。

二是要切实稳定农技推广服务队伍。有了机构体系，还要"兵强马壮"，保证有人干事。为此，要根据产业发展实际设立公共服务岗位，按种养规模和服务绩效，安排推广工作经费，积极吸引一批热爱农村科技事业、具有敬业精神的高校毕业生充实到农技推广队伍之中，为农技推广注入新鲜血液；要切实提高农技推广人员待遇水平，对扎根乡村、服务农民、艰苦奉献的农技推广人员，落实工资倾斜和绩效工资政策；要完善基层农技推广人员职称评定标准，评聘职数向基层和生产一线倾斜，注重工作业绩和推广实效；要广泛开展基层农技推广人员分层分类定期培训，及时更新专业知识，全面提升整体素质和服务技能。同时，要积极发挥农民技术人员示范带动作用，对科技示范户等农民技术人员，按承担推广服务任务量，给予相应补助。

三是要加快转换农技推广服务机制。有了机构有了人，还要有好的机制激励他们想干事、干成事。要加快分离基层农技推广机构的经营性职能；进一步完善基层农业公共服务机构管理体制，因地制宜设置公益性农技推广服务机构；对社会化农技服务组织，探索农业公共服务的多种实现形式。

四是要努力创新农技推广服务方式。必须创新基层农技推广服务理念，把农民需求放在第一位，把农民满意程度作为评价工作的主要依据，实现从单项技术服务向集成技术服务转变、从单个环节技术服务向全产业链技术服务转变。必须创新基层农技推广服务方式，实现科技人员直接到户、技术要领直接到人、良种良法直接到田。必须创新基层农技推广服务手段，为农民提供高效便捷、简明直观、切实管用的服务。同时要振兴农业教育，大力培训农村实用人才，全面造就新型农业农村人才队伍，大力培育新型职业农民。

执笔人：刘守英　肖俊彦　秦中春　张云华　金三林

潘耀国　李　青　樊雪志　伍振军

上海市松江区家庭农场调查

2007 年以来，上海市松江区在高度工业化、城市化背景下，探索适度规模的家庭农场经营方式，培养农业经营者，推进现代农业发展，取得了一定成效。2012 年 7 月，国务院发展研究中心农村经济研究部赴松江开展专题调研，对松江区浦南三个以农业为主的乡镇（新浜、泖港、叶榭）进行具体解析，与松江区委及农口领导、基层干部、农户、家庭农场以及服务组织负责人进行了实地访谈，对家庭农场经营状况进行了实证分析，形成本调查报告。

一、松江区家庭农场发展情况与主要做法

（一）家庭农场发展情况

松江区位于上海市西南，黄浦江上游，总面积 604 平方公里。2011 年，全区户籍人口 57.9 万人，常住人口 165 万人，其中农村居住人口 30.64 万人，农业户籍人口 9.93 万人。农业用地 40.91 万亩，其中耕地 25.52 万亩。粮食产量 11 万吨，蔬菜 20.5 万吨，生猪出栏

18.5 万头。松江区主要农副产品供给对上海市农副产品市场稳定起举足轻重的作用。

由于农业劳动力大量非农化以及人口老龄化趋势加剧，谁来种地问题凸显，在大城市郊区表现得尤为突出。自 2007 年下半年以来，松江探索发展适度规模的粮食家庭农场。2008 年，粮食家庭农场户数 708 户，经营面积 11.5 万亩，占该区粮田面积的 70%。到 2012 年，粮食家庭农场户数达到 1173 户，经营面积增加到 13.38 万亩，占该区粮田面积的 77.4%（见表 1）。

表 1 　　　2008～2011 年松江区家庭农场规模经营情况　　单位：万亩

年份	户数	面积	占比(%)	80～100 亩			100～150 亩			150～200 亩			200 亩以上		
				户数	面积	占比(%)	户数	面积	占比(%)	户数	面积	占比(%)	户数	面积	占比(%)
2008	708	11.5	70				439	5.26	45.8	149	2.59	22.5	120	3.65	31.7
2009	745	10.34	65	32	0.28	2.7	476	5.72	55.3	211	3.72	36	26	0.62	6
2010	960	11.89	73	256	2.25	18.9	505	6.08	51.1	173	2.97	25	26	0.59	5
2011	1114	12.99	76.4	457	3.99	30.7	456	5.42	41.7	188	3.29	25.3	13	0.29	2.3
2012	1173	13.38	77.4	538	4.72	35.3	447	5.32	39.8	171	2.96	22.1	17	0.37	2.8

浦南三个农业乡镇是发展家庭农场的主要区域。2007～2012 年，新浜镇的粮食家庭农场户数从 104 户发展到 259 户，总经营面积达到 25759 亩，占全镇粮田面积的 90% 左右，户均经营面积 99.5 亩。叶榭镇的粮食家庭农场户数从 183 户增加到 307 户，经营面积从 24566 亩发展到 31354 亩，家庭农场经营土地占全镇粮田面积的 87.1%，家庭农场平均经营面积 102.1 亩。泖港镇的粮食家庭农场户数到 2012 年已发展到 167 个，经营土地达到 2.03 万亩，家庭农场经营面积占全镇粮田面积的 88%，户均经营面积 121.6 亩。

在发展粮食家庭农场的同时，松江区在实践探索中，还试办机农一体家庭农场和种养结合家庭农场。所谓机农一体家庭农场，是由经营粮食的农户自购或与其他家庭农场互助购置农业机械的家庭农场。所谓种养结合家庭农场，是指部分粮食家庭农场经营户既种粮又养猪，采取"合作社＋农户"的经营方式，由松林合作社为农场提供苗猪、饲料、技术等服务，以支付代养费的方式收购生猪，养殖粪尿无害化处理后在其经营的农田全部还田利用，增加家庭农场户的收入，推动生猪产业发展。到目前为止，已建成种养结合农场37家，累计上市生猪108批次、5.5万头，种养结合家庭农场户均经营农田122亩。种养结合家庭农场除种粮收入外，户均养猪收入达6.9万元。

（二）主要做法

1. 在本集体经济组织内流转土地

1999年，松江区实施"二轮"延包工作。2009年，为了对农用土地实行信息化管理，曾对农民土地承包权予以进一步确认。近些年来，随着工业化、城镇化进程，土地被不断征收和开发，全区已有2/3以上的农民转为非农业户籍，获得城镇基本社会保障，退出土地承包。截至2011年末，松江区还剩农户81761户。其中，拥有土地承包经营权的农户35948户，占农户数的43.9%，承包面积90668.16亩；其他两类农户为：享受镇保农户44256户，放弃土地承包经营权农户1287户。

从2004年开始，松江区采取以农户委托村委会流转方式，将农民手中的土地流转到村集体组织。到2006年，区政府下发《关于印发规范土地流转、促进规模经营若干意见的通知》，对农民委托村委会流转的土地予以规范，流转农户与村委会签订了统一的《土地流转委托书》。到 2011 年 12 月底，全区土地流转面积为 25.1 万亩，占全区耕地总面积的 99.4%。其中，农户委托村委会流转 35804 户，流转面积 90184 亩，占农户承包面积的 99.5%。此外，还有 27130 亩机动地、16219 亩被放弃的承包地、32773 亩老年农民享受补助金后退出经营的土地和 86218 亩享受镇保后退出的土地，也全部由村委会统一流转。这些土地主要流转给了 2528 家农户，流转面积 18.25 万亩，占 73%；其中，1167 户为家庭农场，经营土地 13.38 万亩，占土地流转面积的 53%。还有部分土地流转给 280 家企业，经营土地 6.85 万亩，占土地流转面积的 27%，主要经营蔬菜、养殖、花卉苗木及农产品加工。

2. 确定家庭农场经营规模的"度"

松江区农委规定，家庭农场经营的土地规模，既要与经营者的劳动生产能力相匹配，也要保证经营者以此规模能获得比较体面的收入。用松江区领导的话说，"家庭农场农户从事粮食生产的收入得比他们打工的收入高一倍，否则，没人干"。根据上海当地的耕作水平和农业生产力状况，按照户均 2~3 个劳动力计算，并在农忙季节雇 1 个工的情况下，单个家庭户最多可以经营 300 亩耕地。若家庭耕作土地数量少于 80 亩，家庭劳动力则处于不饱和农业就业状态。另一方面，从土地经营收入考虑，目前上海农民夫妻俩一年的务工收入在 4 万~5 万元，要使家庭农场户获得比较体面的收入，考虑到农业生产的特点和劳动强度，粮食家庭农场经营者的人均纯收入至少要比打工收入高出 2 倍左右，家庭农场经营的土地规模要在 80 亩以上。基于以上两点考虑，松江区将粮食家庭农场的适度规模确定在 80~150 亩之间。

从实际情况看，家庭农场经营规模在 80~100 亩之间的占 35.3%，

100~150 亩之间的占 39.8%，150~200 亩之间的占 22.1%，200 亩以上的仅 2.8%（见表1）。

3. 确定土地流转条件和合理租金

为了推行粮食家庭农场，松江区政府对土地流转范围和土地用途进行了严格规定：一是本村集体经济组织成员的承包土地只能流转给本村集体经济组织成员做家庭农场。二是家庭农场户必须按土地流转合同向流出土地的农户或村集体经济组织缴纳土地流转费。三是家庭农场经营者必须主要依靠自身力量从事农业生产经营活动，不得将所经营的土地再转包、转租给任何无直系亲属关系的第三方经营者；除季节性、临时性聘用短期劳动者外，不得常年雇佣外来劳动力从事家庭农场的生产经营活动。四是只能从事粮食经营。

土地流转租金的确定，既考虑到要保障原土地承包权农户的利益，又不得不防止土地租金过高而减少家庭农场经营收入。为此，松江区土地流转租金的确定以原一家一户经营时的土地纯收入为依据，同时，考虑粮价市场波动因素，规定土地流转费一般采取实物（主要是稻谷）支付，或以当年稻谷挂牌价格为标准，折算为现金支付。实际支付情况为，以每年每亩不超过 500 斤稻谷为基数，折算成现金为每亩 600~770 元。为了平衡原土地承包户和现家庭农场经营者利益，松江区农委还设置了土地流转租金上下限，上限为 500 斤稻谷，各镇村可以根据当地实际情况适当下调，但不能低于 400 斤稻谷实物的下限。

4. 明确家庭农场准入资格和退出机制

按照松江区农委的定义，所谓家庭农场，是以同一行政村或同一村级集体经济组织的农民家庭（一般为夫妻二人，个别为父子或父女等二三人）为生产单位，从事粮食、蔬菜种植或生猪养殖等生产活动的农业经营形式。

　　家庭农场经营者是主要依靠家庭劳动力的农业耕作者。家庭农场经营者的成长决定家庭农场实验的成败。松江区政府对家庭农场的准入、经营者选择和退出机制作出了非常具体明晰的规定。

　　（1）规定严格的资格准入。①只能是本村的农户家庭，常年务农人员至少在2人以上（含2人）；特殊情况下，也可以是具有本区户籍、家庭常年务农人员至少在2人以上（含2人）的家庭。②从业者的年龄男性在25～60周岁，女性在25～55周岁；在务农人员不足的情况下，经村民代表大会讨论决定，年龄可以适当放宽。③须具备相应的生产经营能力和一定的农业生产经验，掌握必要的农业种植技术，能熟练使用农机具。④主要依靠自身劳动完成农田的耕、种、管、收等主要农业生产活动。

　　（2）慎重选择家庭农场经营者。首先，由村委会根据本村粮食播种面积，制定本地区家庭农场发展计划和实施方案，包括家庭农场数量、户均经营规模、经营者条件等内容，采取发放书面告知书、在公示栏张贴公示等方式，告知本村村民。其次，由农户申请。本村农户家庭向村委会提出申请，并提交相关申请材料。再次是村委会审核。由村主要领导、村民议事会、民主投票等决定。最后是公示签约。

　　（3）建立家庭农场考核机制。分别按种植作物茬口安排、农田外围沟清理、秸秆还田、夏熟作物生产管理、水稻生产管理、向区国有粮库交售稻谷等设定分值进行考核，考核满分为100分。2011年起按照生产管理考核结果发放补贴。

　　（4）建立家庭农场主的退出机制。有以下行为的家庭农场将被取消经营农场资格：①取得家庭农场经营权后，不直接参加农业生产和管理，常年雇佣其他劳动者。②将经营土地转包、转租，或者有"拼装"和虚报经营面积等行为。③经营管理不善，连续两次考核为不合格或连续三次考核为基本合格。④违反种子检疫规定，私自调种、乱用种子，影响稳产、高产；使用违禁农药，影响农产品安全；不服从本村种植茬口统一规划，不能做到种田与养田相结合而影响耕地质量。⑤无正当理由不履行协议，故意拒交、拖欠土地流转费。⑥未按合同要求完成约定的向国有粮库交售粮食的任务。

（5）明确家庭农场经营者的续包条件。经营期满后，符合下列条件之一的，在新一轮家庭农场经营者选用时，可优先获得延续经营权：①在上一轮经营期内，每年都参加专业农民培训并获得培训证书，拥有农机驾驶证的家庭农场经营者。②在上一轮经营期内，经营管理好，生产水平高，每年综合考核取得合格及以上水平的家庭农场经营者。③在上一轮承包期内，积极探索并开展"种养结合"和"机农结合"的家庭农场经营者。

二、家庭农场经营状况与效果

松江区家庭农场的经营状况如何？这一经营方式是否具有可持续性？这是我们此次调研关注的重点。调研组在重点访谈浦南三个乡镇的家庭农场时，整理了5个家庭农场的投入产出数据，还对松江区经营管理站抽样选取的100个家庭农场数据进行了分析。这100个家庭农场，占松江区家庭农场总数的8.6%，经营土地占家庭农场经营土地总量的8.5%。

（一）家庭农场收入高于非农收入，农业对当地农民的吸引力增强

自实行家庭农场以来，家庭农场户的经营收入显著提高。2008～2011年，松江区家庭农场的户均收入从7.45万元增加到10.1万元（见表2）。2011年，100个家庭农场的户均总收入为265357元，扣除各项成本后的户均净收入为93122元。

表2　　　　　　　2008～2011年松江区家庭农场经营效益

年　份	水稻产量（公斤/亩）	效　益		
		户均面积（亩）	亩均收入（元）	户均收入（万元）
2008	560	162.4	460	7.45
2009	563	138.9	579	8.04
2010	564	123.8	857	10.61
2011	570	116.6	866	10.1
2012		114.1		

从实地访谈的5个家庭农场来看，沈忠良的农场是一个机农一体的家庭农场，毛收入408416元，净收入162736元；孙红荣的农场是一个种植与加工结合的家庭农场，毛收入347300元，净收入188300元；杨玉华的农场是一个纯种植家庭农场，毛收入336300元，净收入102300元；李春凤的农场也是一个纯种植家庭农场，因经营规模大（达到200亩），收入比较高，毛收入483000元，净收入达到161000元；俞春峰的农场是一个种养结合的家庭农场，因种植规模只有90亩，家庭收入相对低一些，毛收入210780元，净收入93780元（见表3）。

比较家庭农场经营者收入与打工收入。以2011年的家庭农场平均净收入和每户2个劳动力计，人均农业经营纯收入为46561元。当地打工者月均收入2000元左右，每个非农从业者的年均纯收入也即

表3 5个粮食家庭农场的成本收益状况

农场主姓名		沈忠良	孙红荣	杨玉华	李春风	俞周峰
农场概况	劳力数量	2个	2个	2个	3个	1个
	学历水平	初中	小学大专	初中	小学职高	小学
	平均年龄	49+49	39+67	55+55	34、59、60	57
	耕地数量	166亩	100	150	200	90
	流转期限	3年	1年	3年	1年	2年
每亩经营成本	土地流转费	730	730	730	730	766
	肥料费	170	150	170	250	56
	农药费	130	160	140	200	150
	排灌水电费	60	60	60	30	8
	农机租赁费	160	200	190	150	150
	雇工费	180	240	210	200	120
	其他	50	50	60	50	50
成本合计		1480	1590	1560	1610	1300
每亩毛收入	稻谷销售	1789	2880	1652	1825	1752
	二麦销售	420	0	0	0	0
	财政补贴	517	593	590	590	590
	种植结构	稻166亩、大麦61亩	优质稻30亩、稻70亩	稻150亩	稻200亩	稻90亩
收入合计		2460	3473	2242	2415	2342
每亩净收入		980	1883	682	805	1042
农场总收入		408416	347300	336300	483000	210780
农场总成本		245680	159000	234000	332000	117000
农场纯收益		162736	188300	102300	161000	93780

注：1. 沈忠良农场为机农一体农场，种植稻谷原本补贴590元/亩，共种植166亩；其中，61亩因种植大麦而失去了绿肥补贴，补贴标准降为390元/亩，故总补贴为590×105+390×61=85740元，折合每亩补贴517元。沈忠良的其他收入38000元为农机合作社收入。

2. 俞周峰家庭农场为种养结合农场，年出栏1000头，猪粪做肥料，因而肥料费用较低。

24000 元左右。家庭农场经营者的人均收入大概是非农从业者的 1.9 倍。家庭农场达到的这一收入水平,不仅使务农者得到较高的收入回报,而且还感受到从事农业的相对体面。

由于农业经营收入显著高于非农从业收入,松江区申请成为家庭农场的农户数显著增加。2008 年推行家庭农场时,报名参加的农户很少,只要申请,就可以成为家庭农场主。到了 2011 年,申请成为家庭农场主的农户远远多于实际需要户。我们在实地调研时了解到,在新浜镇的文华村,2007 年试行家庭农场时只有 9 户报名,还是村里去给他们做工作才答应的,最后组建了 9 户家庭农场。到 2011 年时,有近 70 户报名,村里最终只能选 29 户成为家庭农场。叶榭镇的井霖桥村,2011 年要求包地的农户有 86 户,由于土地总量有限,经过筛选、评议,只确定了 27 户成为家庭农场。叶榭镇的林建村,2010 年举行第二次家庭农场主签约会,有 50 多户村民要求承包耕地,最后选了 17 户成为家庭农场。为此,区农委不得不就家庭农场主资格进行更严格限定,各村对家庭农场主的筛选也更加较真。村干部反映,过去是没人要田,现在想要田的人增加,选择农场主成了问题。有的村因难以平衡,只得通过抓阄来解决;或靠缩短承包期,以让候补户也能有机会。

(二)家庭农场主以本村有务农经验的高龄劳动者为主,有知识、专业化、年轻化的农业经营者开始出现

从家庭农场的年龄结构看,2012 年,松江区 1173 户家庭农场中,49 岁及以下的 475 户,经营面积 52125 亩,占家庭农场经营总面积的 39%;50～60 岁的 629 户,经营面积 73148 亩,占家庭农场经营总面积的 55%;60 岁以上的 69 户,经营面积 8477 亩,占家庭农场经营总面积的 6%。从家庭农场的文化程度看,小学文化程度的 290 户,经营面积

32469 亩，占家庭农场经营总面积的 24%；初中文化程度的 816 户，经营面积 92041 亩，占家庭农场经营总面积的 69%；高中及以上文化程度的 67 户，经营面积 9240 亩，占家庭农场经营总面积的 7%。

新浜镇的家庭农场户平均年龄 48 岁，其中，30 岁以下的 4 户，经营面积 384 亩；31 ~ 49 岁的 137 户，经营面积 13371 亩；50 ~ 60 岁的 116 户，经营面积 11678 亩；60 岁以上的 2 户，经营面积 326 亩。小学文化程度的 71 户，经营面积 7128 亩；初中文化程度的 165 户，经营面积 15995 亩；高中及以上文化程度的 23 户，经营面积 2636 亩。

叶榭镇 2012 年 307 户家庭农场中，49 岁以下的 110 人，占总户数的 35.8%；50 ~ 60 岁的 184 人，占总户数的 59.9%；60 岁以上的 13 人，占总户数的 4.3%。小学文化程度的 92 人，占总户数的 29.9%；初中文化程度的 203 人，占总户数的 66.1%；高中以上文化程度的 12 人，占总户数的 4%。

我们在对家庭农场户实地访谈时感到，目前从事家庭农场的农民尽管年龄较大，但户主都是有长期务农经验、对农业和土地有深厚感情的本地农民。叶榭镇金家村的沈忠良，原为一名农机作业手，2012 年 50 岁，2005 年向村里承包耕地 80 亩，2007 年成为松江区第一批粮食家庭农场主，经营耕地 146 亩。不仅粮食生产效益提高，他还与其他几户一起成立机农一体的合作社，购置农作机械基本齐备，花费近百万元。我们到沈忠良的农场访问时，他的记账本非常详细，农场经营状况及农机合作社经营状况及利益分配一目了然，是一位典型的农业企业家。新浜镇的杨玉华，村里看重他勤劳、肯侍弄土地，让他接包了原来一户家庭农场的土地。新浜镇的俞周峰，不仅会种地，还擅长养猪，将养猪的肥料用于肥田，既节约了化肥，又提高了土质，成为全区第一个种养结合的家庭农场。叶榭镇同建村的家庭农场主孙红荣，年龄40岁，大专学历，原来在一家外企工作，从2008年开始回家乡承包土地，承包100亩土地，成立上海鑫叶农业专业合作社。他从事优质米的生产和加工，创造"家绿"品牌，提高自己和合作社农民水稻销售利润。我们在实地调研中欣慰地感到，由于推行适度规模家庭农场，务农收入增加，经营农业的要求更高，一批有经验、勤劳、会操作农业机械、懂农业技术的专业农户正在成长。

（三）家庭农场依靠农机合作社提供的农机服务从事农业经营，农户自我投资型和互助型专业农场在增加

为了保证家庭农场户的高效农业经营，松江区政府组建农机专业合作社，为家庭农场提供全程机械化作业服务，实行"大机专业化、小机家庭化"农机服务模式。全区农机社会化服务体系以农机专业合作社为主体，由农机专业合作社与家庭农场签订服务协议，实行订单式作业服务。农机服务包括机耕、机播（插秧）、机收，按统一标准收取服务费。

正是有政府提供的农机全程社会化服务，家庭农场仅靠夫妻俩提供的劳力以及购置一些小型农业机械、只需对农田进行比较精心的管理，就能够获得预期的较高农业收成。从表4可以看出，松江区家庭农场的亩均劳动投入从2007年的4.8个减少到2011年的3.5个，亩均用工从2007年的3.2个减少到2011年的1.9个，没有因农场规模扩大、增加雇工数而减少农户农业收入。

但是，这种基本靠政府提供服务支撑的家庭农场，也不利于农业经营者成长。松江区政府力图改变这种状况，在政策上鼓励机农一体的家庭农场和种养结合家庭农场发展，促进家庭农场成为有自我投资能力的家庭农场。从试办情况看，家庭农场农机自我和互助服务，扩

表4   2007～2011 年松江区家庭农场雇工情况

年份	亩均劳动投入（个）	折合现金（元）	雇工情况（个）	折合现金（元）
2007	4.8	240	3.2	160
2008	4.5	250	2.8	154
2009	4.2	273	2.2	143
2010	3.8	304	2	160
2011	3.5	331	1.9	180

大了农机服务半径，增加了家庭农场收入。以上海忠佩农机合作社为例，该合作社由沈忠良、孙佩章、姚火良、李小东、顾龙官、金家生6户以农业机械折资60万元组建，分别占股25%、25%、20%、20%、5%、5%，现有收割机6台、拖拉机13台、直播机2台，政府财政出资25万元建设农机库房设施，季节性聘用农机驾驶员8人。在6家出资人中，沈忠良等5家都是粮食家庭农场经营户，共经营耕地718亩，协议作业范围为金家村和团结村的4464亩耕地。2011年实际作业5800亩，6家农户年终按实际作业量和出资比例分红，依次为3.8万元、2.8万元、5.6万元、1.8万元、1.12万元、1.12万元。其他类似机农一体家庭农场也显示了良好的经营状况和自我投资能力。到2012年，机农结合的家庭农场合作社达到107户，经营土地面积13883亩。松江区政府将机农一体合作社作为今后家庭农场发展方向，政策扶持向这类农场倾斜，有利于家庭农场的专业化和可持续发展。

（四）家庭农场的收入既取决于经营收入，也依赖于补贴收入，促进家庭农场主要依靠自我经营收入的约束在增强

在松江区家庭农场的创办和维系中，各级各类补贴起了很重要的作用。2011年，各级政府提供的农业补贴约2607万元，来自中央财

政的占14%，来自上海市财政的占40%，来自松江区财政的占46%。为了推行家庭农场，松江区还制定了专门的补贴政策，包括为每个种植水稻不超过200亩的家庭农场提供亩均200元的补贴；对实施种养结合的水稻生产直接使用有机肥的给予相应补贴；对家庭农场购买农机给予补贴；对粮食生产家庭农场给予贴息贷款扶持，提高农业保险保费补贴。根据我们对松江区提供的100个家庭农场数据分析，户均获得补贴56746元，亩均补贴498元。从家庭农场收入构成来看，100个家庭农场户均总收入265356元，来自于农场经营收入208611元，占78.6%，来自于财政补贴收入56746元，占总收入的21.4%。户均净收入93122元，财政补贴占家庭农场净收入的3/5。从亩均净收入看，100个家庭农场亩均净收入817元，亩均补贴498元，家庭农场获得的财政补贴大体能够抵消土地流转费用的3/4。若取消补贴，家庭农场亩均净收入仅为319元，户均总收入仅为36366元。以2个劳动力构成的家庭农场计算，取消补贴后的人均年收入仅为18183元，月均1500元左右，再考虑到农业劳动强度和工作环境，农户经营家庭农场的意愿将大大降低（见表5）。

　　各级政府提供的财政补贴，保证了松江家庭农场经营户能够获得比较高的农业经营收入，使他们能够相对体面地从事农业，稳住了农业经营者。但是，这种保住农业经营者的方式，也出现了部分家庭农场主追逐补贴收入的倾向。2010年，松江区农委、财政局下发《关于调整松江区家庭农场补贴方式的实施意见》，规定，家庭农场的补贴原则上仍为200元/亩，但土地流转费补贴减为100元/亩，另100元/亩调整为生产管理补贴资金，根据家庭农场考核分值所确定的补贴标准，将补贴资金以"一卡通"形式直接拨付给农户。

表 5　　　　　　2011 年松江区家庭农场经营成本和收益

类　别		金额（元）	比重（%）
面积（亩）		11396	
总收入	小计	265356.11	100
	生产收入	208610.50	78.6
	补贴收入	56745.61	21.4
总成本	小计	172234.04	100
	生产成本	93969.39	54.6
	土地流转费	78264.65	45.4
总净收入		93122.07	
亩收入（含补贴）		2329	100
#亩均各类补贴		498	21.4
亩成本（含土地流转费）		1511	100
#亩均土地流转费		687	45.5
亩净收入		817	

（五）家庭农场的推行，既保障了粮食安全，又守住了优质基本农田

到 2011 年，松江区种植业占农业总产值的 56.4%，畜牧业占 18.4%。家庭农场对种植业的贡献率为 23.2%，家庭农场种植面积占水稻播种面积的 78.8%。由于粮食生产效益关系农户收入，农民种粮积极性提高，充分利用土地资源，二麦、水稻长势平衡，三类苗面积明显减少（之前三类苗面积在 1/3 左右）。粮食单产水平连续 6 年增长，从 2005 年的 535 公斤/亩提高到 2011 年的 570 公斤/亩。2011 年全区水稻亩产 569 斤，比 2007 年时增产 19 公斤。全区粮食生产专业化程度提高，粮食种植户由 2007 年的 4900 户减少到 2012 年的 1173 户，农业劳动生产率大幅度提高，一户家庭农场一年生产的粮食和生

猪分别能满足 344 人、3191 人的消费需求。

　　组建家庭农场后，全区粮田由本地农民规范种植，改变了过去 1/3 粮田由外来户不规范种植、"掠夺性"生产的情况，更有利于保护基本农田，有效促进了农业生态环境的改善；化肥施用量减少，种养结合农场增加了土壤肥力，养护农田作用明显，这类农场化肥使用量折纯氮减少 30%，实现了农业生态循环；推行家庭农场后，秋播实施二麦、绿肥和深翻"三三制"轮作，更有利于培肥地力，使农田环境整洁。

三、推行家庭农场的条件

（一）工业化、城镇化快速推进，农村劳动力就业和人地关系发生重大变化

　　30 多年来，松江区经济快速发展，结构发生巨大变化。到 2011 年，全区三次产业增加值为 934.17 亿元，农业增加值为 8.08 亿元，占比降至 0.9%；二、三产业增加值为 926.09 亿元，占比为 99.1%。经济结构的根本转型，带来农村劳动力向二、三产业大量转移。截至 2011 年末，全区农村劳动力 18.9 万人中，非农就业者为 16.2 万人，占农村劳动力总量的 85.7%，直接从事农业的农村劳动力仅有 5572 人，占农村劳动力总量的 2.9%。近年来，城市化进程加快，农村本地户籍人口到城市（镇）居住的比例增加，为缓解人口对农村土地的长期压力、分离土地承包权与经营权、扩大农业从业者的耕地适度经营规模、提高务农者的土地经营收入创造了条件。

（二）农业机械化程度大幅提升，为提高农业劳动生产率创造了物质条件

近年来，为了解决人口和劳动力大量非农后的农业发展问题，全区共组建农机作业服务型农机专业合作社 30 家，共有农机合作社社员 279 户，农机驾驶员 295 人、联合收割机驾驶员 216 人、大中型拖拉机驾驶员 284 人，拥有大中型拖拉机 328 台、"全喂入"收割机 60 台、"半喂入"收割机 138 台，实现了水稻生产耕地和收割的机械化，协议服务面积 16.1 万亩，农机专业合作社的实际覆盖范围已经能够覆盖松江区的全部粮田。农机拥有量的剧增，使农业机械化水平不断提高。第一次农业普查资料表明，1996 年松江水稻和二麦的播种面积为 69.24 万亩，机收面积为 28.09 万亩，占 40.6%；2006 年第二次农业普查数据显示，水稻和二麦的播种面积为 19.33 万亩，机收面积为 17.71 万亩，占 91.6%。2011 年，全区粮田机耕率和机收率均达到 100%，机播率也提高到 30%。农业栽培技术和机械化水平的提高，提高了农业劳动生产率，使拥有 2~3 个劳动力的农户依靠自身劳动就能耕作 150 亩左右的农田，使推行适度规模的家庭农场经营成为可能。

（三）地方财力强劲，反哺农业的能力增强

随着经济高速增长，松江区的地方财力也持续增强。2007 年，松江区三次产业增加值为 642.11 亿元，财政总收入达到 159.56 亿元，其中，地方财政收入为 53.99 亿元。2011 年，松江区三次产业增加值超过 900 亿元，财政总收入达到 255.50 亿元，地方财政收入达到 85.86 亿元。地方财力的不断增强，提高了政府反哺农业的能力，补贴农业生产不再捉襟见肘，为发展粮食家庭农场提供了强有力的资金保障。

为了发展粮食家庭农场，松江区将财政种粮直接补贴、农资综合补贴、良种补贴和农机具购置补贴发放到粮食家庭农场，提高"四补贴"对粮食生产者的激励。此外，松江区政府在试行粮食家庭农场时，还对粮食种植规模在100～150亩的家庭农场给予200元/亩的流转补贴，对具备较强生产经营与管理能力的家庭农场放宽到200亩。区财政还按2000元/亩出资建设高标准农田，承担了3.5元/亩的农业保险费用。为了促进家庭农场健康、可持续发展，2011年起，松江区政府改进土地补贴方式，将原来的200元/亩土地流转费补贴改为100元/亩继续用于土地流转补贴，另外100元/亩作为生产管理考核性补贴，根据茬口安排、外围沟管理、秸秆还田、夏熟作物生产管理、水稻生产管理、向区国有粮库交售稻谷等6项内容进行打分考核，减轻家庭农场对补贴的依赖，提高补贴对家庭农场的经营约束力。

（四）构建完善的农业社会化服务体系，为农业规模经营提供全程服务

松江区围绕粮食家庭农场的生产服务需求，充实完善农业社会化服务体系，形成了产前、产中、产后依托社会化服务体系的生产经营格局。

一是加强农资供应服务。建立农资超市门店14家，为家庭农场提供防治农药统一到村送户服务。种子、农药、肥料等农资直接配送到家庭农场。配送的种子为区主推优质品种，水稻种子由供种企业免费送到家庭农场，不收种子费。配送的农药为区植保部门防治推荐用农药，家庭农场支付农资超市农药款，农资超市免费运送农药给家庭农场。配送的肥料必须符合国家肥料质量标准，化肥价格以当时市场价为准，有机肥等政府补贴肥料以市农委指导价执行，各种肥料免费运

送到家庭农场。

二是农技服务。由区农技中心、镇农技服务中心向家庭农场提供种子技术服务，包括推介高产、优质水稻新品种，介绍品种特性及主要栽培要点。植保技术服务，进行病虫草的监测和预测预报，向家庭农场提供病虫草情报，指导防治。提供栽培技术服务，在试验基础上向家庭农场推广更省工、省本、省力、简便的轻型栽培技术以及农机农艺配套技术。还为家庭农场提供气象信息等。

三是建立粮食种子繁育供应基地，实行水稻良种区级统一供种，全区水稻良种覆盖率100%以上。植保防治实行统一防治。

四是协调粮食局对家庭农场从事水稻收购和提供烘干设施。建成1400吨/日处理能力的粮食烘干设施，其中，粮食局系统1300吨/日，用于商品粮烘干，种子基地100吨/日，用于良种烘干。2011年，烘干高水分稻谷5.4万吨，占水稻总产量9.7万吨的56%。

四、松江区家庭农场探索的意义与思考

（一）务农收入高于务工收入以及实行农业适度规模经营是推进现代农业的两个前提

随着工业化、城镇化的快速推进，我国农业产值在国民经济中的份额已降到各国实现现代化的转折点——10%以下，农业劳动力中从事纯农业的份额大大下降，来自于农村土地经营的收入占农户收入的比重已很低，它在长三角、珠三角和其他东部沿海发达地区农民家庭收入中的地位更是无足轻重。松江区是其中的一个缩影。如何在高度工业化、城镇化下保持农业不衰败、不消亡，是我国发达地区的地方政府面临的重大挑战。松江区政府经过不断的探索和实践，提出了"把城市建设得更像城市、农村建设得更像农村"的统筹城乡发展思路。一方面，通过功能区划和改革政府政绩考核指标体系，调动农业区域政府抓农业的积极性；另一方面，通过提高土地适度规模经营来提高农业经营者的收入和务农积极性，继续发挥松江区在保障大城市稻米、生猪及绿色新鲜蔬菜供应安全中的地位。松江区的实践证明，在农业劳动力大量非农化、农民收入主要依靠非农收入的情况下，只有提高纯务农者的农业经营收入，使其收入高于农民从事非农经营的收入，农业才会重新具有吸引力，农民才会以农业经营为业。要平衡农业与非农业经营收入，在现行户均规模过小的农村土地占有和经营格局下，光靠各级政府财政补贴难以做到。只有采取适当措施，推行户均80～150亩的土地适度规模经营，才能增加务农者收入、稳定农业经营者、推进发展现代农业。我们认为，我国长三角、珠三角等沿海发达地区及大城市郊区，已经具备实行土地适度规模经营的条件。松江区的做法在这类地区具有普遍适应性，应该在总结经验的基础上，出台相关政策，促进土地适度规模经营，推进现代农业发展。

（二）"保障承包权、分离经营权"是实现农业适度规模经营的制度内核

要推行土地的适度规模经营，就必须破解现行的土地"人人有份、户户种地"的农村土地权利与经营格局。在现行农村土地制度下，由于农村土地集体所有，集体社区的每个成员对集体所有土地"人人有份"；由于赋予每个集体成员土地承包经营权，土地承包权与经营权是合一的，形成"户户种地"局面，由此导致农村土地经营的过小规模和细碎化，不利于现代农业发展。松江的实践证明，要推行

土地适度规模经营，就必须在保障"人人有份"的土地承包权前提下，将土地经营权从土地承包权中分离出去，然后将分离出的土地经营权通过制度安排，集中到本村少数农业经营者来经营。这样，一方面，让原集体土地成员保留土地承包权，获得可观的地租收益（松江区2011年的亩均流转费用高达687元，占亩均经营毛收入的近四成），为土地流转创造条件；另一方面，通过土地承包权人委托村组织流转，形成适度规模土地，慎重选择农业经营者，严格规定农业经营条件（如不得转包、不得从事粮食以外作物），土地适度规模经营既保证了农业经营者获得体面的收入，又实现了保障大城市基本农产品供应的政府目标。松江区探索的启示是：要推进适度规模经营，保障原土地承包权人利益是前提，实行土地承包权与经营权分离是基础。但是，我们在调研中发现，松江区目前的地租水平太高，侵蚀农业经营利润，如果没有财政补贴，单靠土地经营收入，难以稳住农业经营者；松江区粮食家庭农场经营的土地合同期限普遍在1~3年之间，合同经营期限过短，农户对购置大型农机具和种植绿肥养地的积极性不太高，不利于粮食家庭农场的长期稳定发展。在松江适度规模经营试验中，还需要进一步完善政策，更有效地保障土地经营者权利，稳定农业经营者预期，促进适度规模户主动进行长期投资。从政策层面来看，要推进土地适度规模经营，促进农业现代化，下一步要研究完善土地承包权和经营权可分离的政策和法律，在保障土地承包权的同时，对农业经营者的土地经营权实行合法保护。

（三）家庭农场是推进现代农业的最有效形式之一

松江区进行的最有价值的探索之一是，在经济高度发达阶段，仍然选择了将适度规模家庭农场作为推进现代农业的经营组织。在对现行农业基本经营制度的抨击中,"家庭经营"被很多人认为只是解决温饱的权宜之计的、过时的、妨碍农业现代化的"罪魁祸首",必须坚决予以废除。坚持家庭经营,成了保守和不改革的代名词。松江区决定以组建适度规模家庭农场作为发展现代农业的突破口,是经过比较分析、深思熟虑的决定。松江区农委主要负责人告诉我们,他们之所以选择适度规模家庭农场,一是因为即便他们的农场规模达到了80~150亩,从世界农业来看,仍然是小规模的,以自身的资源禀赋,不可能建立美国那样的大农场;二是如果搞公司农场,公司的逐利性必然使农业形态和种植结构发生根本改变,不利于大城市基本食品的稳定供给;三是农场规模搞得过大,政府财政补贴必然增加,经营风险也必然加大,不利于农业经营的稳定;四是以夫妻为主、农忙雇工从事的适度规模经营,既有利于避免雇工农场的监督问题,也适合农业需要精心呵护的特点,使土地经营更加精细。对不同经营形式探索的比较初步表明,适度规模家庭农场是我国结构变革环境下发展现代农业、提高农业"三率"(即土地生产率、劳动生产率、资源利用率)的最有效形式,也是保持农业可持续发展的最有效经营组织。当然,松江试验的家庭农场与均分制下的超小规模农户比,尽管保留了家庭细胞的内核,但是其经营行为和生产函数均发生本质变化,它以适度规模经营为基础、以利用机械为主要手段、以纯务农收入(而不靠兼业收入)为主要收入来源、以利润最大化为目标。适度规模家庭农场是与以提高劳动生产率为主要特征的现代化农业相匹配的。

(四)完善以家庭农场为重点的农业支持政策是实行现代农业的重要保障

松江区的做法表明,在实行适度规模家庭农场后,政府对农业的支持政策不仅不能削弱，而且应该进一步强化。应该在继续执行原有的以承包农户为基础的普惠制农业补贴政策的基础上，完善农业支持政策，促进适度规模家庭农场的发展。一是制定向家庭农场倾斜的农机补贴政策。随着家庭农场的组建和实施，家庭农场成为农业经营的主体。由于家庭农场规模扩大，机械是其主要要素投入，家庭农场也就成为农机需求的主体。建议国家完善现行农机补贴政策，将补贴资金和对象向适度规模的家庭农场倾斜，激励其购置农业机械和设备，从事农业专业化经营。二是实行促进家庭农场规模经营的土地整理。适度规模家庭经营，要求土地的连片成方和田、水、路、林的综合整理，单个家庭农场无力实施。建议对国土资源部、财政部、农业部等多家实施的土地整理项目进行统筹，进行高标准农田建设，为适度规模家庭农场提供农业基础条件。三是提供优质、高效的农业技术服务。实行适度规模家庭农场后，农产品品质的要求更高，农业技术服务的需求更高，地方政府必须搭建更完善的农业服务体系，在农技、种子、防疫、生产资料供应等方面提供全程高效服务，提高家庭农场农业经营的效率。

（五）培养职业农民必须提到议事日程

发展现代农业，农民是行为主体，建设现代农业最终要依赖有文化、懂技术、会经营的新型农民。在松江粮食家庭农场发展模式中，只有具备相应的生产能力和生产经验、掌握必要农业种植技术、熟练使用农业机械的农民才能成为农场主。即便如此，松江区的粮食家庭农场经营者普遍处于依靠经验种植养殖阶段，从文化程度上看，初中和小学学历占90%以上，高中以上学历者不多；从经营者年龄上看，30岁以下的不足5%，50岁以上的将近一半，农业经营后继乏人的局面尚未扭转。要推进适度规模家庭农场，培育新型农民已经成为发展现代农业的重要任务。应全面加强对农业从业人员的培训，提高家庭农场经营者的技术水平、市场意识和管理能力。加强宣传引导，激发年青一代从事农业生产的热情，鼓励家庭农场经营者子承父业，逐步培育新一代技能型种粮农民队伍，使家庭农场经营后继有人。

执笔人：徐小青　刘守英　樊雪志　李　青

四川省成都市农村土地股份 合作社调查

本项研究是对近年来受到广泛关注的农村土地股份合作社的经验研究。研究对象是成都市在城乡统筹试验中进行的农村土地股份合作社实验。研究的策略是：在农村基本经营制度变迁的大背景下，通过对成都农村土地股份合作社的案例展开实地调研与分析，提出对农村土地股份合作社在当前结构变革环境下存在的价值与意义，并就农村土地股份合作社的实施提出相关政策建议。

一、结构变革对农村基本经营制度的影响

近年来，伴随经济结构变革，农村劳动力的大量非农就业和跨区域流动，使农村人地关系发生重大变化，农村基本经营制度运行的环境和条件已经和正在发生变化，农民对这一制度的观念和态度也在发生变化。各地在农村基本制度上的创新性做法不断涌现。2007 年 6 月，成都获批为"统筹城乡发展综合配套改革试验区"。本部分将重

点分析成都城乡统筹试验和改革以来的发展情况，以及城乡统筹实践中在农村基本经营制度完善方面的制度安排。

（一）经济稳步增长、产业调整加快、城乡收入缩小

成都实行统筹城乡试验以来，经济稳步增长，产业结构调整加快。据统计，2011 年成都地区生产总值（GDP）为 6950.6 亿元，比 2007 年增长 3626.18 亿元，年均增长 14.5%；经济增速由 2008 年 15 个副省级城市的第 10 位跃居首位，经济总量由 2008 年副省级城市的第 7 位提升至第 4 位。分产业看，2011 年成都第一产业实现增加值 327.3 亿元，比 2007 年增长 91.8 亿元，平均年增长率为 4.28%；第二产业实现增加值 3143.9 亿元，比 2007 年增长 1639.9 亿元，平均年增长率为 18.06%；第三产业实现增加值 3383.4 亿元，比 2007 年增长 1798.5 亿元，平均年增长率为 12.76%。产业结构得到进一步调整，三次产业对经济增长的贡献率分别为 1.2%、58% 和 40.8%，三次产业结构 2011 年调整为 4.7:45.2:50.1，比 2007 年（7.0:42.9:50.1）更为优化。

在实现经济快速增长、产业结构调整的同时，城乡居民收入差距持续扩大的趋势也得到了有效遏制。通过大力发展现代农业，积极培育现代农业经营主体，不断推进农村产权制度改革和加大农村劳动力转移等多种手段，成都逐步建立健全了农民增收的长效机制，城乡收入差距逐年缩小。统计显示，2011 年城镇居民人均可支配收入由 2002 年的 8972 元提高到 23932 元，增长 1.7 倍，年均增长 11.5%；农民人均纯收入由 3377 元提高到 9895 元，增长 1.9 倍，年均增长 12.7%；城乡居民人均储蓄存款余额由 11970 元增加到 51723 元，增长 3.3 倍。2011 年城镇和农村居民人均消费支出 17795 元、7033 元，分别比 2002

年增长 1.6 倍、1.8 倍，用于食品的消费占总消费支出的比例（恩格尔系数）分别由 39.1%、46.2%下降到 37.0%、42.0%，用于衣着、交通、通讯等方面的比重逐年提高。城乡居民收入比由 2002 年的 2.66∶1进一步缩小到2.42∶1。成都在有效遏制城乡居民收入这一关键领域取得突破性进展（见表1）。

表1　　　　　　　成都 2007～2011 年社会经济各项指标

	指　标	2007 年	2008 年	2009 年	2010 年	2011 年
经济增长及产业结构	GDP（亿元）	3324.4	3944.91	4502.6	5551.33	6950.58
	GDP 实际增长率（%）	15.7	12.4	14.7	15	15.2
	第一产业增加值实际增速（%）	5.5	4.4	3.7	4.1	3.7
	第一产业增加值比重（%）	7.0	6.6	5.9	5.1	4.7
	第二产业增加值比重（%）	42.9	44.0	44.5	44.7	45.2
	第三产业增加值比重（%）	50.1	49.4	49.6	50.2	50.1
就业结构	第一产业就业比重（%）	29.5	26.1	22.3	20.3	18.7
	第二产业就业比重（%）	30.7	30.6	31.9	33.2	34.6
	第三产业就业比重（%）	39.8	43.3	45.8	46.5	46.7
居民收支	城市居民人均可支配收入（元）	14849	16943	18659	20835	23932
	城市居民人均消费支出（元）	11703	12850	14088	15511	17795
	农村居民人均纯收入（元）	5642	6481	7129	8205	9895
	农村居民人均生活消费支出（元）	3998	4565	5012	5796	7033

资料来源：成都历年统计年鉴。

（二）农村劳动力转移进一步加快

成都历来都是全国农村劳动力向城市输出的大本营之一。在快速城市化的背景下，如何引导农村劳动力人口合理有序转移，建立统筹城乡发展的人口管理体制，带动人口空间的合理布局，作为我国西部第一大省的省会城市，成都市率先面临挑战。自2003年进行统筹城乡实践以来，成都的农村劳动力转移进一步加快。主要表现在以下方面。

1. 人口城镇化速度加快

自实施城乡一体化战略以来，成都非农业人口占总人口的比例呈持续上升趋势。根据第六次全国人口普查数据，在成都全市常住人口中，居住在城镇的人口为920.23万人，占65.51%；居住在乡村的人口为484.50万人，占34.49%。同2000年"五普"相比，城镇人口增加318.92万人，乡村人口减少385.81万人，城镇人口比重上升12.03个百分点。从户籍人口上看，到2011年底，非农业人口占总人口的比例由2003年的35.9%升至60.7%，上升了24.8个百分点（见图1）。

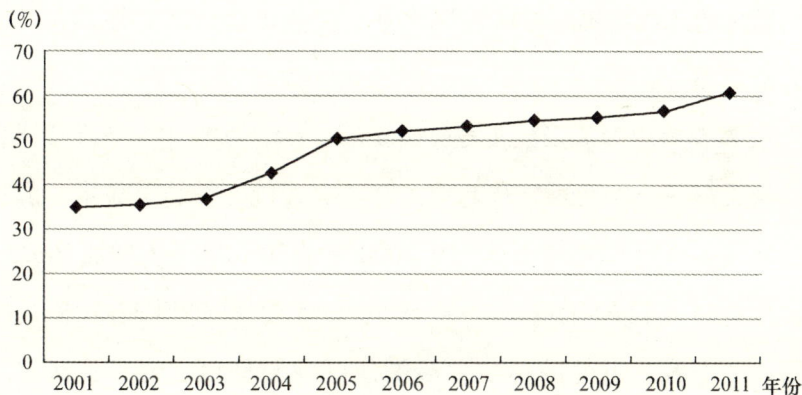

图1　成都非农人口变化趋势图

2. 农村劳动力人口转移加速

随着城乡统筹的深入推进，成都农村劳动力在非农产业的就业比重不断提高，非农产业就业已成为主体。2003~2011年，成都市乡村从业人员总数由391.1万人减少到306.79万人，减少21.56%，平均每年减少10.54万人。乡村从业人员中农业就业人数明显减少，由

268.5 万人减少到 144.50 万人，减少 46.18%，平均每年减少 15.50 万人。

3. 城乡人口分布呈现内密外疏结构

第六次人口普查数据显示，成都全市人口密度为 1159 人/平方公里，主城区人口密度在各圈层中最大，为 11388 人/平方公里；近郊区（第二圈层）为 1338 人/平方公里；远郊区（第三圈层）为 528 人/平方公里。具体来说，在成都市高新区及 19 个区（市）县中，武侯区人口密度居全市之首，为 14451 人/平方公里，大邑县人口密度最低，为 391 人/平方公里。高新区、武侯区、青羊区、锦江区、金牛区等 5 个区人口密度超过 1 万人/平方公里，集中了全市 37.7% 的人口。武侯区人口密度是全市平均人口密度的 12 倍多，金牛区超过 120 万人，人口最少的蒲江县仅有 24 万人。这种内密外疏的人口分布特征与城市不同圈层的产业聚集、经济发展水平、就业机会及其对外来人口的吸引力密切相关。

4. 人口向中心城区聚集趋势明显

从成都各个生活圈分布上看，第六次人口普查结果显示，成都主城区常住人口达 529.54 万人，比 2000 年的 369.01 万人增加 160.53 万人，占全市人口的比重从 2000 年的 32.57% 提高到 37.70%，增加 5.13 个百分点；近郊的第二生活圈层（龙泉驿区、青白江区、新都区、温江区、双流县、郫县）常住人口为 429.63 万人，比 2000 年的 316.19 万人增加 113.44 万人，占全市人口的比重为 30.58%，增加 2.12 个百分点；远郊的第三生活圈（金堂县、大邑县、蒲江县、新津县、都江堰市、彭州市、邛崃市、崇州市）常住人口为 445.59 万人，比 2000 年的 447.62 万人减少 2.03 万人，占全市人口的比重为 31.72%，减少 8.57 个百分点。2011 年，成都三个圈层人口继续呈上升趋势，但增长幅度不同。全市常住人口增长 0.17%，其中，一圈层（中心城区）增幅为 0.24%，二圈层（近郊区）为 0.19%，三圈层（郊区）为 0.24%。三个圈层占总人口的比例变化不大，一圈层、二圈层均呈缓慢上升趋势，一圈层上升幅度大于二圈层，三圈层则呈下降趋势。截止 2011 年底，全市人口密度为 1161 人/平方公里，较 2010 年增加 0.16%。其中，一、二、三圈层增长幅度分别为 0.24%、0.19% 和 0.06%。一圈层人口密度增至 11415 人/平方公里，是二圈层 1340 人/平方公里的 8.52 倍，是三圈层 528 人/平方公里的 21.62 倍。由此可见，人口向中心城区聚集趋势明显。这一特征不仅符合人口集聚与二、三产业集聚同向演进的客观经济规律，也说明成都的人口城市化正在有序推进。

（三）"三个集中"初显成效

2003 年，在借鉴上海、江苏等东部省市经验的基础上，成都市提出了以"三个集中"推进城市化和城乡一体化的建设思路，即在贯彻国家宏观政策和发挥市场机制作用的基础上，按照"依法、自愿、有偿"的原则，推进工业向园区集中、农村土地向适度规模经营集中、农民向城镇和新农村居住区集中。"三个集中"面对的是，城市化进程已经全面提速但以资源转让权为基础的新产权制度尚未确立的条件下，城乡资源配置与收入分配方面所产生的一系列新问题、新矛盾。

经过 9 年来的实践，成都的"三个集中"取得了明显的实效。一是按照走新型工业化道路的要求，全市将原规模小、布局散的 116 个工业开发区，归并为 21 个主导产业突出的工业集中发展区，通过规划调控和政策引导，着力发展产业集群。截至 2011 年，工业集中区落户企业数由 2003 年的 444 家增加到 1947 家，工业集中发展区实现规模以上工业增加值 1733.7 亿元，工业集中度由 32.5% 提高到 79.3%。二是引导农民向城镇转移和集中居住，以县城和区域中心镇为重点，按照城市社区标准建设新型社区，解决征地农民和进城务工农村劳动者居住问题，推动农民向城镇居民转变。在农村地区，按照"宜聚则聚、宜散则散"的原则，因地制宜建设农民新居，引导农民集中居住和转变生产生活方式。2007 年，新建城乡新型社区 602 个，总面积 2503 万平方米，入住 38.5 万人，城镇化率提高到 63%。截至 2011 年，农村新型社区人口集中度在 2008 年的基础上增加了 57.4 个百分点。三是稳步推进土地适度集中规模经营，在坚持以稳定农村家庭承包经营的基础上，按照依法、自愿、有偿的原则，采取转包、租赁、入股等形式，稳步推进土地的适度集中。2007 年底，实施规模经营 235.6 万亩，培育规模以上龙头企业 615 家、农民专业合作经济组织 1911 个，带动农户面达 65%。2011 年，全市耕地规模经营率比 2008 年提高 22.3 个百分点。

（四）结构高速变革下的农村基本经济制度创新

第一，加快推进农村土地承包经营权流转，促进农业产业化龙头企业开展土地适度规模经营。2003 年，成都城乡统筹试验提出"三个集中"，要求促进土地向规模经营集中，但土地向规模经营集中的过程必然要涉及农村土地承包经营权的流转。在现有土地制度框架内寻求积极政策，引导农村土地承包经营权加快流转，成为成都城乡统筹试验中关键性的一环。为此，成都于 2005 年根据地方实际情况，提出《关于推进土地承包经营权流转的意见》，鼓励土地承包方在"依法、自愿、有偿"的原则下，可以采取自行协商、委托租赁、土地股份合作、土地互换经营等多种方式进行农村土地经营权的流转。为了鼓励土地规模化经营，成都市政府在既有优惠政策基础上，特别对农村产业化龙头企业给予一次性鼓励（见表2）。

表2　　　　　成都一次性鼓励农村产业化龙头企业政策　　　单位：元

规模经营土地	1000～2000 亩（不含 2000 亩）	2000～3000 亩（不含 3000 亩）	3000 亩以上（含 3000 亩）
奖励金额	100	150	200

资料来源：成都市政府［2005］31 号文件。

除此之外，成都各区县还根据自身情况制定了配套奖励政策，如紧邻成都市区的双流县规定：在市政府奖励的基础上，土地规模经营在 100～500 亩的，奖租金的 8%；500～1000 亩的，奖租金的 10%；1000 亩以上的奖租金的 15%；引进的业主对生产设施的投入，县委、县政府按规模大小分别给予总投入资金 10%、12% 和 15% 的补贴。这样，仅 2007 年双流县发放土地规模经营的补贴资金就高达 500 多万元。

通过政策合理引导和政府适度奖励，成都市农村土地承包经营权流转速度明显加快。据成都统筹委的数据显示，截至 2007 年底，成都农用地流转面积达 235.6 万亩，占农用地总面积的 21.5%。其中，耕地流转面积达到 170.8 万亩，占耕地总面积的 32.3%；全市农用地流转 50 亩以上集中成片规模经营的面积达到 145.9 万亩，占农用地流转总面积的 64.1%，平均每亩增收 600 元以上。

第二，建立健全农业农村资源的市场化配置机制，多渠道增加对"三农"的投入。2007 年，成都市委、市政府下发《关于进一步健全市场化配置资源机制提高城乡统筹发展水平的意见》，鼓励创新农村投入机制，改进投入方式，引导社会资金向现代农业和农村发展集聚，要求多渠道增加对"三农"的投入。2010 年，成都市政府又下发《关于鼓励非农资金投资农业领域的若干意见》，明确提出进一步拓宽农业的拓展领域和投资渠道的要求。从政策实施效果上看，成都"三农"建设已逐渐由政府财政单独投入向政府、金融机构和社会资本三方投入过渡。具体而言，2003～2007年，成都市对"三农"的投入从10亿元增加到117亿元，期间政府财政对"三农"的投入发挥主导作用，而后成都逐渐转变投入方式，将财政资金投入涉农投融资平台公司，以撬动更大的社会资本。以成都农发投为例，自其2007年成立以来，通过参股、贷款、担保、保险等工具，利用财政资金27.85亿元，撬动社会资金投入94.4亿元。在政府财政投入方式转变和社会资本增加的同时，成都各银行机构涉农贷款余额也在逐年上升。2008年底，全市各银行机构涉农贷款余额913.5亿元，该数字到2009年底和2010年6月底分别上升至1692.7亿元和1956亿元。

第三，加快发展农民专业合作组织，促进农村小生产和大市场对接。随着市场经济和农村生产力的发展，面对家庭联产承包责任制出现的农业经营规模小、经营主体分散的局面，如何解决家庭生产小规模与农产品大市场的矛盾、提高农民进入市场的组织化程度，是成都统筹城乡试验中急需解决的问题。自2003年统筹城乡试验以来，成都市逐渐发展起来的农村专业合作经济组织（包括专业协会和专业合作社，以下简称"农村专合组织"），恰恰是解决这一问题的有效手段。它通过提供多种形式的服务，引导农户同产业化龙头企业及农产品营销大户联系起来，采取"订单农业"等方式，既为龙头企业降低成本、稳定发展提供了保证，又解决了农产品卖难问题，实现增产增收，缓解了农民的后顾之忧，促进了农民按市场需求调整产业结构、发展农业规模经营和标准化生产。近些年，成都制定多项政策以鼓励农村专合组织的发展。截止2006年6月，成都市各类农村专合组织共1292

个，成员 16.4 万个，联系带动农户 111.9 万户，2007 年又新增农村专合组织 1911 个。2009～2011 年农村专合组织的发展趋于稳定，新增数分别为 763 个、325 个和 512 个。

二、成都市农村土地股份合作社试验

近年来，成都市的城乡统筹试验中，在完善农业经营制度、创新农业经营方式的探索，有些制度安排涉及农村基本制度的根本。尤其是该市的崇州市尝试土地股份合作社和建立职业经理人制度，推进粮食适度规模经营，对农村基本制度的突破最为明显。

（一）实行农村土地股份合作社的背景

成都市的土地股份合作社的试验从 2010 年开始，目前在全市许多县市都有分布，以崇州市推进力度最大、数量最多。据崇州市统筹委提供的资料，到 2011 年，崇州市成立粮食种植土地股份合作社 280 个，入社农户 1.18 万户，占该市土地承包农户的 7.7%；入社土地 3.73 万亩，占该市承包土地的 7.2%。

农村土地股份合作社的推行，直接源于村庄劳动力的非农化。从我们调查的 7 个农村土地股份合作社情况看，外出务工劳动力占总劳动力的比重达 61%。该市最早实行土地股份社的黎坝村杨柳社，全村一共 785 户，人口 2686 人，劳动力 1610 人，常年在外打工的 1027 人，举家在外的有 18 户，只有 12 户为纯务农户。集贤乡的梁景村一共 888 户，2980 人，劳动力 1825 人，常年在外打工的 1150 人，举家在外的 36 户，纯农户 170 户。新华村劳动力 1875 人，400 人出省打工，在本地附近打工的约500多人。青桥村有22个村民小组，858户，3011人，1600多个劳动力，400多人到省外打工，到附近郊县打工的800~900人（见表3）。其他几个搞农村土地股份合作社的村情形也差不多。

表3　　　　　7个土地股份合作社所在村庄的人地结构情况

编号	合作社名称	所在村庄	村庄人口总数	村庄劳动力总数	村庄外出打工人数/占村劳动力总数比		村庄从事农业劳动力人数/占村人口总数比		村庄耕地存量（亩）	人均耕地占有量（亩）
1	伍家土地专业合作社	大邑县王泗镇伍家村	3727	2900	1900	65.5%	272	7.30%	3790.4	1.02
2	龙泉惠民草莓合作社	龙泉驿区黄土镇三村村	3280	1982	1176	59.3%			2777	0.85
3	杨柳土地合作社	崇州市隆兴乡黎坝村	2686	1610	1027	63.8%	583	21.71%	3099	1.15
4	新念土地合作社	崇州市锦江乡新华村	3093	1875	900	48%	975	31.52%	4200	1.36
5	桥贵土地股份合作社	崇州市隆兴乡青桥村十四组	3011	1600	1300	81.25%	300	10%		
6	汤营土地股份合作社	邛崃市羊安镇汤营村	3666	2400	1200	50%	1200	32.73%	2701	0.74
7	赵家翻山堰菌果合作社	金堂县赵家镇翻山堰村	4382	3000	1900	63.3%	1100	25.1%	4000	0.91

　　劳动力就业非农化，带来农户收入构成发生变化。目前，成都出外打工农民工中，有点技术的一天能挣140~150元钱，没有技术的一天也能挣90~100元钱。种一亩田的净收益最多也仅500多元。我们调查的几个合作社的人均耕地有三个不足一亩，其他几个也就1亩多

一点。于是，农户选择将主劳动力配置于非农活动，常年出外打工，将妇女和老人留在家里从事农业活动，同时照看留守在家的儿童。对于手中的承包地，农民显得十分无奈：种之得不了多大收成，弃之又有风险。农民对农村土地经营的精心程度与包产到户后一段时期不可同日而语。因此，农户种地的意愿大大下降。根据新念土地股份合作联社的统计，该联社共有11个生产队，不愿种地的户数占农户总数的38.6%，不愿耕种的土地占总耕地面积的31.3%。不愿继续种地的农户占全队农户比例最高的潘家巷合作社达到66.7%，最低的郑家庙合作社达16.4%；将土地经营权入股合作社的耕地面积占全队耕地面积比例最高的陈家林合作社达到53.0%，最低的华顺合作社达19.6%（见表4）。

表4　　2011年新念土地股份合作社下属各小队合作社的基本情况

小队合作社名称	涉及组别	水稻种植总面积（亩）	小队总户数	不愿种田的农户			
				户数（户）/占小队总户数比例（%）		面积（亩）/占小队耕地面积比例（%）	
潘家巷合作社	1、11、10	376.23	114	76	66.7	167.34	44.5
李家百林合作社	3	262.59	60	14	23.3	52	19.8
张家埂子合作社	4	255.79	42	15	35.7	68	26.6
陈家林合作社	5	281.07	83	47	56.6	149.07	53.0
华顺合作社	6	244.51	54	13	24.1	48	19.6
郑家庙合作社	7	222.94	55	9	16.4	45	20.2
吴家粉房合作社	9	190.96	63	12	19.0	50	26.2
茨街合作社	12	226.4	56	16	28.6	55	24.3
崔家大林合作社	16	192.4	40	15	37.5	65	33.8
王家阁合作社	18	266.63	63	16	25.4	52.72	19.8
冯家林合作社	15、19、20	320.16	87	44	50.6	137.33	42.9
小　计		2839.68	717	277	38.6	889.46	31.3

（二）土地股份合作社的组建与制度安排

我们在实地调查中了解到，土地股份合作社是在一个村民小组或村委会范围内，若干农户按照"入社自愿、退社自由"和"利益共享、风险共担"的原则，引导不愿意种田或不想种田的农户将承包土地经营权折股加入土地股份合作社，由土地股份合作社安排入社土地的经营与分配以及指派经理人管护的一种制度安排。

从我们调查的几个农村土地股份合作社来看，其基础性制度安排是，采取农户土地承包经营权入股和出资相结合的方式，入社农户的土地按 0.01 亩折成一股，同时按每亩出资 100 元作为生产启动资金。规定：股权可以继承，经合作社同意可以转让、抵押。入社的土地一般设有一定期限，在股份合作社协议期内不得退股。

具体到每个农村土地股份合作社，其合作社的组建、合约内容与利益分配和风险分担规则也存在差异。

大邑县王泗镇伍家土地股份合作社。于 2010 年 12 月成立，由 8 户农户发起，入社农户 42 户，入社土地 77.97 亩。合作社将入社土地按每亩一股作价，农户按入股的土地面积获得分红收益。中介评估机构对 77.97 亩地 5 年的经营权价值进行了评估，为 85.16 万元。伍家土地股份社以此土地与由几位专业花农组成的咏春花卉种植合作社合作种植非洲菊，咏春花卉合作社投入 483.42 万元，伍家土地社以土地评估值 85.16 万元入股，总资产为 568.37 万元。新组建的合作社按照双方出资比例进行分红，咏春花卉种植合作社的收益分红比例为 85.02%，伍家土地专业合作社的收益分红比例为 14.98%。2012 年 5 月，公司年利润 88.5 万元，每亩纯利润达 1.2 万元。伍家土地合作社获得分红收益 13.26 万元，加入土地合作社的股东每亩收益 1700 元。

龙泉惠民草莓合作社。2007 年 4 月，由该合作社所在的三村村党支部发起，动员本村 18 户农户成立惠民草莓合作社。其中，5 名党支部成员每人出资 2 万元现金，共 10 万元；13 户农户各自出 0.8 万元现金和以 3.25 亩土地一年的租金（租金按照 1800 元/亩计算）入股。股份社在种植自己土地的基础上，还从外村租入 100 亩土地发展草莓种植，租金为每年每亩 800 斤大米。另外，股份合作社还为 168 户农户、850 亩地提供生产和经营服务，既带动农户增收，又增大了股份社的销售规模。

杨柳土地股份社。2010 年 5 月成立，是崇州市最早成立的一家土地股份合作社。由 31 户农户拿出 95 亩左右的土地承包经营权，按每亩 100 股的形式组建。由于法律法规的限制，不能直接用土地入股，杨柳社采取的方式是在工商注册时按照专业合作社的名义进行注册，注册资本为 45 万元。注册资本按照 100 亩土地 5 年的经营收益（每亩 900 元）评估确定。合作社的组建本着自愿的原则，社员如有意愿，原则上可以退社。但是，其后杨柳社进行了土地抵押贷款，抵押的是 5 年的农村土地经营使用权，整合了 30 户的承包经营权证，抵押物为一份以合作社为名义的土地经营使用权证，因此协议规定合作社内农户 5 年内不得退股。

新念土地股份合作社。2011 年 3 月，以村民小组为单位，新华村成立了 8 个土地股份合作社。2011 年 12 月，新华村对 8 个土地股份合作社进行了联合组建，注册成立了"崇州市新念土地股份合作社"。2012 年初，又增加了 3 个村民小组。现在的新念土地股份合作社实际上是 11 个村民小组基础上组建的土地股份社的联合社。新念土地股份合作社入社土地面积 889.46 亩，入社户数 277 户。下属的 11 个合作社都是自己种自己的地，每个合作社自己聘请自己的职业经理人。这 11 个合作社都进行独立核算，新念土地股份合作社会帮助协调各个方面的业务。新念村还有 9 个小组没有参加土地合作社，其中 4 个小组因为土地在交通便利的地方，在等业主来进行流转，还有 5 个小组是有部分土地分散参加了其他村民小组的土地股份合作社。

汤营农业股份公司。汤营农业股份公司成立于 2005 年。其股东主要由三部分构成：506 户农户以 1000 亩土地承包经营权入股，村集体以土地整理新增的 60 亩耕地入股，邛崃市兴农投资公司投入 100 万元。农户和集体入股的 1060 亩与市兴农公司的 100 万元资金各占 50% 的股份。其中，村集体入股的 60 亩土地是土地整理时增加的土地，入股土地每亩每年保底收入 800 斤黄谷。公司经营产生的利润，一半留作再生产资金，另一半作为分红资金。2007 年汤营公司实行增资扩股，入股到公司的土地达到 2070 亩，入股农户达到了 823 户。2010 年，把农户的土地经过评估公司评估折成现金到工商部门登记注册①，这样农民的土地经营权可以用来化解债务（土地经营权用来抵押、流转，以化解债务）。而以前农户是"投而不入"，如果公司破产，农户的土地还是农户的土地（见图 2）。

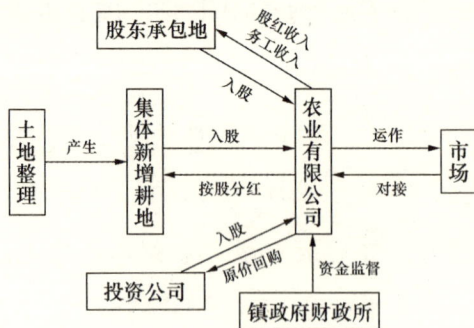

图 2 汤营农业股份公司的基本情况

---

① 虽然汤营公司有 2070 亩土地，但是有近 1500 亩在规划区内。所以，只是对没有在规划范围内的 511.33 亩土地 5 年的经营权进行估价，总估价为 2352118 元；加上对等的资金股份，注册资金为 4752220 元。

翻山堰土地股份社。最早于2009年成立专业合作社，由11人组成，村委会将160.98亩土地流转给专业合作社建食用菌产业园区，2010年又有235户农户以其527亩土地承包经营权入股组建土地股份合作社。合作社除了社员的土地入股外，还有14位业主出资100万元，合作社以150亩土地承包经营权抵押借贷150万元，共有资金250万元。2011年，又有外来业主修建占地100亩和50亩的食用菌加工厂，合作社将150亩土地以每亩5000元价格返租给13个大户和2位业主，每年获得75万元租金。除这150亩土地出租外，还有377亩入股土地种果树。

桥贵土地股份合作社。位于崇州市隆兴镇青桥村，该村共有22个村民小组，858户，3011人。桥贵合作社以青桥村十四组的31户农户为主体组成。合作社以入社承包经营权的面积来认定股份，每0.01亩土地承包经营权为1股，合作社初始股份总额为13457股。合作社的收益在提取10%公积金和风险基金后再按股分配，也可全部用于分配。在具体执行上，达到目标产量黄谷800斤/亩后，按目标产量超出部分的分配为：10%为合作社提取的公积金；10%为奖励给生产能人作为报酬；80%分配给全体股东。

各土地股份合作社的入股方式与分红机制具体见表5。

（三）土地股份社的管理与经营方式

从我们实地调查了解的情况看，土地股份社与原来的农户在管理与经营方式上存在重大差异。

（1）合作社的基本决策单位是理事会和监事会。理事会、监事会由入社股东按合作社章程选举产生。理事会负责合作社的种植决策，职业经理人的选聘与合约议定，合作社生产资料的采购与产品

表5　各土地股份合作社的入股方式与分红机制

编号	合作社名称	所在地	成立时间	入社户数	入社土地（亩）	农户土地入股＋农户出资	农户土地入股＋农户出资＋外来资金	股份构成比例	分红机制	
									分红类别	分红方案
1	伍家土地专业合作社	大邑县王泗镇伍家村	2010年12月	42	77.97		√	1. 业主投资483.42万元，占股85.02% 2. 农户入股土地77.97亩，占股14.98%		1. 按双方出资比例，业主分红85.02%，合作社分红14.98% 2. 股东按亩分红1700元
2	龙泉惠民草莓合作社	龙泉驿区黄土镇三村村	2007年4月	18	42.25	√		1. 5位股东各出资2万元，2万元1股 2. 13户农民人均出资0.8万元，3.25亩土地，按1年租金1800元折价入股。0.8万元加3.25亩土地为1股 3. 合作社共筹现金20.4万元，土地42.25亩。共18股	股东收益＝土地租金＋年终分红＋合作社打工工资	1. 利润中，公积金提取10%，公益金提取5%，科技教育基金提取5%，合作社风险金提取15.6% 2. 核心股东按股分红，普通社员进行销售返利
3	杨柳土地股份合作社	崇州市隆兴乡黎明村	2010年5月	31	95	√		1. 合作社初始股份总额为9557股，每0.01亩土地承包经营权为1股 2. 启动资金每亩出资100元	保底分红	收益在提取10%公积金和风险基金后，除去职业经理人提成后，再按股分配

续表

编号	合作社名称	所在地	成立时间	入社户数	入社土地（亩）	农户土地入股＋农户出资	农户土地入股＋农户出资＋外来资金	股份构成比例	分红机制	
									分红类别	分红方案
4	新念土地合作社	崇州市镇江乡新华村	2011年3月	277	889.46	√		1. 合作社初始股份总额为18871股，每0.01亩土地承包经营权为1股，以户为单位 2. 启动资金每亩出资100元	除本分利，保底分红保底经营	收益10% 提取公积金，20%作为职业经理人提成，70%按照持股量分配
5	桥贵农村土地承包经营股份合作社	崇州市隆兴乡青桥村十四组	2010年3月	25	134.57	√		1. 合作社初始股份总额为13457股，每0.01亩土地承包经营权为1股，以户为单位 2. 启动资金每亩出资100元		收益10% 提取公积金，20%作为职业经理人提成，70%按照持股量分配
6	汤营土地股份合作社	邛崃市羊安镇汤营村	2005年12月	823	2070		√	1. 邛崃市兴农投资公司入股100万元，占股50% 2. 股份合作社入股1060亩土地，占股50%	保底分红与利润分红	1. 土地入股为每年保底收入800斤黄谷 2. 利润一半留作再生产资金，另一半作为分红资金 3. 资金入股生猪养殖则无保底，直接进行分红
7	赵家翻山堰菌果业专业合作社	金堂县赵家镇翻山堰村	2009年10月	235	527		√	"两入股、两分红" 1. 业主投资1万元为1股 2. 农户土地入股1亩为1股	保底租金＋分红	每亩土地600元的保底租金，然后再进行分红

销售的价格确定，以及合作社的收益分配。监事会对合作社的生产经营和财务收支执行情况进行监督，按生产进度定期向社员公示财务收支情况。

（2）农户入社后，不再对土地种植、经营管理有决定权，只是对合作社理事会的产生与人员选择有投票权，但享有合作社利润分红权。加入合作社的农户，可以不再参加合作社的劳动，也可以以雇工方式参加劳动并领取工资。从我们调查的合作社情况看，继续从事大田作物的合作社，大多数劳动力不再在原来的土地上从事农业活动，而是选择出外打工。只是在少数从事劳动密集的经济作物的合作社，雇用的本地劳动力人数量还比较大。

（3）股份合作社土地的经营管理由合作社选聘的农业职业经理人从事。按照崇州市统筹委的政策，选聘职业经理人的办法：一是坚持自愿与推荐相结合。先由乡镇政府统一向崇州市农业部门推荐。被推荐的一般是身体健康、热爱农业生产、有一定农业生产管理经验、在当地具有一定号召力和影响力、具备一定组织管理能力、自愿为当地群众服务的人员。二是农业部门进行资格审查与培训。对符合推荐条件、经核实自愿从事农业生产经营管理的人员纳入培训名单，经培训合格后纳入农业人才库。三是合作社、种养大户进行职业经理人聘用。2011 年，崇州市对农业职业经理人的培训、评定、颁证和推荐使用 535 名，其中，368 人受聘于农村土地股份合作社，17 人受聘于农业生产企业或规模经营业主。

在实地调研中了解到，土地股份合作社一般由理事会出面聘请农业技术人员、种植能手等为生产经理，合作社土地规模小的，生产经理会负责 3~4 个合作社的土地。合作社与职业经理人的合同内容主要包括产量指标、生产费用、奖赔额度。从我们在调研中接触的几个职业经理人来看，他们都是在当地有威信、有长期务农经验的种田能手、农技人员、农机手，也有村组干部。杨柳社的职业经理人周维松 30 ~ 40 岁之间，早年为农发局的农业技术人员，现任杨柳社和另一个合作社的职业经理人以及桤泉农业服务超市站长。合作社反映，之所以选中他，是因为他的农业技术好，还有好口碑，可以赊销农资和种子，不需要任何抵押，大家都很信任他。陈家林合作社的经理人陈家林就是本合作社的理事长，他精通农事管理，账务清楚，老百姓信任。桥贵土地股份合作社的职业经理人 40 岁，是本组村民，1992 年高中毕业，之后到广西、成都等地打工，1996 年回到家从事养殖。2011 年成为合作社的职业经理人后，自家的农事基本停顿，主要精力放在合作社的经营管理。

（4）职业经理人的农业经营活动。据我们了解，在明确职业经理人后，合作社的土地主要交由其经营管理。职业经理人为土地股份合作社提供农业服务，负责全程代耕代管，负责合作社的采购、生产、管理、经营全过程。化肥、农药，专门有农机超市对接，由职业经理人负责联系，价格由监事会开会商定。

职业经理人一年的工作安排一般如下：3 月给股东做一个生产计划，由合作社开会讨论通过。4 月准备从事生产，主要是与农业超市预定生产资料及投入品，等等。5 月开始干活，组织机耕，以及收小麦。6 月田间管理，也就是每天早晚到田里转一圈。7 ~ 8 月组织打药，病虫防治。9 月底组织收割，一般就是 2 天时间，具体事务由有运输车和收割机的专业队从事，经理人就是负责联络。然后是粮食入库，此环节有监事会成员全程监督、过磅、测水分。一个职业经理人全年花在合作社经营管理的时间差不多 2 个月。

（5）建立以"农业服务超市"为载体的专业化服务体系。职业经理人之所以能替代原来一家一户从事全社农户的土地经营管理，关键是"农业服务超市"提供了全程的产前、产中和产后服务，包括为合作社提供犁田、耕田、插秧、施肥、收割、运输、晾晒、加工包装、储存等全程机械化服务；根据合同业主的需要，及时为其提供优质环保低价的农药、种子和肥料；对合作社的产品建立收购和供销订单式服务；为业主提供病虫害专业化防治、生产管理、稻麦代育代管等服务。

（四）土地股份合作社的经营、收益与分配状况

成立以后的土地股份合作社经营状况到底如何？成本收益状况如何？合作社的收益是如何分配的？这些直接决定了土地股份合作社到底有多大生命力，它能否为广大农户所接受，它是否有可推广性。这是下面分析的重点。

1. 结构调整

我们在调研中发现，土地股份合作社在经营决策中，获得更高的土地收益是其重要目标之一，因为只有这样，才能既保障加入合作社的农户获得理想的分红，使合作社得以维系，又能使职业经理人获得更高的提成与奖励，使其对合作社的经营管理更加精心。为此，这些合作社一般会采取在保证一部分土地种植大田作物的同时，拿出一部分土地种植更高经济价值作物的策略；或者在大春继续种植大田作物，保证农户基本分红，而在小春尝试种附加值更高的经济作物。伍家土地合作社除了一部分土地种植传统的水稻、小麦和油菜外，还拿出部分土地种植非洲菊。龙泉惠民土地股份合作社则将部分土地用于种植草莓。杨柳、新华、乔贵合作社则种植价格更高的富硒水稻，杨柳社还拿出部分土地种羊肚菌、蓝莓和桑葚。汤营和翻山堰则将部分土地用于生猪养殖和种植蔬菜、西瓜及食用菌（见表6）。

表6　　　　　　　　　　土地入社前后种植作物变化情况

编号	合作社名称	涉及土地面积（亩）	原有种植作物		现有种植作物	
			大春	小春	大春	小春
1	伍家土地专业合作社	77.97	水稻	小麦、油菜、蔬菜	非洲菊	
2	龙泉惠民草莓合作社	3.25	水稻	蔬菜、玉米	草莓	
3	杨柳土地合作社	95	水稻	小麦、油菜	富硒水稻	羊肚菌、蓝莓、桑葚
4	新念土地合作社	889.46	水稻	小麦、油菜	富硒水稻	小麦、油菜、蔬菜
5	桥贵土地股份合作社	134.57	水稻	小麦、油菜	富硒水稻	小麦、油菜、菌类
7	汤营土地股份合作社	2070	水稻	小麦、油菜	生猪养殖、蔬菜、西瓜、食用菌	
8	赵家翻山堰菌果专业合作社	527	水稻	油菜	生猪养殖、蔬菜、西瓜、食用菌	

2. 成本优势

土地股份合作社与其他类型合作社一样，也能带来单位生产成本的下降，主要是其具有统一购置生产资料的规模优势和谈判能力提高。我们将土地股份合作社与单个农户的经营成本进行了比较。以大春计，种植水稻的每亩投入如下。

（1）在生产资料投入方面，肥料成本，前者比后者便宜10元左右；农药使用，前者比后者便宜10多元；购买种子，前者比后者便宜10多元。土地合作社生产资料的投入成本比单个农户节约30元左右（见表7）。

（2）在机耕机收方面，合作社成片规模经营，平均每亩需120～145元；而单一农户地块细碎分散、经营规模小，机耕机收成本高，

表7　土地股份合作社种植水稻亩成本投入与单一农户经营成本比较

		土地股份合作社	单一农户
大春种植水稻亩成本	肥　料	90 元	100 元
	农　药	50 元	60 元
	种　子	40 元	50 元
	机　耕	60 ~ 75 元	90 ~ 100 元
	机　收	60 ~ 70 元	80 ~ 90 元
	灌溉用工	20 ~ 35 元（雇工）	0 元（自雇）
	插　秧	260 元（全程机械化）	110 元（自家人工育秧）
	施肥打药	30 元（雇工）	0 元（自雇）
	运　输	30 ~ 50 元（雇工）	0 元（自雇）
	晾　晒	70 ~ 100 元（雇工）	0 元（自雇）
	合　计	710 ~ 800 元	490 ~ 510 元
小春种植小麦亩成本	肥　料	90 元	100 元
	农　药	50 元	60 元
	种　子	40 元	50 元
	人工播种施肥	30 元（雇工）	0 元（自雇）
	收　割	60 ~ 80 元（雇工）	0 元（自雇）
	运　输	30 元（雇工）	0 元（自雇）
	晾　晒	30 元（雇工）	0 元（自雇）
	合　计	330 ~ 350 元	200 元
小春种植油菜亩成本	耕种、打药、收割等	410 元（全程机械化）	0 元（人工自雇）
	农　药	30 元	30 元
	合　计	440 元	30 元

平均每亩需 180 ~ 200 元。如果遇到倒伏情况，每亩增加 90 元成本。在机耕机收环节，土地股份社平均每亩比单个农户节约 55 ~ 60 元。

（3）用工成本方面，土地股份合作社灌溉用工平均每亩 20 ~ 35 元，插秧用工 260 元，施肥、打药用工 30 元，运输用工 30 ~ 50 元，晾晒用工 70 ~ 100 元，合计约 410 ~ 475 元。而单个农户一般是自雇性，这块费用要少得多。

几项成本加总，合作社大春种植一亩水稻成本投入 750~840 元，单一农户如果自雇成本不计，亩成本投入 500~520 元。但是，实行土地股份合作社后，农户的用工机会成本转化为工资收入，一亩地按照需要 10 个工计算，农户外出打工每天至少 100 元，10 个工则达到 1000 元。加上农户从事土地经营的机会成本，单个农户的亩均成本约 1500 元。也就是说，土地股份合作社使农业经营成本节约 700~800 元，这里既有生产资料购置的大批购买具有的合作优势，也有土地规模经营和使用机械后带来的机械成本节省，还有农户不从事小块土地经营后带来的机会成本降低。

3. 产量比较

在实行职业经理人制度以后，由于合作社一般与职业经理人签订保底产量（保底数一般以当地小农常产为标准），职业经理人为了完成保底数，增加个人收入，会更精心管护。比较而言，土地股份合作社的粮食单产量与小农比是提高的。崇州市统筹委对 2011 年该市 43 个由农业职业经理人管理的土地股份合作社种植水稻产量调查统计，土地股份合作社水稻亩产平均 578 公斤，明显高于四川、成都市的水平（2011 年水稻单产四川 519 公斤，成都市 539 公斤），比当地未入社农户水稻平均每亩增加 73 公斤。由于农村劳动力外出务工增多，留在村里务农的多为老年人，农户自种土地粗放经营的情况较为普遍。以新华村为例，粗放式种田达到 65%，只有 35% 仍维持传统的精耕细作。亩产情况参差不齐，最低的仅有 100~200 斤，平均大春水稻 850~900 斤，小春小麦 500~600 斤。而土地股份合作社聘用种田种粮能手为职业经理人负责种植经营，因地制宜科学种田，亩产较高，平均大春水稻 1000~1100 斤，小春小麦 600~700 斤。2011 年崇州市土地股份合作社粮食规模化集约经营面积 3.5 万亩，带动全市粮食增产 3250 吨。

新华村土地社下三家小队合作社亩产量和成本投入情况见表 8。

表8　　　　　新华村土地社下三家小队合作社亩产量和成本投入情况

合作社名称	每亩保底产量		每亩实际产量		每亩成本投入（元）	盈利部分	
	数量（斤）	金额（元）	数量（斤）	金额（元）		扣除成本所得（元）	超产部分所得（元）
陈家林合作社	800	944	1100	1298	636	308	354
潘家巷合作社	800	944	1150	1357	656	288	413
冯家林合作社	800	944	1050	1239	566	378	295

注：1. 每亩保底产量按照土地股份合作社与农户所签订的协议统计。

2. 粮食产量金额按照2011年新华村粮食出售价为1.18元/斤计算。

3. 扣除成本所得＝亩保底产量金额－亩成本投入。

4. 超产部分所得＝（亩实际产量－亩保底产量）×当年粮食收购价格。

2011年土地股份合作社大春水稻生产收益表见表9。

表9　　　　　2011年土地股份合作社大春水稻生产收益表

合作社	杨柳合作社	双塔合作社	桥贵合作社	怡顺合作社
入社农户（户）	30	75	31	22
水稻面积（亩）	101.27	260	110	124.8
水稻单产（公斤）	575	588.25	586.35	591.8

4. 收益与风险

推行土地股份合作社后，由于种植经济价值更高的作物、合作以后的成本也更为节约以及职业经理人比单个农户经营时更加精心，亩均单产也有所提高。土地股份合作社的亩均纯收益明显高于单个小农时的土地经营收益。从表10、表11可以看出，在种植了非洲菊的伍家土地合作社，亩均纯收益达到11301元；杨柳土地社的大春亩均纯收益从2010年的732元增加到938元；桥贵和汤营两家土地社的亩均纯收益分别为864元和853元。同一时期的单个小农自种土地，如果不计劳动成本的亩均收益为690～810元，如果考虑劳动的机会成本，小农种植小规模土地实际上是亏本的。

表 10　　　　　　**各土地股份合作社的总收益与亩收益情况**

	收益时间	户数	土地（亩）	毛收益（元）	纯收益（元）	亩平均纯收益（元）
伍家土地专业合作社	2011 年	42	77.97	1124174.9	881174.9	11301.46
杨柳土地合作社	2010 年大春	31	95	109371.60	69539.60	732.00
	2011 年小春	31	95	123164.00	60069.50	632.31
	2011 年大春	31	95	123346.00	89088.00	937.77
	2012 年小春	31	95	117240.00	41058.00	432.19
桥贵土地股份合作社	2012 年大春	31	109.7	147037	94805	864.22
汤营土地股份合作社	2011 年	200	2070	4226919	1765319	852.81
赵家翻山堰菌果合作社	2011 年		150	250000	250000	695

表 11　**2011 年 A 土地股份合作社种植水稻亩收益与单一农户亩收益比较**

		土地股份合作社	单一农户
大春水稻亩产量和亩收入	产量	1000～1100 斤	850～900 斤
	毛收入	1400～1500 元	1200～1300 元
	纯收入（不计算农户自雇成本）	600～790 元	690～810 元
	纯收入（计算农户自雇成本）		-（200～300）元
小春小麦亩产量和亩收入	产量	600～700 斤	500～600 斤
	毛收入	600～700 元	500～600 元
	纯收入（不计算农户自雇成本）	250～370 元	300～400 元
	纯收入（计算农户自雇成本）		-（600～700）元
小春油菜亩产量和亩收入	产量	300～320 斤	320 斤
	毛收入	750～800 元	800 元
	纯收入（不计算农户自雇成本）	350～400 元	770～400 元
	纯收入（计算农户自雇成本）		-230 元

注：劳动力机会成本，按照每亩用 10 个工，每个工 100 元计算。

为获得更高的土地收益，农村土地股份合作社往往将一部分土地种植更高经济价值作物，由此也带来一定的风险。经济作物对于天气、技术、人才、资金、市场等方面的要求更高，风险相较于传统粮食作物大大提高。比如，我们所调查的龙泉惠民草莓合作社在2011年由于气候原因，草莓开花不授粉，大批草莓没结果，当年合作社成本收益持平，社员没有分红。

加之，种植经济作物需要大量的前期资金投入，合作社面临着亏本负债的风险。如我们所调查的翻山堰菌果合作社目前已负债100余万元，前期并无利润可进行分红，在一定程度上让社员们怀疑其发展的后劲问题。并且，种植经济作物对于劳动力的技术要求更高，但目前农村可用劳动力多为老年人和妇女，我们所调查的汤营、龙泉惠民、王泗非洲菊等合作社都面临着雇佣技术劳动力的困难。

5. 土地股份社的分红与经理人激励

土地股份合作社能否持续下去，一方面取决于入股农户对分红收益是否满意，另一方面取决于职业经理人从土地经营中的所得是否激励他们比单个农户更加精心从事农事活动。

从7家土地股份社入社农户的土地收益情况看，没有业主参与的土地股份社亩均分红在大春在600~800元之间，与当地同期地租相当或略高，同期种粮大户周家林向土地流转户支付的地租就是600元（大春）。当有业主参与以后，土地股份合作社的分红差异拉大，伍家土地股份社由于种非洲菊且业主经营效益不错，亩均分红也更高，2011年达到1700元；但汤营公司则呈现不同的结果，为了保证基本的土地收益，入股农户改拿地租，也就是当地地租的600元平均水平。十分有意思的一个现象是，当有业主与土地股份社合作以后，入股农户往往采取保底分红的制度安排，既保证自己获得地租收益不下降，又期待从土地经营中得到更高的收益分红。以新华村三家土地股份社为例，农户每亩保底的毛收入分别有 800 斤黄谷，按市价折为 944 元，加上补贴收入和超产分红部分，扣除成本，农户每亩纯收益为 686 元、710 元、671 元（见表 12）。

表 12　　各土地股份合作社的总收益以及收益分配比例情况

	时间	户数	土地（亩）	农户总收入（元）	职业经理人分红（元）	户平均收入（元）	每亩分红（元）
杨柳土地合作社	2010 年大春	31	95	5590.14	6000.00	180.33	58.84
	2011 年小春	31	95	46685.00	2660.00	1505.97	491.42
	2011 年大春	31	95	67040.74	10400.00	2162.60	705.69
	2012 年小春	31	95	49530.00	2600.00	1597.74	521.37
桥贵土地股份合作社	2012 年大春	31	109.7	88551	4170	2856.48	807.21
汤营土地股份合作社	2011 年	200	2070	1242000	523319	6210.00	600.00
伍家土地专业合作社	2011 年	42	77.97	132600	36000	3157.14	1700.65
赵家翻山堰菌果合作社	2011 年		150	104250			
邛崃种粮大户周家林	2011 年大春	1	1000	678000	678000	678000.00	678（租）

下面看看职业经理人收入及其激励情况。从几个土地股份合作社的职业经理人看，如果没有从事附加值较高的经济作物，职业经理人的收入就是每亩 40～50 元。因此，桥贵合作社的职业经理人大春水稻提成就是 4746 元。杨柳社的周维松第一年的分成大春 6000 元，第二年增加到 10000 多元。职业经理人的收入高低，一是取决于其所看管

的土地规模。一个职业经理人如果看护 100 亩左右，其提成就是 4000 ~ 5000 元，如果看 300 亩左右，则能达到 1 万多元。二是超产分成比例。这一比例是合作社与职业经理人谈判的结果。以新华村合作社为例，刚刚成立合作社的时候，职业经理人的分红比例比较低，是 1∶1∶8 的分红比例，对于职业经理人积极性的调动不高，后来改成了 1∶2∶7，职业经理人获得超产部分的 20% 后，即亩均 60 ~ 80 元，这三家合作社的入股土地分别为 149.07、167.34、137.33 亩，职业经理人获得收益 10434.9、13721.88、8102.47 元。对于一个职业经理人来讲，每年从事农活的时间就是两个月左右，在没有任何经营风险的情况下，从中得到 1 万元左右的收入，与其付出来讲，还是合理的。问题是，职业经理人还会从其他经营中获得更高的收入。

2011 年新华村三家土地股份合作社农户、经理人和合作社之间分红机制见表 13。

表 13 2011 年新华村三家土地股份合作社农户、经理人和合作社之间分红机制

			陈家林合作社	潘家巷合作社	冯家林合作社
农户每亩收益 = 保底 + 补贴 + 分红（元）	合　计		686	710	671
	保底产出扣除成本所得		308	288	378
	补贴收入	种　子	90	93	46
		化　肥	40	40	41
	超产部分所得的 70%		248	289	206
职业经理人每亩分红（元）	超产部分所得的 20%		70	82	59
公积金（元）	超产部分所得的 10%		35	41	29

注：1. 新华村超产部分分红比例为：农户∶职业经理人∶公积金 = 7∶2∶1；

　　2. 保底产出扣除成本所得 = 亩保底产量金额 − 亩成本投入金额；

　　3. 超产部分所得 =（亩实际产量 − 亩保底产量）× 当年粮食收购价格。

（五）小结

总体而言，在农村结构变革和农业发生重大转型的背景下，农村劳动力大量非农化，农村土地经营收入占农户总收入的份额大大下降，农业投入从以高劳动投入为主转向以机械投入和社会化服务为主，成都的农村土地股份合作社有其存在的合理性。一是实现了农业劳动力的优化配置。实行股份合作社后，农民不需要再像小农经营时一样，在农业和非农业经济活动之间进行劳动时间配置，既不利于农业活动，也影响农户获取非农收入。二是对农业经营活动更加专业管护。在小农经营下，随着农业经营收入在家庭收入份额的下降，农户将主劳力配置到非农活动，将土地留给老人和妇女，所以对土地经营的精心程度下降。土地股份合作社下，职业经理人在合约约束和超产激励下，他们的收入与其经营活动的关系更直接，他们比单个农户对农业经营更为专心，有利于提高土地产出。三是土地股份社在生产资料的购买、服务的获得以及农产品销售上与小农比，具有规模优势和谈判能力，能带来成本的节约和销售的更合意价格，因而能提高单位土地利润。四是土地从单家独户向股份社集中后，有利于提高社会化服务的效率。

正是有以上几点优势，我们调查的土地股份合作社也取得了一定的成效。

三、对成都市农村土地股份合作社 试验的评论与建议

土地股份合作社是以农户的土地承包经营权入股组建的。在农户

自我经营承包土地时，土地承包经营权的实现形式是土地的使用权、收益权和流转权。农户的土地承包经营权入股到土地股份合作社以后，农户的土地使用权让渡给合作社，经营权由合作社委托的职业经理人支配。土地股份合作社的生存与发展是否具有可持续性，取决于以下几个条件：第一，必须以自愿加入和自由退出为原则。第二，农户的土地承包经营权不得丧失。第三，土地承包经营权入社后的分红收益不得低于农户自我经营或转包的地租。一旦农户的土地入股分红收益低于其自我经营或转包地租，或者农户担心土地承包经营权有丧失的风险，他就会以退出机制来保障其土地承包经营权益。第四，合作社成员和经营者通过合作实现双赢。

（一）需要进一步破解的几个问题

在实地调研中，尤其是对农村土地股份合作社的制度安排与实施中，我们发现，这一经营形式是否具有生命力，是否能为更广大的农民所接受，需要更长的时间和实践来检验，同时也有一些重大问题需要解决。

1. 农户入社自主和退社自由问题

在成都的土地股份合作制试验中，农户在以土地承包经营权入股加入合作社时，还不存在中国20世纪50年代合作化运动中的强迫和定指标推进的情形，但在今后的试验中，由于有政府的积极引导，如何防止基层在推进中的过急行为也是要引起注意的。但是，在退出权的行使方面，我们在实地调研中发现，所有的合作社都规定在合约期内入社的土地承包经营权不得退出。不得退出的理由是，一旦有部分农户的土地承包经营权退出，就会影响合作社的统一经营。从土地股份社的运营来看，这条规定有其合理性，但是，由此也减低了退出权对合作社领导及土地经营者的约束。更主要的是，一旦合作社的经营出现问题，就会导致农户入社的土地承包经营权益受到损失。

2. 土地承包经营权的丧失风险

在成都的土地股份社试验中，有一项非常重要的安排是，土地入股后形成比较大的经营规模，或者土地转为经营高经济价值的作物后，需要金融支持。试验区尝试以土地经营权作为抵押物获得贷款，解决农业经营资金问题。为了保证农户入股土地的承包权，地方的做法是在现有土地承包经营权证书基础上，再向入社农户发放一份土地经营证。合作社在以土地抵押贷款时，先对合约期内土地经营收益做评估，再到银行获取贷款。也就是说，合作社抵押物是土地经营收益，不涉及土地承包权。即便合作社因经营失败出现偿还风险，农户也只是在合约期内失去土地经营权，不会导致土地承包权的丧失。从地方试验来看，这种将土地承包权和经营权分离的办法，确实既能保障农户不失去土地承包权，又解决了合作社以土地经营权作为抵押获得贷款的问题。但是，这一试验是对国家基本制度的突破，因为现行法律只设定土地承包经营权，在这一权利约束中，承包权和经营权是合一的，承包者将经营权流转也是以农户为主体的。因此，这一牵涉到基本制度的试验，还有待国家顶层制度与法律制定者的认可和变革才具有法律效力。

3. 土地股份分红的原则问题

从制度上讲，既然农户土地入股是自愿的，合作社的经营风险也应该由入社农户共同承担。但是，由于合作社目前阶段的不规范性，以及农户土地权益保障的脆弱性，我们所调查的大多数土地股份合作社，尽管也标明了利益共享、风险共担的原则，但是在分红制度上都选择了保底分红，保底一般以当地的平均地租水平为标准。

也就是说，入社农户在土地分红上既要规避风险，又要分享合作社经营的利润。这一利益选择在现阶段有其合理性，对于保障农民土地利益有好处，但是，这种处理是与利益和风险一致原则相违背的，有待进一步完善。

4. 农村土地经营主体问题

在家庭承包责任制下，农户是农村土地经营的主体。包产到户改革时，农户之所以替代生产队成为农业生产经营的主体，主要是因为其解决了生产队时的监督费用，以及社员努力与其回报不对应的缺点。土地入股到土地合作社以后，农村土地经营主体变得复杂化，我们在前面已有描述，合作社土地的种植决策和生产资料购置及农产品销售最终决定权在理事会，日常经营活动由理事会选定的职业经理人负责，同时职业经理人再雇一定数量的农民从事农事各环节的农活。在这一决策体制下，理事会的种植决策和选职业经理人的正确性，不仅受其决策机制的制约，而且受其能力制约。即便理事会的决策和选人不出问题，职业经理人是否能像农户一样对合作社的土地尽心呵护，不仅受其经营能力制约，还受合作社报酬合约对职业经理人的激励机制的影响。合作社集体决策的有效性是所有合作社面临的普遍困境。职业经理人激励问题，则直接决定合作社的效益和可持续发展。

目前，成都的合作社普遍采取"产量保底＋超产分成"的办法，尽管对职业经理人有一定的约束和激励效应，但是职业经理人到底该分配多少合适，在试验中是一个没有很好解决的问题。从各合作社对股东与职业经理人的分红比例的调整就可以看出，双方并没有达成一致的合约。在合作社股东看来，目前合作社土地的经营主要靠机械投入和社会化服务，职业经理人的贡献有限，也就是代替社员看看地，各农活环节有个人接应，不应该得那么多收益；但是，如果分配比例过低，就不足以激励职业经理人完全专一地经营合作社的土地，他们会选择看护土地的同时，继续从事其他活计，这样职业经理人专业种植和经营土地的初衷就难以实现。由此可见，在目前我们调查的绩效较好的合作社经营中，并没有完全解决土地股份合作社的经营主体问题。

（二）对实行农村土地股份合作制的认识和政策建议

1. 明确农村土地股份合作制是农村基本经营制度的一种制度安排

随着农村劳动力的非农转移和农村土地经营收入在家庭经营收入中的份额下降，以及农业投入从劳动投入为主转向机械投入为主，农户将土地承包经营权入股委托给职业农业经营者经营有其合理性。从成都的试验来看，土地股份合作社可以节约成本、提高规模经营效益、增加产量，以及实现农户土地分红与经理人收益增加双赢，在目前阶段，农村土地股份合作制作为一种可选的制度安排和经营形式存在，有其合理性。建议在有关制度、法律和政策修改与完善中，承认农村土地股份合作制是现阶段农村土地经营的一种形式。

2. 完善农村土地承包经营权制度，促进土地流转和适度规模经营

一方面，进一步完善土地承包经营权制度，促进土地适度规模经营和现代农业发展；另一方面，要防止和纠正借土地规模和土地流转侵犯农户土地承包权的行为。

一是完善政策和相关法律，促进土地承包权与土地经营权的分离。完善农户土地承包权权能，明确土地承包权为田底权，拥有土地承包权的农户对土地享有使用权、收益权、转让权、处置权和抵押权。明确土地经营权是土地承包权中派生的土地权利，设置土地经营权为田面权。土地经营权农户享有对土地的使用权、收益权、享有一定比

例的土地投资回报权和依土地收益及土地上的投资作为抵押物获得信贷的权利。对土地承包权和经营权实行依法同等保护。

二是保障土地承包权权益。土地承包权流转必须遵循"自愿、依法、有偿"原则。地租归原土地承包权农户，土地承包权人享有长久不变的土地承包权。

三是发挥集体组织的服务功能，实行农村土地重划，促进土地规模流转。

3. 制定农业经营者资格认定和培养制度

农业经营者资格认定制度，是保障农村土地农用和粮食生产的基本制度；农业经营者培养制度，是促进现代农业健康可持续发展的有效手段。

一是借鉴日本、我国台湾地区、韩国的经验，在国家政策和法律中设置农业经营者资格认定、进入条件、退出机制，在法律上保护农业经营者的合法权利。

二是建立农业经营者国家培养体系。国家设立专门资金用于农业经营者培养，建立国家农业经营者培训体系。

三是明确法人不得进入农业大面积租地经营农村土地。严格用途管制制度，对各种将农用地非农化的做法采取法律禁止行为，并予以依法处罚。

4. 巩固和规范农业合作制度，把合作社办好

新型农业合作经济的发展，决定我国小规模农户经营制度的生命力；专业合作社的健康运行，决定我国农业经营的效率。

一是把农户需求作为衡量专业合作社成效的最重要指标。以专业合作社对农户服务的能力为标准，推进合作经济的发展。防止地方片面追求专业合作社数量、忽视质量的倾向。

二是规范和完善专业合作社内部制度建设。落实专业合作社的"民办、民管、民受益"原则，帮助合作社建立明晰的内部管理制度，完善合作社利益分配制度。

三是明确专业合作社的主管单位。改变目前几个部门争管理权的格局，提高相关部门对专业合作社的服务能力。

四是完善促进专业合作社发展的相关配套政策。试点专业合作社利用自身资产（如农机具、农作物收益）作为抵押物获得信贷的办法。明确专业合作社利用集体土地建厂房、设施、农具摆放、粮食烘干设施等的用地政策。

五是制定鼓励专业合作社发展加工业的政策。

5. 完善促进农业适度规模经营的农业支持政策

在实行适度规模经营后，政府对农业的支持政策不仅不能削弱，而且应该进一步强化。应该在继续执行原有的以承包农户为基础的普惠制农业补贴政策的基础上，完善农业支持政策，促进适度规模农业经营形式的发展。

一是制定向规模户倾斜的农机补贴政策。随着新的农业经营主体的组建和实施，将带来农业投资主体的变化。由于经营规模扩大，机械是其主要要素投入，新农业经营主体也就成为农机需求的主体。建议完善现行农机补贴政策，将补贴资金和对象向适度规模单位倾斜，激励其购置农业机械和设备，从事农业专业化经营。

二是实行促进适度规模经营的土地整理。适度规模经营，要求土地的连片成方和田、水、路、林的综合整理，单个家庭农场无力实施。建议对国土部、财政部、农业部等多家实施的土地整理项目进行统筹，进行高标准农田建设，为适度规模农场提供农业基础条件。

三是提供优质、高效的农业技术服务。实行适度规模农场后，农产品品质的要求更高，农业技术服务的需求更高，地方政府必须搭建更完善的农业服务体系，在农技、种子、防疫、生产资料供应等方面提供全程高效服务，提高家庭农场农业经营的效率。

6. 防止地方政府在农村土地股份合作社发展中"刮风"

只能因势利导，不得定指标，搞强迫命令。不得以发展农村土地股份合作社之名，损害农民利益。不得任意拔高农村土地股份合作社的地位，刮股份合作社风。

执笔人：刘守英　谭明智

黑龙江省绥化市农业发展方式转变与农业现代化调查

　　农业发展方式的转变是农业现代化的重要途径。传统农业的特点是小规模、细碎化和精耕细作的家庭农场经营。按照舒尔茨（1964）的观点，在生产要素不发生变化的情况下，传统农业达到低水平均衡，只有引入"新的有利生产要素"，才可能实现农业现代化。农业生产方式转变体现为引入机械化等新的生产要素，调整土地和劳动等原有生产要素的结构，以及改变农业生产经营方式等。

　　我国工业现代化的基本完成和城镇化的快速发展为农业发展方式的转型提供了条件。农业人口的转移、大量资金投入以及农业经营组织的兴起，都影响着传统的农业发展方式。土地的加速流转推动了适度规模经营，农业人口的转移和农民专业合作社的兴起引起了经营主体的变化，机械化耕作改变了农业耕作方式。这一系列农业发展方式的转型，提升了农业生产率，推动了农业现代化，最终实现农业现代化与工业化、城镇化同步发展。

　　本报告以黑龙江省绥化市为例说明传统农区的农业发展方式转变和现代化大农业的发展现状。绥化市坐落于肥沃的黑土地带，是全国重要的粮食生产基地。近年来，绥化市在工业化、城镇化加快发展的同时，推进适度规模经营和农业机械化，促进现代农业发展，农业发展方式发生重大变化，并取得了一定成效。本报告是在对绥化市委市政府及农口领导、基层干部、各类专业合作社及种粮大户实地访谈和调研的基础上形成的。

一、经济结构与农业投入的重大变化

经济总量的增长引起三大产业结构变化，同样，在农业内部也出现相应的结构变化，主要体现在：农业劳动力份额的下降，农业用工的减少，以及农业机械化水平的提升和大型农机的应用。农业要素投入的变化为农业发展方式的转变提供了前提。

（一）农业劳动力份额下降

绥化市是我国传统农业地区和国家重要的商品粮基地。为了摆脱"农业大、工业弱、财政穷"的局面，近几年来，地方政府实施一系列政策推进工业化、城镇化，尤其工业增长逆势而上，两年间落地开工3000万元以上产业项目788个，投资总额1941亿元。经济结构正在发生显著变化，2007~2012年，绥化市三次产业结构由34∶24∶42变为35∶27∶38，结构变革带来农业劳动力份额的下降，第一产业从业人员从2007年的200.7万人降至2011年的149.8万人，减少50余万人，第一产业从业人员占比从6.6%降至5.26%。2012年绥化市城镇化率达到46%。

（二）农业用工减少与劳动成本上升

水稻生产的用工大大减少，2007年用工数为5.9日/亩，2010年

锐减至 2.8 日/亩，2011 年继续减少到 2.5 日/亩；种植玉米的用工数
量也从 2007 年的 3 日/亩减少到 1.7 日/亩；种植大豆的用工数量下降
更加明显，从 2.4 日/亩下降到 0.9 日/亩（见表 1）。

表 1   2007～2011 年绥化市主要粮食作物每亩用工情况

作物品种	每亩用工	2007 年	2008 年	2009 年	2010 年	2011 年
水 稻	用工天数（日）	5.9	3.3	3.6	2.8	2.5
	雇工总费用（元）	157.4	108.2	141.2	146	167.2
	平均雇工工资（元/日）	26.6	31.2	37	48	57.4
玉 米	用工天数（日）	3	2.2	1.5	1.9	1.7
	雇工总费用（元）	60	51.1	59	64	76.5
	平均雇工工资（元/日）	19.8	21.4	25.1	30.5	37.8
大 豆	用工天数（日）	2.4	1.5	1.3	1.2	0.9
	雇工总费用（元）	49.2	35.5	36.7	40	38.7
	平均雇工工资（元/日）	20.3	22.6	26.2	34.1	40.8

资料来源：各作物的雇工总费用来自绥化调研数据；平均雇工工资采用黑龙江省数据，由
历年《全国农产品成本收益年鉴》中的 2007～2011 年黑龙江省每亩雇工费用与劳动用工（包括家
庭用工和雇工）数量相除所得，并根据历年《黑龙江统计年鉴》中价格指数调节；每亩用工天数
由二者相除得到。

在农业劳动力大量转移和工农之间劳动力竞争加剧的背景下，农
业用工工资显著上升。2007～2011 年，剔除价格变动影响后，绥化市
每亩水稻的用工工资以 21.2% 的速度增长；玉米用工的工资增长率达
到 17.6%；大豆用工工资提高了 2 倍。我们在实地调研中发现，近年
来务农工资保持两位数上涨，甚至出现"一工难求"的现象。

（三）农业机械化水平大幅提高，尤其是大型农机具增加

截止 2011 年末，绥化市农机综合机械化率达到 86%，比 2007 年
上升 12 个百分点。2011 年绥化市农机总值为 34.7 亿元，农业机械总
动力达到 385.6 万千瓦，为 2007 年的 1.5 倍。2012 年春季，绥化共投

入农机具 4851 台（套），三大作物机收率为 49.6%，水稻机插秧率为 79.3%，完成春整地 328.3 万亩，占全部春整地面积的 42.2%。

大型机械数量明显增加。2007 年绥化拥有大中型拖拉机近 2 万台，配套农具近 2.8 万台，2011 年大中型拖拉机增至 5.8 万台，增加近 2 倍，配套农具 8.3 万台，增加近 3 倍，机械动力增长 2 倍；联合收割机从 2007 年的 842 台增至 2012 年的 3772 台，机械动力从 4.4 万千瓦增至 26 台，约增长 4 倍；电动机从 1.2 万多台增至近 1.7 万台，增幅约 40%；节水灌溉机械从 554 套增至 659 套，增幅约 20%。

小型机械的数量和动力减少。2011 年与 2007 年比，绥化拥有小型拖拉机台数从 8 万余台减少至 7.2 万多台；自走式机动割晒机、机动脱粒机等农用收获机械持平；农用机动车减少近 1/3；柴油机、农用水泵等排灌机械数量递减（见表 2）。

表 2 　　　　　　　　2007～2012 年绥化市农业机械投入变化

农业机械		2007 年	2008 年	2009 年	2010 年	2011 年
农业机械总动力（万千瓦）		251.1	281.2	310.5	345.9	385.6
农用大中型拖拉机	数量（台）	19919	32748	39374	48009	57731
	机械动力（万千瓦）	54.2	79.8	97.3	122.7	158.7
小型拖拉机	数量（万台、台）	80497	76003	76811	74233	72109
	机械动力（万千瓦）	96.7	94.2	96.7	90.6	93.3
大中型拖拉机配套农具（台）		27767	66566	76209	84356	83419
小型拖拉机配套农具（台）		99914	115810	124235	130511	112554
农用排灌动力机械	柴油机 台	33119	30878	31779	32377	31249
	万千瓦	29.3	26.7	27.9	29.4	28.4
	电动机 台	12134	14879	15006	15712	16822
	万千瓦	9.9	10.7	10.8	11.3	11.9
	农用水泵（台）	61199	62809	63383	63796	53567
	节水灌溉机械（套）	554	560	564	594	659

续表

农业机械		2007 年	2008 年	2009 年	2010 年	2011 年
联合收割机	台	842	1432	2421	3947	3772
	万千瓦	4.4	9	14.9	25.8	26.0
自走式机动割晒机（台）		79	133	117	83	
机动脱粒机（台）		20381	27451	27596	27207	27203
农用运输车	辆	28033	25189	25194	25308	18139
	万千瓦	34.9	37.8	37.3	36.5	21.7
推土机	（台）	36	47	47	67	

资料来源：2008～2012 年《黑龙江统计年鉴》农业机械分类数据。

二、农业经营形式急剧变化

土地流转和规模经营是农业现代化的基础和前提（北京天则经济研究所《中国土地问题》课题组，2010）。农业劳动力份额的下降和农业用工的减少，使得农村人地关系发生重要变化，土地快速流转，农业开始实现规模经营。农业经营主体逐渐从单个农户向种粮能手、企业和农民专业合作社集中。其中，农民专业合作社近年来发展迅速，特别是千万元农机合作社，在优厚的国家补贴政策下飞速发展，带动实现从深耕、播种到收割等的一系列农业机械化。

（一）土地流转加快，经营规模显著扩大

自 2007 年以来，绥化市土地流转明显加速。从表 3 可以看出，绥化土地流转比例从 2007 年的 7.2% 上升到 2011 年的 18.5%，年增长率为 25%。

表 3   2007～2011 年绥化市土地流转情况

土地流转面积	2007 年	2008 年	2009 年	2010 年	2011 年
粮食播种面积（亩）	22574775	24922545	25542630	26040195	26842800
土地流转面积（亩）	1626768	2877452	3540952	4237009	4967989
土地流转比例（%）	7.2	11.5	13.9	16.3	18.5
其中流转给种植大户的面积（亩）			812916.5	653846.5	691892
流转给合作社的面积（亩）			189386	650119	610537
流转给公司的面积（亩）			31508	25770	16770

按经营面积划分，到 2011 年，经营规模 1000～5000 亩的土地有 182 万亩，5000～10000 亩的有 52 万亩，10000 亩以上的达到 119 万亩，分别比 2011 年增长 32%、34% 和 32%。2012 年，绥化农户共计承包耕地 2204 万亩，承包户 95.4 万户，户均 23.1 亩。预计规模经营面积（200 亩以上）1020 万亩，占农户承包面积的 46%。

（二）专业合作社迅速发展

自 2006 年《农民专业合作社》出台以来，绥化市的专业合作社发展明显加快，从 2006 年的 434 个发展到 2011 年的 3805 个，2012 年再新增农业合作社 1311 个，年均增长 70.7%。

从合作形式看，从单一的生产服务、购买服务向加工、仓储以及产加销一体化的产业链延伸。其中，以产加销一体化为主的合作社 1436 个，以生产服务为主的 1064 个，以购买服务为主的 74 个，以运销服务为主的 62 个，以加工服务为主的 49 个，以仓储服务为主的 20 个。

从发展主体看，有能人领办型、村组干部领办型、企业带动型、场（院、校）地方共建型等专业合作社。种养大户、农村经济人等能人领办型合作社2451个，占合作社总数的80.7%。其中，种植大户领办的1174个，养殖大户领办的805个，普通农户领办的472个；村组干部领办型合作社302个；企业带动型合作社28个；场（院、校）地方共建型合作社18个。

在各类合作社中，农机合作社由于启动资金大、回收周期长，对现代农业发展关系最大，是绥化市发展现代农业的重点。他们提出了"科学规划、合理布局"、"农民主办、政府引导"、"发展为先、规范并重"、"因地制宜、形式多样"和"典型引带、示范推进"原则，确立了"5～10年建设千万元农机合作社500个"、"每个千万元合作社规模经营土地面积达到4万亩以上"等目标。在资金扶持方面，每个合作社农机装备投资1000万元，60%由省补助（利用农机购置补贴补助30%，另外30%由省财政部门负责筹集或协调银行贷款补助），40%由合作社自筹。自筹部分原则上以现金形式支付，不具备现金支付能力的可以贷款，但贷款额度不得高于自筹部分的50%。此外，还制订了农机合作社资产监督管理办法，明确以县（市、区）一级人民政府为监管主体，制订了大型农用机械分配、出售、转让等资产监督和会计准则，以保护国有资产和投资者财产；对农机员进行培训，由厂家组织专家现场培训和巡回指导农机驾驶1800人（次），3年连续举办农机农艺专业学历班，400余人次参与。

随着千万元农机合作社扶持政策的出台，绥化市千万元农机合作社超常规发展。2008～2011年，绥化市新建千万元现代农机专业合作社109个。其中，农民主办73个，场县共建23个，民企联办10个，乡村领办2个，军民共建1个。期间农机合作社总投资13.85亿元，其中农机设备投入11.01亿元，场库棚建设投入2.56亿元，其他投入3500万元。2012年农机合作社发展更快，新建千万元农机合作社110

个，超过之前合作社数量总和，农机合作社总投资达 27.29 亿元，其中设备投资 21.76 亿元。

农机合作社成为农业生产各环节的重要载体。2011 年，农机合作社完成机械收获 287.3 万亩，占全市机械收获面积的 20.8%；完成机械播种 446.9 万亩，占全市机械播种总面积的 16.5%；大型拖拉机参与完成秋整地 434.7 万亩，占全市秋整地面积的 22%。农机合作社还拓展了深耕松地面积，增强了土壤蓄水保墒、抗旱排涝能力，提升了土壤有机质，对地力恢复起到显著作用。

（三）农业经营主体趋于多元化

农业经营主体主要有农户、种粮大户、专业合作社、农户联合体、龙头企业、村集体经营和场县共建等。近年来，随着土地流转和专业合作社发展，土地从小规模经营向大规模、机械化经营转变，农业经营主体也发生相应变化。

在实现规模经营的 1020 万亩土地中，大户经营面积占 383 万亩，合作组织经营面积为 365 万亩，农户联合体经营面积为 171 万亩，家庭农场经营面积为 38 万亩，涉农龙头企业经营面积为 31 万亩，村集体经营面积为 7.7 万亩，场县共建经营面积为 24.3 万亩。在家庭仍然为主要经营主体格局下，其他经营主体向现代农业发展中也有所成长。

三、农民专业合作社的经营与效果

在各类新型的经营主体中，农民专业合作社的状况是我们最为关注的。我们选取顺达马铃薯种植专业合作社、光辉水稻种植专业合作社和红光现代农机专业合作社进行了实地调研。这三个合作社分别代表了乡镇干部领办型、粮食大户牵动型和千万元农机合作社等不同类型。

（一）合作社的土地获得与合约安排

顺达马铃薯种植专业合作社成立于2009年，由东郊乡乡长李亚文带头领办，联合其他17户种植大户（耕地70亩以上）组建成立。如表4所示，成立之初，合作社拥有承包地和流转地共计700亩。2009年，合作社租入3000亩耕地，每块耕地面积为10~20亩，其中70%~80%是农户的承包经营地，也有部分村机动地，地租为420元/亩，合同时效为一年。2010年，合作社扩大规模，又租入耕地5600亩，作业范围扩展到2个村，固定地租为500元/亩，租期5年。2011年合作社土地流转面积达到8600亩，大部分流转土地的租金仍为500元/亩。但也有部分土地入股，共有211户村民的3000亩土地入股，最终在租金之余分得利润500元/亩。2012年合作社的土地流转面积达到1.2万亩，其中6000亩土地签订5年出租协议，6000亩土地入股。

光辉合作社位于兰西县长江乡聚宝村，2009年2月由水稻种植大户邹晓辉等5户农民共同组建。邹晓辉在合作社成立之初已经租入800亩耕地，其中2002年租入的500亩为重度盐碱地，价格约100元/亩，协议期25年；2003~2009年，邹晓辉又陆续从集体和个人转租300亩土地。合作社成立之初，其他4名理事拥有耕地30~100亩不等，加上邹晓辉的800亩，共有耕地1000亩。截至2012年，合作社已达到5000亩的水稻种植规模，年均租入耕地1000~2000亩。随着合作社土地流转面积成倍增加，地租也保持每年100元/亩的涨幅。

兰西县红光现代农机专业合作社成立于2011年，发起人兼理事长是建筑行业出身的卢少良，他与其他4名村民出资400万元组建成立。

2011 年初，合作社主要通过出租农具代耕玉米，共计 2 万～3 万亩地。2012 年合作社租入耕地 4000 亩种植万寿菊。这 4000 亩地是合作社向红光村和义发村 300 多户租入的，签订了 5 年租地协议，租金为 500 元/亩，分 3 年 3 次交足租金，同时约定租金随着市场价格调整。2012 年，合作社恰逢义泉村整村搬迁的机遇，租入义泉村全村 4000 亩土地，协议时间为 15 年，地租 3 年一交，并按市场价调整。

表 4　　　　　　　粮食专业合作社的土地流转面积及租金

	名　称		顺达马铃薯种植专业合作社	光辉水稻种植专业合作社	红光现代（千万元）农机专业合作社
合作社概况	合作社所在地		东郊乡正白前二村	兰西县长江乡	兰西县
	成立时间		2009 年	2009 年 2 月	2011 年
	负责人姓名		李亚文（乡长）	邹晓辉	卢少良
	负责人身份		东郊乡乡长，马铃薯种植大户	水稻种植大户	建筑承包商
	理事会成员		18 户粮食种植大户（70 亩以上）	5 名亲戚、朋友	5 名亲戚、朋友
土地获得及合约安排	合作社成立之前拥有耕地		700 亩	1000 亩。其中，500 亩重度盐碱地为 100 元/亩，租入 25 年	无
	2009 年	土地流转面积	3000 亩		
		地租	420 元/亩	300 元/亩	
		租期	1 年		
	2010 年	土地流转面积	5600 亩	1000 亩	
		地租	500 元/亩	400 元/亩	
		租期	5 年	3 年，按市场价调整	

续表

土地获得及合约安排	2011年	土地流转面积	8600亩	2000亩（新增）	2万~3万亩（代耕）
		地租	500元/亩	500元/亩	
			其中，3000亩土地入股，另分得500元/亩		
		租期	5年	3年，按市场价调整	
	2012年	土地流转面积	1.2万亩	1000亩（新增）	4000亩
		地租	500元/亩	600元/亩	500元/亩
			其中，6000亩土地入股		
		租期	5年	3年，按市场价调整	5年，分3次交足，按市场价调整

（二）合作社的投资与经营

各合作社在规模扩大以后，投资也明显增加，经营方式发生重大变化。顺达马铃薯种植专业合作社在成立后，18户成员又出资400万元现金（其中贷款200万元）组建千万元农机合作社，购入28台农机，实现马铃薯的大机械耕种；还投资建设300万元的仓储库、300万元的机械场库棚和100万元的办公楼。县政府也对该合作社给予大力扶持，分别投资10余万元打12眼机井、40万~50万元建设300米指针式喷灌设施，并低价转让20万元的建设用地30亩。

随着机械投入增加，劳动投入递减。以顺达合作社的马铃薯种植为例，一亩地的雇佣劳动力共计2~3人/日，这包括起、捡、撒药等所有手工工序。用工工钱约为 200 元/亩，但由于务农劳动力供求变化，用工成本在 2011 年上涨至 250~260 元/亩。

合作社成立后，在生产资料购买上显示出明显优势。在种子投入上，2011 年合作社每亩投入 300 元左右，购买种子价格为 2.14 元/斤，比散户低 0.4~0.5 元/斤；在化肥投入上，每亩需要 120 斤左右，共计 165 元，比散户购买价格低 5~15 元；农药投入上，合作社每亩计 310~320 元，比散户低 20~30 元。可见，在种子、化肥、农药等生产成本上，每亩耕地合作社比散户节约约 100 元。

光辉合作社随着耕地面积的扩大，通过购买加租用农机的方式，基本实现全面机械作业。合作社获得国家对专业合作社的 30% 的农机补贴，投资 100 万元购买农机设备。合作社现有农机具 60 台套，主要包括 6~7 台农用车、20 台长阳机、10 多台小型拖拉机和 2~3 台收割机等。同时，水稻耕种的众多环节仍需租用大型的农用机械，如合作社 40% 的耕地需要租用单价为 30~40 元/亩的整地机械，30% 的耕地需租用 100 元/亩的插秧机械，另有 80% 的耕地需租用 100 元/亩的联合收割机。该合作社还进行了一系列基础设施建设。2010 年，合作社投资 300 万元进行基础设施建设，资金主要来源于 2009 年的利润和自筹资金。合作社占地总面积为 1 万平方米，包括育种大棚 300 余栋，办公室 14 间，5000 多平方米的水泥晾晒场，2000 余平方米的库房 80 间，500 余平方米的车间 20 间，以及电力设施 50 千瓦变压器 1 台，输电线路 1500 延长米，供水机房 4 个，供水泵 10 台套，加工水稻设备 1 套。合作社还发挥水稻种植大户的技术优势，在规模经营的基础上提升水稻品质，注册了自己的品牌"河顺"牌大米和杂粮，大幅度提高了水稻的市场价格和销量，增收显著。

红光现代农机专业合作社，截至 2012 年，拥有 1000 万元的农业机械，包括除草机、拖拉机、割稻机、整耕机、播种机等各种农机37台（套），另有2台大型进口播种机和数台多功能整地机。合作社还自费投资厂房等共计700万元。其中，库房200万元，加工车间200万元，办公室150万元，万寿菊的发酵池、生产线200万元，以及办公用地90万元。合作社的经营由代耕经营和自我耕种经营两部分组成。2011年，红光合作社全部通过租出设备获得代耕收入，共代耕玉米地2万~3万亩；2012年，合作社租入6000亩地种万寿菊，另租入4000亩从事玉米规模经营，还代耕40000亩地获得收入。

（三）合作社的绩效

在规模经营和机械化的基础上，农业生产方式发生转变，合作社绩效明显改观。

顺达马铃薯种植专业合作社，2011年实现商品薯单产2吨，种薯单产3吨。2011年订单价为0.7元/斤，商品薯亩均产值达2800元，亩纯效益1700元；种薯亩均产值为4200元，亩纯效益4400元。合作社按利润的10%提取公积金，60%进行股份分红，按入社社员产品交易量大小进行二次返利，按利润的30%进行分红。随着规模经营的扩大和合作社经营步入正轨，合作社成员收益不断提升。2009年合作社成员每户分红32万元，第一次尝到了大规模连片经营的甜头；2010年合作社留存10%风险金之外，每个成员多分配收益8万~10万元；2011年合作社亩纯收入1300元，获得纯利润共计510万元。扣除公积金51万元，平均每股纯利润分红4.6万元；按交易大小以每吨88元的标准进行二次返利，平均每股又获得二次返利2.3万元。入股社员平均每人获得分红36万元，大股东分得70万~80万元，小股东分得20万元左右。

光辉水稻种植专业合作社，自成立以来，逐渐实现大型农机作业，并突出高质量水稻的品牌化销售战略。2009 年合作社每亩水稻产值 1300 元，水稻价格为 1.35 元/斤，纯收入为 500 元/亩；2011 年水稻亩均产量达到 5 万吨，同时水稻价格涨到 2.6～2.7 元/斤，每亩总收入为 1600～1700 元，除去生产成本 700～800 元，每亩实现纯收入约 900 元。另外，"河顺"牌有机稻单价更高达 20～30 元/斤。合作社成员的分配收益迅速增加。2009 年，邹晓辉从合作社分得 200 万元收益，其他合作社成员每人获得 20 万元分红。2010 年合作社进行了 300 万元投资，合作社分配利润下降。2011 年，合作社纯收入 260 万元，除去提取公积金 25 万元、提取扩大再生产 95 万元和留有未分配盈余 20 万元，社员共分配利润 120 万元。

红光现代农机合作社，2011 年全部收入来源于代耕经营，获得纯收入不足 100 万元。2012 年合作社拓展经营方式，收入大幅提升，其中，6000 亩万寿菊实现销售收入 800 万元，4000 亩玉米规模耕种实现销售收入 100 万元，同时，合作社代耕 40000 亩地实现 100 万元收入。

四、绥化市现代化农业的投入产出分析

在劳动力转移、土地流转增加和农业机械化的协力作用下，绥化农业生产方式发生转变，从小规模的传统农业向适度规模经营的现代化农业转型，农业生产率大幅度提升。下面分析绥化市农业转型进程中的农业投入产出绩效。

（一）产量和收益增长

1. 产量增加

2007～2011年，绥化市的粮食产量实现了"五连增"。2011年粮食总产量为1456.9万吨，比2007年增产603.3万吨，年均增长率为24.7%，而同期全国粮食总产量增长率为3.3%。在粮食总产增长的同时，几种主要粮食作物玉米、水稻和大豆均有显著增长。如表5所示，2007～2011年玉米年均增产109.8万吨，水稻年均增产14.5万吨，大豆年均增产1.39万吨。可见，不论是从绝对量看还是增速看，近年来绥化的现代农业发展都取得了显著成效。

表5　　　　　　　2007～2011年绥化市主要粮食作物产量表　　　　单位：万吨

年份 投入产出	2007	2008	2009	2010	2011
粮食总产量	853.6	1082.7	1119.4	1345.7	1456.9
其中玉米	560.8	730.6	812.1	994.1	1109.7
水稻	198.3	221.5	211.2	243.6	270.6
大豆	49.09	78.46	75.02	81.26	56.04

2. 粮食种植净收益增加

水稻2007年亩均成本为366元，2011年上涨到554.6元，涨幅为51.5%；水稻总收益从707.4元/亩上涨至1572.3元/亩。由于收益上涨幅度超过成本，2011年种植水稻的净收益为2007年的2.6倍。玉米的种植成本从2007年的224.6元上涨到2011年的359.8元，总收益从483.4元上涨到977.8元，净收益从257.6元上涨到565元，上涨幅度为219.3。大豆2007年的亩均成本为164.3元，亩均收益为423.4元，净收益为247.8元；2011年，亩均成本为224.4元，亩均收益为675.3元，净收益为373元，净收益涨幅为150.5%。

（二）农业规模经营与农业生产率提高

随着劳均耕地面积的增加，农业劳动生产率（劳均产量）和土地产出率（亩产）都呈现明显的上升态势。除去2006～2008年的短暂下滑，绥化农业生产的规模呈稳步上涨趋势，平均增长4%。随着土地规模的扩大，2011年劳均产量为2001年的2.9倍，亩产为2001年的1.5倍。

随着土地经营规模的扩大，农业生产率呈现先降后升的趋势。我们将劳均耕地面积分为11.5亩/人以下、11.5～17亩/人、17亩/人以上三个规模组，依据表6数据，各组相对应的平均亩产分别为366.8公斤、319.9公斤、542.8公斤，可见随着土地经营规模的扩大，亩产先降后升，且在17亩规模组以上出现倍数的增长趋势。

按照不同规模分类，劳均产量也体现出同样的趋势。三个规模组的平均劳均产量分别为4094.6公斤、3932公斤和9727.7公斤，同样是先降后升的趋势，并在大规模组出现倍数增长。可见，绥化市的农业生产率随着规模的扩大呈现出大幅度增长的趋势。

表6　　　　　　　　2001～2011年绥化市农业生产情况

年份	劳均产量（公斤/人）	亩产（公斤/亩）	劳均耕地面积（亩/人）	每千人拥有机械动力（千瓦/千人）	农业从业人员（万人）
2001	2522.1	217.9	11.57	1011.9	185.2
2002	2760.9	242.5	11.39	1008.7	189.2
2003	2137.1	185.5	11.52	1029.1	186.8
2004	3373.9	273.2	12.35	1059.6	191.3
2005	3567.7	287.4	12.42	852.8	193.2
2006	4034.8	360.1	11.21	1201.7	195.5
2007	4253.4	391	10.88	1251.4	200.7
2008	5329.3	473.6	11.25	1384.2	203.2
2009	5512.8	438.3	12.58	1528.9	203.1

续表

年份	劳均产量 （公斤/人）	亩产 （公斤/亩）	劳均耕地面积 （亩/人）	每千人拥有机械动力 （千瓦/千人）	农业从业人员 （万人）
2010	6478.1	516.8	12.54	1665	207.7
2011	9727.7	542.8	17.92	2574.5	149.8

资料来源：2008～2012 年《黑龙江统计年鉴》中绥化数据。

（三）各类投入对农业产出的贡献变化

通过对绥化 2001～2011 年农业生产的要素关系的计量分析，我们得到劳均耕地、机械化程度、劳动力数量与劳均产量的关系如下：

劳均产量 = −29426.66 + 934.94 × 劳均耕地 + 2.66 × 机械化程度 + 98.73 × 劳动力 （1）

$$(7.5^{***}) \qquad (8.01^{***}) \qquad (15.93^{***})$$

式（1）的拟合系数为 0.99，且三个解释变量都在 1% 水平上显著。由式（1）可知，绥化农业劳动生产力的提升主要来源于耕地、机械化和劳动力三个要素的变动。其中，当劳均耕地规模增加一个单位，可能引起劳均产量 935 单位的提升；机械化提升 1%，则会引起劳均产量 2.7% 的变动；而劳动力的变动会引起劳均产量 98.7 倍变化。

亩产 = −2236.04 + 45.42 × 劳均耕地 + 0.20 × 机械化程度 + 9.25 劳动力 （2）

$$(4.27^{***}) \qquad (7^{***}) \quad (17.49^{***})$$

式（2）较好地拟合了绥化土地产出率与耕地、机械化和劳动力三个要素的关系，拟合系数为 0.99，且三个解释变量都在 1% 水平上显著。由式（2）可知，劳均耕地规模增加一个单位，将增加亩产近 45.4 单位；而机械化提升 1%，则会引起亩产 0.2% 的变动；而劳动力的影响系数为 9.25。

下面再以三种主要粮食作物的各种投入要素和要素比例的变动，看看各类要素投入与农业产出的关系。我们剔除了要素价格以及历年价格变动的影响，分别考虑水稻、玉米、大豆三种主要粮食作物的要素投入变化，主要包括劳动力、耕地面积、机械动力、化肥、种子价格、收购价等要素。

表7是2007～2011年三种粮食作物的投入产出表。其中，水稻的单产从449公斤增加到531.6公斤，年均增长3.4%。各种要素投入也出现较大变动，化肥年均增长3.3%，机械动力增长23.8%，劳动力下降15.8%，种子下降3.4%，收购价上升13.5%。化肥、机械、收购价出现与单产同方向变动，其中化肥的变动最同步，机械增长幅度

表7			主要粮食作物的投入产出表				
作物种类	投入产出变量	单位	2007 年	2008 年	2009 年	2010 年	2011 年
水 稻	单产	斤	898	1015	963.8	1032	1063.2
	化肥	斤	36.36	32.63	47.97	42.29	42.74
	机械动力	瓦	50.01	90.66	97.48	104.07	145.33
	劳动力	日	5.92	3.26	3.6	2.76	2.5
	种子	斤	12.38	9.4	5.97	8.34	10.44
	收购价	元/斤	0.78	0.91	1.02	1.24	1.47
玉 米	单产	斤	917.2	1054	990	1242	1242.6
	化肥	斤	8.63	7.79	10.62	9.66	10.64
	机械动力	瓦	36.94	53.58	59.69	72.97	74.78
	劳动力	日	3.03	2.24	1.5	1.91	1.74
	种子	斤	1.53	1.45	2.57	1.14	1.2
	收购价	元/斤	0.51	0.51	0.54	0.6	0.78
大 豆	单产	斤	217.6	281.2	290.2	360	322.2
	化肥	斤	4.56	5.21	6.71	7.17	5.49
	机械动力	瓦	37.77	43.02	65.43	75.36	65.78
	劳动力	日	2.42	1.47	1.32	1.19	0.88
	种子	斤	2.46	2	2.4	0.73	0.63
	收购价	元/斤	1.9	1.77	1.85	1.84	2.07

　　资料来源：单产、产值、生产要素价值等资料由绥化市委提供；根据2008～2012《全国农产品成本收益年鉴》中黑龙江省的水稻、大豆、玉米的生产要素价格，以及2012《黑龙江统计年鉴》中生产要素价格指数，将生产要素价值调整为生产要素使用量。

更大；劳动力、种子与单产呈现反向变动，说明劳动力的转移和种子价格的下降有助于单产提升。

玉米在单产年均增幅6.3%的同时，化肥保持4.3%的增幅，机械动力增长15.1%，劳动力下降10.5%，种子下降4.7%，收购价年均增长8.9%。与水稻一样，化肥、机械和收购价呈正向变动，化肥的增长幅度接近单产，机械的增长幅度约为单产的2.5倍；劳动力和种子呈反向变动，劳动力下降幅度约为单产的2倍。

大豆单产保持8.2%的增幅，在各种生产要素中，化肥年均增长率3.8%，机械动力增长率11.7%，劳动力下降18.3%，种子下降23.8%，大豆收购价年均增长1.7%。可见，化肥、机械、收购价仍然与单产呈正向变动，其中机械增长率较水稻和玉米较低；劳动力降幅为单产的2倍有余，种子降幅近3倍。由表8可知，在水稻、玉米、大豆的生产中，各要素对单产的影响是定性的。机械动力、化肥和收购价的增长将引起单产的增长，而劳动力和种子的增加则会引起单产的降低。但各要素的变动幅度随作物而变化。

表8　　　　　　　主要粮食作物的投入－产出的相关系数

作物品种	化　肥	机械动力	劳动力	种　子	收购价
水　稻	0.16	0.93	−0.98	−0.16	0.85
玉　米	0.63	0.9	0.61	0.85	0.79
大　豆	0.81	0.89	−0.91	−0.82	0.08

为了更清楚地说明机械化水平对绥化农业生产的影响，我们绘制了各种作物的投入－产出系数表。

由表8可知，机械化水平和单产的相关系数为0.9左右，在三种粮食作物生产中都保持很高的正相关性，而劳动力则主要表现出负相关性，但在玉米的种植中出现了例外。由此可见，农业机械化水平的提升对农业生产率的提升有重要的积极作用。正因如此，政府应积极扶持和推进农机化特别是千万元农机合作社的发展。

五、发展现代化农业、提高农业经营效率的政策建议

（一）关于农业现代化与工业化、城镇化同步发展

为了摆脱"粮食大县、财政穷县"的局面，与我国许多农业大县一样，绥化市在近年来也加快了工业化、城镇化进程，并利用其靠近大庆市的优势与农业竞争优势，工业发展初战告捷。绥化市结构变革尽管处于起步和加速阶段，但是，有几点是对其他农区推进工业化有启示意义的。一是绥化的工业化、城镇化是与农业现代化同步推进的。绥化近几年工业份额大幅度上升，农业的增加值和份额也同时上升，在当地政府的决策和实际工作安排中，农业摆在实实在在的举足轻重的地位，对农业的投资显著提高，对农业经营体制的创新探索富有成效，避免了工业化加快、农业萎缩的局面。二是绥化在处理"三化"关系时，以产业发展为立足点，通过大力发展产业，促进农村劳动力非农就业，也为人口城镇化打下基础，避免没有产业基础和人口聚集的造城导致的不可持续性。三是工业化与农业化形成良性互动。在推进工业发展时，十分注重利用农业资源优势，大力发展粮食加工业和现代牧业，促进农业与工业之间的资源转化与价值延伸，既为工业发展提供基础，也提高了农业产业的赢利能力与空间。

（二）关于规模经营

绥化市为了建设现代化大农业，促进传统农业向现代化大农业跨越，充分利用当地土地资源禀赋优越的特点，在农业劳动力大量流出的前提下，适时推进土地规模经营，土地流转面积已达40％，并在35％的土地上实现规模经营。在推进规模经营过程中，倡导大户经营、农户互助和粮食专业合作社经营，积极扶持农机合作社实现规模经营，取得了较好的效果。我们认为，在我国东北土地资源富集区以及劳动力转移规模较大的地区，地方政府因势利导推进土地流转和规模经营的时机已经成熟。但是，政府必须要掌握好推进规模经营的"火候"，由于规模经营涉及劳动力转移程度、农民对土地的观念以及土地承包权与经营权分离等问题，在规模经营的实践中，要谨防过快过猛推进土地流转，驱逐农业生产力，甚至强迫流转，造成土地流转"后遗症"。

在推进规模经营中，我们认为有几点亟待进一步予以明确。

一是实行规模经营应以提升农业生产率为目标。在目前阶段，随着土地规模的扩大，农业劳动生产率和土地生产率都体现出先降后增的趋势，而根据农业规模经营的普遍规律，农业生产率将在某一规模或规模区间达到峰值转而下降，因此，过分强调土地规模的扩大不利于农业生产效率的提升。应科学研究各地区的规模经营标准，探索适合自身特点的适度规模经营之路。

二是规模经营要各种生产要素匹配度的结果，而不是简单地扩大规模。规模经营要求机械、劳动投入、土地规模的良好组合，其中一个要素匹配不够，都会影响规模效益。因此，在推进规模经营时，既要防止因土地规模过小影响其他生产要素的利用效率，造成规模不经济，也要防止单方面追求土地规模扩大，其他要素投入不匹配，导致土地利用效率降低。

三是要处理好土地流转与保护农民土地承包经营权的关系。家庭联产承包经营制是农村生产经营制度的基础，承包经营权是每个农户的基本财产权利，过快推进规模经营，必然涉及大规模连片流转多户农民的承包地，这将有可能触动农民生存的根本，也有可能因为短时间内土地流转需求过大出现地租大幅度提升的现象。必须要在考虑眼前推进规模经营的效益的同时，顾及农民失去土地承包经营权造成的社会后果。

四是适度规模经营应当与劳动力转移的速度和趋势相适应。近年来，绥化市城镇化进程加速，但目前仍有 150 万农业从业人员以及 54% 的农村常住人口。劳动力的转移是农村的推力和城市的拉力共同作用的结果，固然农业发展要求大量劳动力尽快转移，但城市吸收剩余劳动力需要建设良好的就业环境、平等的教育和社会保障等制度，因此不宜操之过急。

（三）关于农机化与农业现代化的关系

主要农业国家的农业现代化有两种模式，一种是以美国、加拿大为代表的资本密集型的大规模农场生产；另一种是以日本为代表的劳动密集型的小规模农场生产，而日本的农业机械化水平也达到较高水平，与澳大利亚基本持平（胡鞍钢，2001）。可见，农业机械化是农业现代化的必由之路。绥化地区是天然的农垦区，寒地黑土的土壤属性更加适宜农业的大机械化耕作。近年来，绥化大力发展农机耕作，提高农机化率，对推进农业现代化起到了至关重要的作用。

为了推进大农业机械使用，绥化出台了一系列政策，农机合作社的数量和规模空前增长，作业范围和规模经营面积大幅度提升。相比之下，小型机械不断萎缩。在实地调研中，我们认为，大型农机合作社与粮食专业合作社的机械发展政策应该有衔接，农机合作社主营大型农机具，粮食合作社也拥有一定规模的小型机械。千万元农机合作社的机械产能约满足 5 万亩地，土地规模超过实际拥有面积，出现农机合作社代耕大农户和粮食合作社土地的现象；此外，农机合作社主营大型农机具，基本用工约为原有耕种方式的 1/10，若全面发展农机合作社，则会出现大量挤出农村劳动力的情况；而粮食合作社依托于种粮能手、大户，走精细农业的道路，用工量确定，约为 2 人日/亩，便于解决农村劳动力就地就业。因此，在推进农业机械化时，不是单纯的机械越大就越先进、越现代，一定要处理好不同机械的匹配度和适用性，提高农业机械的利用效率。

农业机械化是转变农业生产方式的核心内容，也是农业现代化的必然趋势。绥化有良好的农机化的实现条件，但是农机的发展，特别是大型农机具的增长，应与现有农业生产方式和劳动力素质相适应。一是当前的农业生产方式要求适当的农业机械化水平。近年来，农机化水平的提升趋势超前农业生产方式的转变速度，可能造成结构性失衡。在农业生产方式转变的过程中，农业机械化水平与土地规模和劳动力数量等要素相互影响，共同推动农业现代化。只有劳动力的转移，才能调整人地关系，实现规模经营；只有土地规模的扩大，才能提升农业机械化需求。二是不宜过快扩张大型农用机械的发展规模。大型农机具具有前期投资大、回收期限长和风险较大等特征，应酌情发展。自 2007 年以来，绥化农机化的显著特征就是大型农机具的迅速增加。在千万元现代农机合作社的快速发展带动下，大型农机具从 400 台增加到 3028 台，仅 2012 年一年增加了 1529 台，比之前大型农机具总量增加一倍。与此相适应地，应当慎重考虑一系列问题，如经营者是否有应对大型农机具投资大、风险大的对策，大型农机使用者是否能迅速掌握操作技巧和保养经验，大型农机具的代耕面积是否能满足，等等。在未满足这些条件下过快推进大型农机具的发展，可能引起农业投资的扭曲或打击农业生产积极性。

（四）关于农机合作社的良性发展

现代农机专业合作社原则上装备投资达1000万元，其中由国家的农机购置补贴和省财政部门筹集或协调银行贷款补助共同构成60%的补贴总额，其余40%由合作社自筹现金，不足者可以贷款，限额为200万元。这意味着，400万元（甚至200万元）的现金投资可以获取600万元的直接补助。这种发展大型农机合作社的方式存在一定问题，应该予以完善。

首先，农业机械作为固定资产，其投资量应由农业生产者在市场经济条件下决定，过度补贴可能引起农机合作社的虚增。就当前形势而言，仅2012年绥化的农机合作社数量就增加一倍，投资总额达27.29亿元，约为绥化全年财政收入的1/3。巨额的农机补贴必然会扭曲资源配置，造成农机合作社的过度发展和大型农机具的过剩投资，同时也挤压工业、服务业和农业其他补贴数额。

其次，农机合作社资产中国有资产比例过高且权利分配不清，可能造成未来国有资产流失。根据黑龙江省农机合作社政策规定，60%的国家扶持资金所形成资产的产权属于国有，但是，合作社可以用其使用权进行贷款抵押，当出现不能偿还的情况时，可能侵蚀国有资产；由于合作社的自身贷款或省补助资金贷款均以合作社为贷款主体，贷款担保抵押由财政部门、合作社与银行协商，无法区分抵押来自于国有资产还是自有资产。此外，绥化市规定，由财政部门和农机管理部门批准，农机合作社可以在折旧期限内出卖国家投资或者补贴购置的大型农业机械。这些规定都与合作社对国有资产的使用权而非所有权相冲突，可能引发未来的国有资产流失。

执笔人：刘守英　伍振军　李艺铭

湖南省农民专业合作社调查

近年来，农民专业合作社快速增长，成为我国农业制度与组织变迁的一大亮点。湖南省是我国粮食主产省和生猪重点产区，专业合作社的发展在促进现代农业发展和农民增收中发挥了重要作用。2012 年 7 月，我们对湖南省农民专业合作社的发展进行了重点调研，分别与省农口主要部门、湘潭市、湘乡市和湘潭县政府有关部门座谈，对若干个农民专业合作社进行了实地访谈，形成本报告。

一、湖南省农民专业合作社发展状况

湖南省农民专业合作社起步于 20 世纪 90 年代末期。《农民专业合作社法》于 2007 年颁布后，湖南省出台《实施 < 农民专业合作社法 > 办法》，农民专业合作社发展进入新阶段。

（一）发展速度明显加快

2007 ~ 2011 年，湖南省农民专业合作社从 3193 个增加到 10289

个，4 年间增长了 2.22 倍，合作社成员占全省农户总数的比重从 4%
增长到 11.2%。2012 年湖南省农民合作社又有新发展，到 6 月底，全
省农民专业合作社累计达到 11910 个，成员 161.1 万人（户），占全省
总农户数的 11.6%。

（二）创办主体日趋多元化

20 世纪 90 年代，农民专业合作社多由种养大户创办。目前，乡
镇涉农技术站所、农机大户、农村能人、村集体经济组织、供销社、
科协、龙头企业等也参与其中。在湘乡市的专业合作社构成中，由农
村能人及专业户牵头兴办的占 75%，依托政府科技、供销等部门服
务、农户组合创办的占 10%，乡村干部带头的占 10%，公司领办的占
5%。一些返乡创业的农民和大专院校毕业生领办合作社引人关注。到
2012 年上半年，湖南省参与合作社的大学生已达 1269 人，不少大学
生尤其是大学生村官成为合作社的领办人。

（三）合作领域越来越广泛

农民专业合作社多数是在当地主导产业或特色产业基础上组织起来
的，如生猪、蔬菜、花卉、水果、食用菌、家禽、水产等。合作社的服务
范围已由单纯的技术、信息服务，拓展到生产、加工、销售、融资等领域。
截至 2012 年 6 月底，湖南省农民专业合作社中，种植业合作社达到 5932
个，占全省专业合作社的比重为 49.8%，畜牧业、林业、服务业、渔业合
作社分别占全省专业合作社的 22.9%、11.1%、5.7% 和 5.2%。

（四）合作社实力和带动能力有所增强

截至 2012 年 6 月底，湘潭市农民专业合作社资产总额 18.5 亿元，

年销售收入达 32 亿元，拥有注册商标 85 家，通过农产品质量认证 63 家。湘潭县农民专业合作社注册资金达到 3500 多万元，合作社辐射带动农户 12.8 万户，实现年销售收入 23.5 亿元，增加农民收入 4.2 亿元。

（五）合作社发展趋于规范化

湖南省在发展专业合作社中也积累了比较成熟的经验，采取"发展一批，规范一批，提升一批"的策略，保证合作社的稳健发展。具体而言，就是要求每年发展一定数量的农民专业合作社，指导已成立的合作社规范运作，将一定数量、办得较好的合作社提升为示范合作社。指导合作社加强内部机构建设，制定章程和财务管理制度，建立风险共担、利益共享机制。湘潭县共有省级示范社 6 家，市级示范社 32 家，县级示范社 40 家。

二、农民专业合作社的案例分析

（一）湘乡市毅兴生猪养殖专业合作社

该合作社于 2007 年 10 月成立，是湘乡市第一家在工商部门注册的专业合作社。它由刘毅等 5 个养猪户发起，注册资本 30 万元。合作社成立当年，发展社员 80 户，目前已增加到 482 户。合作社盈利按两种方式分配，60% 以上按交易量分，40% 按股金分，大多数社员是按交易量分红，只有 20 多户入股金的农户按股金分红。

2008 年，合作社社员饲养母猪 2750 头，出栏生猪 5 万头，除每个社员从销售得到的收入外，合作社还盈利 18 万元。年底第一次分红，交易量最大的一户分得 8000 多元，最少的一户也分了几百元；股金分红最多的一户分得 6000 元。2009 年合作社建第一个猪场，并向社员提供了 1200 头优质种猪，每头种猪价格比市场价格低 300 元。这一年，合作社社员饲养的母猪增加了近一倍，达到 5000 头，年出栏生猪头数达到 9 万头。除每个社员从销售中得到的收入外，合作社盈利 20 多万元。到年终时，合作社除拿出部分利润分红外，留存 9 万元建种猪场。种猪场占地 80 亩，租期 15 年，合作社共投资 200 多万元，资金来源除原入股股金和留存利润外，剩余资金来自于吸收 300 多农户入社缴纳的股金。到了 2010 年，经湘潭市畜牧局批准，合作社成为湘潭市传统品种沙子岭猪保种基地。为了扩大生产规模，合作社进行了第三次扩股，社员增加到 482 户，注册资金扩增到 500 万元。这一年，合作社除了提供沙子岭母猪外，还提供改良品种母猪 2000 头，合作社社员增加纯收入 169 多万元。到 2011 年，合作社出栏能繁母猪 6000 头，年出栏生猪 11 万头，其中，合作社组织销售 8 万多头，每头猪平均利润 400 元。合作社利润接近 30 万元，分红 20 万元，另一部分利润用于猪场建设。

农户之所以愿意加入，主要还是因为合作社能增加收入。加入合作社后，每头猪可以提高 50~80 元的收益。此外，还有如下一些好处。

一是原材料价格谈判的优势。饲料、兽药由合作社直接跟厂家签协议，厂家给合作社按销量的 3% 返还，兽药采购价格合作社要比市场价便宜 20%，每年让利给社员 50 万元以上，猪饲料每吨也要便宜 300~400 元，合作社采购后平价销售给社员。

二是销售价格的优势。合作社统一销售，每头猪可以高出市场价 10 元左右。合作社在代购生产资料和代销生猪过程中不赚取差价，其利润来源主要是合作社生猪达到一定销售量，生猪购买方有 2%~3%

的返利。

三是能获得优良的技术服务和社会化服务。合作社每年组织 20 次技术培训，每月 9 日举行定期的专家讲课培训和不定期的中小型培训班，给社员讲解疾病预防和治疗，母猪、仔猪和育肥猪的科学饲养方法，针对不同品种、不同生长阶段的饲料选择等。合作社还在 8 个乡镇养猪户集中的地方设立服务站，选择一批当地有技术、有经验的养猪户入社，由这些农户充当中间人，向其他社员发放饲料、兽药、组织货源等。

四是避免了一家一户分散和规模不经济的劣势。合作社在社员范围内实行统一引种、统一饲料、统一兽药、统一防疫治病、统一检疫、统一收购。近年来，合作社淘汰品种差、低产母猪 1800 余头，引进优质母猪 1926 头。科学防疫降低了生猪发病率和用药成本，平均一头母猪的年用药成本由原来的 400 元降至现在的 100 元左右，每头商品猪的用药成本由原来的 50 元降至现在的 20 元。饲料定点定厂，由合作社统一采购，既保证了质量，又降低了生产成本，一个常年存栏母猪 50 头的猪场年节省 3 万元左右。

在我们所调查的合作社中，毅兴生猪养殖专业合作社的制度建设是比较健全、规范的。合作社建立了理事会工作制度、财务管理制度和岗位责任制度，明确合作社盈利分别按社员交易量和股东股金比率返还。财务钱账分管，张榜公布，一年一次清算。合作社开支 1000 元以内的由理事长批，1000 元以上的由常务理事会讨论通过。所有社员以一人一票的方式决定社内重大事项。

（二）军明水稻种植合作社

该合作社于 2007 年成立，2008 年到工商注册登记，由 7 个本村人组成。合作社注册资金 180 万元，7 个人入股资金大小不等，理事长

50万元，副理事长30万元，其他5个成员各入股20万元。合作社目前经营653多亩地，是从两个村140个农户手中租来的，每亩租金600元。土地流转时由村委会出面调解、协商。合作社与每个农户签了20年租地合同，地租随行就市变动。合作社的设备由几个成员合作购置，总投资达132万元。合作社经营土地时，农机服务由自身提供，每亩地75~80元，比市场价低近25元。忙完合作社的农村土地后，还向其他农户提供农机服务，每亩赚30~35元。由于土地规模扩大，合作社一年要请5个长期工，负责田间管理、管水，农忙时还要雇短工。

合作社经营1亩地的成本2008年、2009年为930元，2010年因用工成本上升增至1200元。1亩地两季的收入为2826元。扣除成本和600元的地租后，2010年的亩均净收益为1026元。合作社经营的653亩地一年的净收益为669978元，7个合作社成员户均净收益95711元。

与分散的小农比，合作社有如下优势：一是农资进价更便宜。一袋复合肥，市场价65~68元，合作社进价为46.5元；农药，市场价每亩80元，合作社进价每亩50元，价差为30元/亩。二是机械收割费用更低。市场价每亩90~100元，合作社自我核算为75~80元，不仅省了15元/亩，而且合作社还通过自我服务进账一笔钱。三是粮食售价更高。合作社收粮比粮贩子高3元/斤。另外，合作社的粮食送到粮库还可以赚一笔劳务费——20元/吨，粮食销售价格比散户每百斤高出2~3元。目前，合作社服务农户达到1000多户，合作社免费向他们提供晚稻种子，由合作社统一收购，比普通稻增收200~300元/亩。农药化肥也由合作社统一进、统一提供，合作社进价46.5元，提供给社员为52元，市场价是62.5元。合作社优质稻的品质效应可使其卖出高价，这使合作社收购社员的优质稻时，可免收3元服务费，价格可达160元，而卖给粮贩子仅130元。

（三）湘潭县雁芙生态农牧发展专业合作社

该合作社于 2007 年 8 月 10 日成立。由于资金量大，其他农户怕担风险，不敢入社，合作社由发起人一人投钱，其他人只需缴 500 元入社费。合作社的利润分配，股本占 40%，交易量占 60%。合作社第一年投入 100 万元，租地 80 亩，租期 30 年，租金 20 万元，平整场地花了几十万元。这一年，从广西引进 300 万只三黄鸡鸡苗卖给社员，赚了 10 万元。

2008 年 3~4 月赶上雪灾，一只苗也没发出去，鸡棚倒塌，农民亏本，理事长到 60 户人家挨家挨户了解情况，并提出解决方案：合作社免费向农户提供鸡苗，共向 126 户重灾户提供了 23.8 万元鸡苗。到当年底，合作社赚了 100 万元，养鸡户增加到 600 户。

在养鸡业发展中，合作社作用巨大。一是为农户提高养鸡技术。合作社每年开展 10 多次养鸡技术培训活动，几年来共免费培训养殖农户 6000 多人次；合作社还组建了 12 人的技术服务队伍，常年免费上门指导农户进行养殖生产和疫病防治。合作社辐射范围内的商品鸡成活率达 95% 以上，正品率达 90% 以上。二是规范养殖流程。为提高品质，合作社精选当地优良品种土黄鸡，实行统一鸡苗、统一饲料、统一技术、统一药品、统一销售，分散养殖。坚持品质优化，选用优质土鸡"黄羽肉鸡"，自己加工饲料，严格饲料加工标准；坚持以防为主、防大于治，杜绝药物残留；优化放养环境，控制放养密度，推行山地轮牧放养，实现养鸡与自然生态平衡。三是为养鸡户解决销售问题。合作社在省内外设立了 22 处产品销售窗口，把养殖农户组织起来与市场对接，保证了产品销售，还提高了价格，农户养殖利润从 2006 年的 4 元/羽提高到 6.8 元/羽。

（四）湘潭县八角香菇专业合作社

该合作社理事长冯应龙是该村党支部书记。2001 年冬天，县委、县政府引进香菇产业落户八角村。先是成立协会，后改为专业合作社，是湘潭县第一个注册的香菇专业合作社。合作社成立之初种植面积80 亩，社员68 户。大多数社员只入社，不入股；只有80 户入股，500 元/股，最多的10 股。合作社利润15%拿出来分配，其余用于建设。目前，合作社香菇种植面积已扩大到700 多亩，成为湖南省最大的香菇产业基地，种植户辐射带动周边十几个村的500 多户，从业人员由100 多人增加到2000 多人。2011 年，示范区香菇总产量5600 吨，产量4725 万元，立体栽培亩产量由0.75 万公斤增加到3 万公斤。2011 年，全村农民纯收入达到10800 元，较种菇前翻了3 倍，比2010 年人均增加800 元。2011 年，合作社盈利8 万元，部分分配外，其余资金用于建保鲜库。目前，合作社固定资产200 万元。

该合作社除实行统一组织、统一技术、统一进购原材料、统一销售外，重点在科研上下工夫。它与大专院校合作成立了研究所，聘任湖南大学计算机专业毕业生冯丹来合作社工作，将国防科大科技成果“远程自控系统”应用于香菇产业，发明水帘式温控系统，即当外部气温达到40°C 时，棚内都能控制在27°C 以内，其投资额只有常规空调的1/5，运行成本只有后者的1/10，达到一年四季出菇的目的。合作社还采取立体型育菇、香菇水培法、半生料栽培等技术，节约土地和人工成本，大幅提高香菇出菇率和成品率，促进农民增收。

（五）湘潭县全丰蔬菜专业合作社

该合作社位于湘潭县谭家山镇泉丰村。该村 2004 年时被湘潭县定为无公害蔬菜基地。2006 年，李海中等 5 户自发组建合作社，经工商局批准成立。现有社员 240 户，常年蔬菜种植面积 2000 余亩，已经获得无公害蔬菜产地认定 1200 亩，提供蔬菜 3800 余吨，年亩产值 8000 元左右。

合作社经营的土地 2400 多亩。其中，1200 亩是从农民手中租过来的，每亩 500 元，租期 5 年；还有一部分是农户以入股方式流转过来的，入股面积 1200 亩，每股 5 亩，第一期三年，农户每入股一亩土地还需配套出资 200 元作为生产周转金。合作社的纯收益，除提取一定比例风险保障金外，其余按入股面积分配给社员，每亩年收益保底不低于 1000 斤稻谷。合作社成立后的第一年加入农户 100 多户，经营土地 800 多亩，盈利 2 万多元。第二年加入农户 180 多户，经营土地 1500 亩，盈利 3 万多元。到 2010 年，合作社盈利 5 万元，其中 3 万元分给股东，1 万元分给销售，留存 1 万元。

合作社平常的开支，一是在采购种子、肥料时利用批零价差提一点成，但供应社员的价格还是比零售价低 10% 左右。二是在销售中提成 1%。

合作社实行"六统一"：一是统一规划品种，实行土豆、杂交玉米、小葱、豌豆尖、萝卜、辣椒、油麦菜、生菜等的成片种植和规模经营。二是统一机械化耕作，统一购置旋耕机，已完成耕耘耕地 650 亩。三是统一采购生产资料，统一定点采购肥料、农药。到 2012 年上旬，合作社已统一采购肥料 20 吨，种子 300 余公斤，薄膜 500 公斤。四是统一组织施肥、打药。五是统一组织产品销售。合作社在超市、学校、企业、批发市场设立基地蔬菜批发点，与外地农产品经销企业签订销售合同，已经签订辣椒生产订单 300 亩。六是统一包装和申请产品质量安全认证，培育合作社产品品牌。

（六）湘潭县春静水稻种植专业合作社

该合作社位于湘潭县河口镇板桥村，由三姐弟在合资经营湘潭帮农农资配送有限公司基础上于 2010 年注册成立。现有员工 77 人，拥有固定资产 300 万元，流动资金 350 万元。

三姐弟在 2010 年成立水稻合作社。第一年承包流转 400 多亩耕地，每亩盈利 100 多元。由于形势不错，依托水稻合作社，又承包面积 5300 亩——4 个乡镇的土地，承包价格每亩 420~500 元。流转土地涉及 17 个村，2000 多户。连片的地 500 元，其余的 420 元。2012 年上半年平均亩产达到 800 斤，高的达到 850 斤。

土地经营采取细分的办法，一个村一个大区，由管理员负责。50 亩地一个农户，合作社与管理员签订合同，与其收入挂钩。管理员工资 1500 元/月，产量超过 700 斤的，超过部分按4：6分成。合作社成立至今，已经运转了 3 年，效益不错。

合作社共投资 180 多万元购买新设备。资金来源包括社员集资 40 多万元，用合作社发起人住房抵押贷款 70 多万元，以及原水稻合作社的积累等。

三、现阶段农民专业合作社的新特点

从实地调研以及对几个合作社的解析，我们发现，一些合作社之所以越办越好，显示出合作的生命力，有以下几个共同的特点。

（一）以自愿为基础、以互利为纽带

从几个农民专业合作社的组建来看，都是由一个能人发起，同

一产业的其他农户自愿加入。发起人一般是周边所从事该行业中较有影响力的大户或企业家，加入的社员一般是从事同一产业的农户。联结合作社成员之间的机制是合作后能产生比单干时更大的利益。发起人之所以组建合作社，其主要目的是为了联结更多农户形成更大的市场影响力，以及通过联合产生规模效益，把产业做大。农户加入合作社的目的，主要是为了利用合作优势降低成本、增加销售，实现比单干时更大的利润。无论是合作社的发起者还是加入者，利益是联结他们的最主要纽带。当合作产生更大的利益时，加入合作社的农户增加，合作社的经济实力大增；当合作产生的利益减少甚至无利可图时，农户就会退出，合作社就会陷入困境。由于目前阶段合作社成员之间的主要考虑是经营利润，所以合作社主要不是以资金为纽带，而是以销售贡献为纽带。这表现为，在合作社组建时，大部分资金由发起人提供，与发起人关系密切的人辅助出一部分资金，大多数农户不入股金加入合作社；在合作社的利润分配上，以销售额为主，以股金分红为辅。这一特征与我国合作社的发展阶段和农民的合作目的相符。在农民专业合作社的创办与发展中，自愿、互利是必须坚持的基本原则。

（二）农民在市场中的谈判力增强

几个农民专业合作社尽管从事的产业不同，经营的规模不等，但有一个共同的特征，即合作社提高了农民在市场中的谈判地位。在讨论我国农业经营主体的劣势时，最常被提及的一点是，农户规模过小且分散，组织化程度低，在市场谈判中处于弱势地位。我们通过对几个专业合作社的调查欣喜地发现，一旦若干分散的小农通过合作社组织起来，他们在购买生产资料时的谈判力迅即提高。由于有合作社作为载体，以及合作后购买的生产资料规模增大，合作社在各项生产资料进价上显然要低于单个小农，所进的生产资料的质量也更有保证。另一方面，组织起来的合作社在销售农产品时的谈判优势也大大增强。由于合作社销售的农产品规模增大，他们一般能使所销售的农产品卖一个好价钱，购买方也不敢轻易以各种理由压级压价，对合作社的服务水准也提高。另外，合作社在统一组织生产资料购买和农产品销售时，通过少量的批零价差留成和服务费用的节省，解决了合作社日常所需要的资金问题。我们在合作社调查中发现，合作社比小规模分散农户在农资进价和农产品销售上所具有的比较优势，是目前阶段农民专业合作社最具吸引力的地方之一，也是这一轮农业合作社蓬勃发展的内在原因。农民专业合作社在一定程度上为我国过小规模农户进入市场提供了解决之道。

（三）以适度规模经营为前提

从几个合作社的情况看，规模经营是合作社成长与发展的重要因素之一。无论是从事养殖的农户，还是从事种植业的农户，当他们在组建合作社时，一般更加青睐已有一定经营规模的农户加入，理由是规模户的经济实力较强，合作的互利性更明显，组织的成本也较低。合作社在发展壮大过程中，扩大经营规模也是其重要策略之一。养殖合作社之所以选择扩大经营规模，主要是为了提高规模效益、降低成本、便于防疫和技术推广等。种植合作社之所以选择扩大土地经营规模，主要是为了便利机械耕作，便利社会化服务，提高劳动生产率，增加土地经营收入。尤其是我们在调查种植和农机合作社时发现，合作社为了提高务农经营收入，一般是寻找土地连片的区域，与村委会商议土地流转条件和方式，实现土地适度规模经营。农民专业合作社的发展，是促进以适度规模经营和提高劳动生产率的机械使用的现代农业发展的载体。

（四）实现了分户基础上"统"的功能

从几个农民专业合作社的案例分析看，这些农民专业合作社为了发挥合作优势，在合作社的经营中，都制定了"几统一"的合作方式，无论是养殖合作社、种植合作社还是经营作物合作社等，都有这些合作的制度安排。合作社之所以选择"几统一"的制度安排，主要是为了提高合作经营的规模效益。从对几家农民专业合作社的实地访谈了解到，统一种子，可以提高产量数量、质量，解决产品统一销售；统一连片种植，可以便利机械使用和作物统一种植；统一防疫，可以解决病疫的外部性；统一采购，可以降低生产资料进价、提高生产资料质量；统一销售，可以提高农产品销售价格。因此，农民专业合作社发挥"统"的职能，不同于集体化时期的强制性集中的制度安排。它通过生产和经营各环节的统一，解决了小规模分散小农的规模不经济问题。农民专业合作社的发展，为提高农业组织化程度、增进农业效率提供了条件。

（五）提高了农业经营主体的投资积极性

从几个农民专业合作社的发展来看，在合作社成立以后，无论是以合作社作为一个整体看，还是以加入合作社的成员来看，农业投资额都大大增加。农户加入合作社后，改变了生计性小农由于规模不经济不愿意进行生产性投资的问题，是农业经营主体增加农业投资的重要原因。由于规模效益的显现，合作社进行农业生产性投资变成一种内在需求，也提高了投资的回报率。以农业机械为例，原来的农户由于规模过小，单家独户进行机械投资不合算。随着农村劳动力的大量外出和劳动力成本上升，小农对这类生产性投资趋于减少，他们在使用机械的环节主要依赖于机械专业队的服务。随着合作社的组建，农村土地的经营规模扩大，农业服务半径增大，合作社购置农业机械就变得有利可图。从实地调查看，合作社纷纷增加机械投资后，不仅为合作社经营的土地提供了更及时、便利和成本更低的服务，而且还能利用这些机械为其他小农服务，增加合作社收入。因此，农民专业合作社的发展，为农业投资带来新的活力。

（六）推动农业新技术的使用与推广

从对几个农民专业合作社的实地调研来看，农民专业合作社组建后，为了提高农业经营的附加值，增加合作社社员的收入，一般更加重视新品种的引进和新技术的使用。合作社在技术使用和推广上的优势，主要表现为以下三个方面：其一，作为新技术的推广方，由于合作社拥有规模优势，他们更倾向于将新技术向合作社推广与使用。优质稻的推广就是一个典型的例子，种子部门往往首先免费向合作社提供，等见到效益后，再向其他农户普及。其二，作为合作社的领办人，他们一般从新技术的采用与推广入手，作为提高农业附加值和增加合作社成员收入的重要手段。其三，作为合作社成员，由于有合作社提供的新品种、新技术和社会化服务，他们使用新品种、新技术的风险更低，增加收入的预期更大。因此，农民专业合作社的发展，成为引入、推广和普及新技术的催化剂。

四、政策建议

（一）必须进一步明确农民专业合作社在现代农业发展中的地位和作用

经过 60 多年的探索，尤其是 30 多年的改革实践，我国已经建立起以家庭为基础、统分结合的农村基本经营制度。这套制度对于农村稳定与农业发展起到了基础性的作用。近年来，随着工业化、城镇化的加速推进，我国农村人地关系发生重大变化，农村生产要素重组加快，劳动投入减少，机械投入增加，我国农业正在发生从以高劳动投入和物质消耗、提高土地生产率的农业发展类型向以增加机械投入为主、提高劳动生产率的现代农业转型。在这一农业转型中，我国的小农剧烈分化，农民与土地的关系正在发生重大转变，农村生产关系的变革处于十字路口。我们认为，在经济结构高速变革下，从事适度规模的家庭农场加上以利益联结为纽带组建的农民专业合作社，是我国当前和今后时期现代农业发展的制度和组织支柱。2007 年出台《农民专业合作社法》以来，我国农民专业合作社呈蓬勃发展之势。为了保持这个良好势头，促进农民专业合作社的健康、持续发展，必须从我国未来农业发展方向的高度，认识农民专业合作社的地位和作用。我们认为，农民专业合作社是经济发展到一定阶段后农村发展的内在需求；是完善我国农村基本经济制度和农业经营方式创新的重要制度安排；是发展现代农业、促进农业现代化的重要载体；是提高农户市场谈判力和组织化程度的重要依托；是解决未来谁来种地的一把钥匙。我们建议，在中央农村工作会议 1 号文件中，对农民专业合作社的发展给予更高的定位、更明确的政策支持，明确农民专业合作社的法人地位，进一步完善农民专业合作社的法律、法规。

（二）促进农民专业合作社的规范化和制度化

在地方调研中，我们感到，目前农民专业合作社的增速如此之快，与相关扶持政策的出台密切相关，这其中不排除有些龙头企业、公司、协会是为了吃优惠政策通过换牌转过来的，而有些合作社主要是为了吃补贴由兄弟或亲戚临时组建的。大多数合作社看重的是组建合作社后在购进农资和销售产品上的谈判优势，不重视合作社的管理与制度规范。有些合作社就跟没有围栏的菜园一样，有利就进，无利就出。在我们看来，合作社的生命力主要取决于合作社本身的制度建设，要真正做到"民有、民办、民管、民受益"，合作社就必须在完善内部制度建设、强化民主管理与监督、坚持透明的决策程序以及公平的利益分配机制上下工夫，以免合作社成为少数人利用的工具。在政府层面，应该从前一阶段以发展速度为主转向以注重质量为主，做到"发展一批、成熟一批、稳定一批"，工作重心应以帮助合作社建制度、发展产业、增加收入为主，依靠示范社带动合作社发展，把合作社办好、办健康、办持久。

（三）明确农民专业合作社的主管部门

我们在地方调研中发现，前一阶段，财政、工商、民政、农口等部门在支持农民专业合作组织发展中发挥了重要作用，但是，多部门介入也带来农民专业合作组织管理上的问题。比如，财政系统以支持农民合作社专项下拨的经费，就缺乏项目实施效果的评估；工商部门只注重农民专业合作社登记的数量，对于合作社的经营状况、场所、业务、利益分配等一无所知，无从下手；民政部门只负责专业协会的登记，使大量以协会名义登记的专业合作组织又转到工商名下登记为农民专业合作社，形成重复登记；农口系统是最熟悉农民专业合作组织发展情况的，但是，由于资金、登记等都在其他部门，造成农口部门想管农民专业合作社，却又没有手段的局面。此外，科委、供销合作社也在农村发展了大量合作社实体。除了管理上的多头和无序，更让我们担心的是，合作社在发展过程中，内部融资能力在增强，资金周转量在增加，有些地方发展起资金互助合作社。随着农民专业合作社的不断发展，合作社资金的管理成为一个大问题。湖南省在实施《农民专业合作社法》中，明确农办是农民专业合作社的主管部门，起到了较好的协调和管理作用。我们建议，中央政府应尽快明确农民专业合作社的主管部门，改变目前这种多头介入、实际无人管理的局面。

（四）加大对农民专业合作社的政策支持力度

其一，近几年来，中央和省级政府在农民专业合作社建设与发展方面投入了一定的扶持资金，同时也申报实施了个别项目，但项目的个数和资金额度太少，且多部门管理。湘潭县共有合作组织 252 个，2011 年项目总数只有 4 个，不能真正起到增强农民专业合作社造血功能和发展后劲作用。我们在地方调研中了解到，国家和省级政府对农业龙头企业的扶持力度较大，相较而言，对农民专业合作社的扶持资金可谓杯水车薪。我们认为，农民专业合作社在农村发展中的地位越来越重要，而且农民专业合作社与农户的联系更紧密，带动性更强，建议财政加大对农民专业合作社的支持力度，尤其是重点支持一批经营规模较大、运行比较规范、带动能力较强的示范性农民专业合作社。

其二，按照相关政策，目前农民专业合作社在农业生产、加工、流通、服务和其他涉农经济活动中享受相应的税收优惠政策，但在执行中效果并不好。我们建议，税务部门加快制定实施细则和操作办法，包括票据申报管理、免税手续程序等，尽快落实税收优惠政策。工商部门尽快明确农业专业合作社工商登记的有关细则和优惠条件，对设立农民专业合作社的登记手续进一步简化，允许从事种植、养殖类农民专业合作社依据其生产能力进行初级加工，初级加工产品的销售视同农民自产自销。

其三，完善支持农民专业合作社发展的土地政策。允许农民集体建设用地用于合作社厂房、仓储等建设。试点农民合作社土地收益权抵押办法。完善农村土地承包经营权流转，促进农村土地规模经营。

（五）解决农民专业合作社发展中的金融支持问题

我们在调研中发现，大部分合作社处于起步阶段，自身积累少，发展壮大缺少必要的资金支持。合作社从事农业生产的风险大、收益低，民间、社会资本不愿进入；用地多为集体土地，没有国有土地权证，缺乏贷款抵押物。但是，随着农民专业合作社的创立和发展，对资金量的需求大大增加。创新金融政策是农民专业合作社发展的重要举措。我们建议，一是农村金融部门和其他商业银行要把扶持农民合作社作为信贷支农的重点，每年安排一定额度的贷款，实行联合共保机制，简化贷款手续。二是开展农民专业合作社的信用等级评定，对具备企业法人资格的营利性农民专业合作组织授予一定的信用额度，在各种贴息贷款项目和小额贷款上向农民专业合作社倾斜。三是鼓励农民专业合作组织与农产品加工企业联合建立信用联保中介机构，设立担保基金。

（六）试点和规范成立合作联社

目前，农民专业合作社总体规模不大，辐射面小，带动性不强，单个合作社的能力有限。建议研究发展农民专业合作社联社的相关政策，在一些合作社发展较好的省先行试点，评估风险，形成政策和实施细则，为合作联社的发展做好政策和法律储备。

执笔人：刘守英　屈　霞　李　青

安徽省农村土地流转与
托管服务调查

一、安徽省农村土地流转与合作组织
发展的基本态势

随着工业化、城镇化的快速发展，安徽省居住在乡村的人口从 2000 年的 4321.3 万人下降到 2010 年的 3391.0 万人，10 年下降了 930.3 万人，城镇化率从 2000 年的 27.81% 上升到 2010 年的 43.01%。同时，农村青壮年劳动力基本转移，农村人口老龄化严重。在此背景下，农村经营制度和组织发生了一些变化。

（一）土地规模经营和土地流转加快

截止 2012 年 6 月底，全省土地流转面积 1536.88 万亩，其中耕地 1150.44 万亩，约占全省耕地总面积的 18.55%。全省土地流出户近 180 万户，流入户近 90 万户。以大户、龙头企业、合作社为主的规模经营主体 85093 个，实行规模经营的土地面积 1061 万亩，占土地流转面积的 88.6%。其中，种养业大户占规模经营总面积的 34.5%，龙头企业占23.4%，合作社占42.1%。

（二）土地规模经营主体多样化

安徽省农村土地规模经营有五种主要模式：一是种植大户经营型，占各类规模经营主体的69%，主要分布在皖江和江淮地区，皖北所占比重较小。二是龙头企业带动型，占各类规模经营主体的9%，各地都有一批成功的典型。三是专业合作社经营型，占各类规模经营主体的21%，在全省较为普遍。四是"龙头企业＋合作社"经营型，是龙头企业带动型的延伸，所占比重不足1%。五是股份合作经营型，全省这种类型的规模经营比重较小，不到1%（见表1）。

表1　　　　　　　　安徽省农村土地规模经营的五种主要模式

模　式	比　重	运作模式	典　型
种植大户经营型	占各类规模经营主体的69%	主要是一些掌握农业种植技术、具备一定资本实力的大户，通过土地流转，从事规模化的传统农业种植	芜湖市规模经营500亩以上土地的大户有66户
龙头企业带动型	占各类规模经营主体的9%	主要是农业产业龙头企业通过租赁农民土地，建设生产原料基地，并以资金、机械、科技等优势带动农户发展规模经营	马鞍山黄池集团带动的无公害蔬菜生产，甜润米业公司、佳山粮油公司为龙头的粮食生产，桐城市新粮牧业的规模养殖等
专业合作社经营型	占各类规模经营主体的21%	主要是农民专业合作社通过转包、入股、托管等方式，集中农民的土地实施规模经营	肥西县三河镇木兰村土地流转合作社、利辛县中疃镇姜黄土地流转托管合作社、埇桥区伟大集约化种植合作社等，都分别代表着不同地区生产力发展水平下规模经营的新兴模式，对促进农民增收发挥了重要作用

续表

模　式	比　重	运作模式	典　型
"龙头企业＋合作社"经营型	所占比重不足1%	由龙头企业推动成立合作社，合作社流转土地从事生产经营，企业与合作社建立稳定的购销关系	广德县天业粮油有限公司与田生农产品合作社对接实行"公司＋合作社"运作模式，将租赁农户的4053亩农村土地，全部交田生农产品合作社经营，实施"统一供种、统一病虫害防治、统一施肥、统一田间管理、统一质量标准、统一机收"等六统一，产品由公司负责收购
股份合作经营型	不到1%	主要是农民将土地承包经营权作为股权入股到合作社；或将土地经营权量化为股权，入股组成公司或合作社，从事农业生产经营	肥西县三河镇木兰村于2006年成立了全省第一个土地流转合作社，目前入社农户561户，入股农村土地2100亩

（三）农民专业合作组织蓬勃发展

截至2012年底，以农民专业合作社为主要形式的农民专业合作组织发展到26600个，是2005年的6.7倍。其中，《农民专业合作社法》实施后在工商部门登记注册的农民专业合作社24000个。经过几年发展，合作社组织规模不断扩大，实有成员数达到260万人（户）。

农民专业合作社创办主体过去以农民为主，逐步形成了多主体创办格局。其中，农民和村组干部创办的分别占72.7%和14%，农业企业、基层供销社、农技推广机构等领办的分别占5.6%、4.7%和3%。从领域来看，种植业合作社、养殖业合作社、农技服务合作社、农机服务合作社、土地流转合作社分别占45.2%、33.6%、2.7%、6.3%和1.9%。

二、土地托管合作社的做法与评价

　　在近几年农村经营形式探索中，土地托管方式在许多地方出现，我们对淮南市凤台县店集村的做法进行了具体调研。土地托管，就是在"农户加入自愿、退出自由、服务自选"的原则下，不改变集体土地所有制的性质、不改变土地的承包使用权及土地用途，由合作社为农户提供从种到管、从技术服务到物资供应的全程服务。

　　淮南市凤台县是安徽省土地托管开展较早、规模较大的县之一，目前土地托管合作社有4家，流转面积近2万亩，主要从事粮食种植。我们调研的杨村乡店集村依托农民专业合作社（沿淝糯米专业合作社），对农民生产的各类农事进行细化分解，探索"订单服务"，实行"土地托管"，取得了较好的成效。

（一）店集村土地托管合作社的做法

　　凤台县杨村乡店集村位于淮河北岸的西淝河边上，全村有农户2746人，耕地5053亩，是典型的农业村。村里有840人常年在外地打工，另有近500人就近务工。随着劳动力不断转移，在政府有关部门的指导下，村里把有意愿从事农业服务的人组织起来，成立了凤台县沿淝糯米专业合作社，主要是组织队伍将外出人员的土地统一代耕代种，在收获卖出后和土地承包农户利润分成。合作社与农户之间基本上都是"一事一议"，随行就市。但这种服务模式不够专业，没有标准，对服务质量没有承诺。针对这种情况，合作社在2010年成立了土地托管中心，把粮食生产的各个环节进行细化，按照"十统一"为农户提供从种到管、从技术服务到物资供应的全程"菜单式"托管服务。目前，社员已达800人，托管土地5000亩。

1. 建立健全的组织机构

合作社制定了章程，成立了理事会和监事会，建立管理机构，制定了入退社制度、财务管理制度、理事会岗位责任制度、议事制度等相关制度。涉及合作社的重大事项经成员代表一人一票表决后方能通过，合作社每半年公开一次财务状况，接受成员的监督。

2. 规范土地托管流程

合作社成立土地托管中心，搭建交易平台，并制定规范的土地托管流程：土地承包户到合作社洽谈咨询，形成托管意向后，合作社登记丈量承包户托管土地，并留影像证明；然后与农户按照"双方自愿、合同制约"的原则，签订统一规范的土地托管合同。托管合同的主要内容包括：托管土地农户的权益、合作社的土地经营权和义务、农户收益支付方式等，期限一般为3年（见图1）。

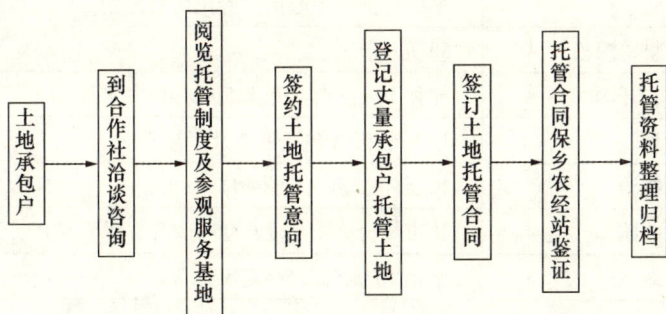

土地承包户 → 到合作社洽谈咨询 → 阅览托管制度及参观服务基地 → 签约土地托管意向 → 登记丈量承包户托管土地 → 签订土地托管合同 → 托管合同保乡农经站鉴证 → 托管资料整理归档

图1　凤台县店集村沿淝糯米专业合作社土地托管流程

3. 统一服务内容，提供菜单式服务

合作社对托管的土地实行"十统一"。一是统一供种，为托管土地提供优质良种。二是统一供肥，按照省市县农业部门推荐竞标的各种专用肥，改变农民那种重氮、轻磷、缺钾的做法。三是统一旋耕，保水、保墒、保肥，既耐旱耐涝，又促进增收。四是统一机条播（机插秧），出苗齐、快、分蘖多，改变托管土地传统种植模式。五是统一开沟，旱可灌、涝可排，解决托管土地小麦渍害问题。六是统防统治，合作社成立了两个机防队，对病虫害进行及时有效防治，农药由县植保站直接供应。七是统管统水，合理调控托管土地用水。八是统一收割，方便了群众特别是外出务工家庭和农村困难家庭在农忙季节劳动力不足的问题。九是统一回收加工销售，提高托管土地产品附加值。十是统一秸秆综合利用，收割机必须加装粉碎装置，收割的秸秆可以直接作为饲料养牛、还田，有效解决了托管土地秸秆焚烧问题。

统一服务的项目根据实际，制定不同的收费标准，明码标价，方便群众选择（见表2）。

表2　凤台县店集村沿淝糯米专业合作社"十统一"服务项目价格表

序号	项目名称	价格
1	供种	根据县种子公司提供原种价格定
2	供肥	根据县推广中心推广专用肥价格定
3	旋，耕，深松	50元/亩
4	播种，开沟	播种10元/亩，开沟5元/亩
5	机插秧	160元/亩（包括秧苗及运输）
6	统防统治	10元/次/亩（含药物）
7	统一收购	比市场价高：小麦0.06元/斤，水稻0.02元/斤
8	统管统水	水稻10元/亩，小麦5元/亩
9	统一收割，秸秆粉碎	50元/亩
10	秸秆综合利用	运输到指定地方每亩补助乙方30元（运距不超过1公里），按照中心统一还田每亩补助乙方20元

4. 农民选择合适的方式托管土地

合作社对粮食作物推出了"全托"和"半托"两种服务模式。全托就是农民不再自己种地，而由合作社帮其耕种，保证一定的产量。

收获后，合作社给农民约定数量的粮食；或将粮食全部给农民，农民付给合作社一定的服务费用；或由合作社按协议价格统一收购。半托就是农户根据自己的需要选择服务项目，向合作社交付每亩每年两季所必需的种子、化肥、农药、收割等生产成本费用，根据农民的需要由合作社有偿代劳，收获全归农民自己所有。

5. 推进规模经营

合作社将全托的土地就近划分成几个相对集中的地块，重新进行规划整理，将原来的水沟、土垄平掉，使之有利于大规模机械化作业。合作社利用大中型拖拉机、联合收割机、植保机械等农机具，实行保护性耕作，小麦与玉米机械化播种和收获，开展机械化耕、耙、播、收、植保作业，提高劳动生产率。

6. 规范收益分配

（1）保障委托农户的收益。合作社以高于市场价格的协议价格回收农户的粮食，并将收购的小麦全部作为种子出售，糯米卖给迎驾酒厂，销售价格高于协议收购价格，仍有盈利。2010年小麦收获后，合作社按照每斤1元回收，比市场价高出0.07元；水稻全部按照每斤比市场价格高0.03元回收。

（2）保障合作社自身和社员的收益。合作社的经营收入主要来源于三个方面：一是实际销售价格高于协议收购价，这部分价格差是合作社收入的主要来源；二是农业机械作业收入；三是生产资料经营收入。合作社的盈利，根据社员代表大会的决议，提取发展公积金后按股份进行分配。

（二）土地托管的主要成效

土地托管能解决土地经营散、农民年龄大、农技推广难、种粮效益低等问题，实现了农户、专业合作社等多方共赢，带来的是农业增效和农民增收。从凤台县店集村的调研情况来看，土地托管每亩年均能少投入 240 元、多增收 340 元，托管土地每年每亩纯收入有近千元，高于当地 600 元左右的土地流转费用（见表 3）。

表 3 　　　　　　　　　　凤台县店集村土地托管收益情况

服务项目	增收或节约情况
统一供种	每亩仅需 22 斤，此一项每亩就少投入 20 元，多收 100 斤
统一供肥	每亩少投入 15 元，多增收 15%～20%；"统一旋耕"按照此方式旋 15 厘米，耕 16 厘米，再旋 15 厘米，保水、保墒、保肥，既耐旱耐涝，又促进增产
统一条播	每亩播 22 斤种子获得的产量比撒 60 斤种子的产量还要高
统一水稻机插秧	节约种子、人工费、水费、电费等，而且出米率高，每亩净增收 202.5 元
统一开沟	旱可灌、涝可排，而且收获的小麦千粒重超过 42 克，增加小麦亩产量
统防统治	增加村民的就业，防止部分农药对自然界的二次污染及意外事故，减少水稻用药的遍数，节约了用药成本
统管统水	1000 亩的管水 2 人就可以了，既解决外出人员的后顾之忧，又为留守人员减少不必要意外事情发生
统一收割	把秸秆保留在 10 厘米以下，收割机必须加粉碎装置，收割的秸秆可以直接作为饲料养牛、还田，杜绝了秸秆焚烧，而且比流动作业的成本低 0.5 元
统一回收加工销售	小麦是为县种子公司繁育的良种，水稻生产的糯米是迎驾酒厂的订单产品。2011 年，小麦回收价格比市场多 7 分，水稻比市场多 3 分，小麦亩增收 60 元，水稻增收 30 元，并且增加了就业，促进了农民的致富
统一秸秆综合利用	可以供肉牛养殖，为村豆腐及豆腐皮加工做燃料，而且不在田间燃烧秸秆，保护环境

（三）对店集村土地托管的评价

第一，土地托管本质上是一种社会化服务。它具有在农业生产各个环节上统一经营的服务功能，既可以为独立经营的农户服务，也可以为生产型的合作经济组织、家庭农场等经营主体服务。

第二，土地托管能够把家庭分散经营与托管合作社统一服务的优势有机结合起来，是一种适用性比较灵活的农业生产经营方式。这种经营方式可以避免合作社租赁流转土地直接经营的风险，也可以打消农民惜地的顾虑，而且托管农民所得的收益也比流转要大。

第三，土地托管能实现生产社会化服务与土地规模化经营的有机结合。由于农民可以以"全托"形式托管土地，合作社就可以以较大的规模经营土地，进行规模化、集约化、标准化的示范性经营，也可以以社会化服务带动各种经营主体进行大规模的现代农业生产。

第四，土地托管能实现农村经营方式创新和农业技术创新的有机结合。土地托管，实行统一经营，优质良种、精量播种、配方施肥、科学除草、科学防治病虫害等农业科技落到实处了，能较好地解决多年来科技兴农"上热中喊下盼落实难"的问题。

三、农业经营制度与组织创新中存在的主要问题

（一）一些地方政府职能定位不准，管理体制不健全

主要存在放任自流和干预过度两种现象。比较突出的是在没有召开村民代表会议、农民未参与土地流转合同谈判并对合同内容不知情的情况下，强迫农民与规模经营主体签订土地流转合同，导致纠纷层出不穷。

基层指导机构的重点应在乡（镇）一级，但现在多数乡（镇）农经管理组织基本不存在，指导服务的关键环节出现断层，削弱了政府指导服务的功能。大部分农民还处于分散状态，农民的组织化程度低，期盼组织又难以组织的矛盾比较突出。

（二）土地流转不规范、不稳定的问题还比较突出

从安徽省来看，虽然全省都建立了土地流转程序和规范了流转合同文本，但在实际操作中仍存在着不规范、不到位的现象。比如，流转主体错位、流转价格约定不科学、流转合同未经主管部门备案，以及流转合同纠纷多、处理难度大，等等。流转操作的不规范也导致了流转的不稳定。目前，全省土地流转以 3～5 年的居多，流转期限较短，专业大户、家庭农场等新型市场主体发展速度慢。规模经营主体对修建灌溉设施、培肥地力等事关长期发展的项目不愿投入，也不敢投入，使农业基础设施薄弱的局面进一步加剧，影响了土地的产出率和农业的可持续发展。

（三）土地托管面临的一些实际困难

目前，安徽省土地托管主要以粮食种植及销售为主，托管非粮农产品和从事粮食深加工尚不多见，土地托管合作社数量还不够多、实力不够强，总体上还处在初级阶段，并存在着一些亟待解决的问题。一是普遍面临烘干机等大型机械缺乏、仓储设施不足等困难，直接影响托管服务质量和效益。二是土地托管融资还比较困难，农业保险险种少、赔偿额度低。三是合作社与用工之间还没有完善的用工规范制度，致使矛盾时有发生。四是缺乏政策导向和政府有效监管。

四、政策建议

（一）进一步落实农民承包地的财产权利

加快农村土地承包经营权确权登记颁证试点工作，财政加大支持力度，确保试点工作圆满完成，并在面上推开。

（二）加强对土地流转的指导和规范

一是适应土地流转和规模经济发展的需要，以县市土地流转服务平台为载体，加快培育土地流转市场。强化土地流转市场基础建设，建立信息收集、登记、汇集、发布价格、评估、流入方资质审核、合同签订、纠纷调处、档案管理等一系列完整的工作流程和规章制度，实现土地流转网上发布。二是中央和省级财政要加大支持力度，建立土地流转和规模经营财政引导资金。三是制定农业规模经营发展扶持政策，重点是对规模经营主体在资金、技术、人才、管理、信息、市场等方面给予扶持。四是正确引导工商资本参与土地流转，防止工商企业流转土地后直接或变相改变土地农业用途的行为。

（三）完善土地托管服务

土地托管服务是新生事物，应本着"支持不干预、服务不包办"的原则，加大扶持力度。一是把土地托管服务纳入市、县设立的农业发展专项扶持资金的范围，对开展土地托管服务达到一定规模的或连片托管高价值经济作物的土地托管服务机构，财政给予一定的资金奖励、贴息贷款等扶持。二是对于土地托管服务形成一定规模的地块，优先安排标准农田质量提升、土地整理、特色农产品基地、小农水等涉农开发项目。三是支持符合条件的土地托管服务机构承担现代农业生产发展、粮棉油高产创建等农业农村经济发展项目。四是国家农业补贴、大型农机具购置、信贷和农业保险、仓储用地等方面应向土地托管合作社倾斜，不断提高土地托管合作社的发展水平。

执笔人：徐小青　金三林　樊雪志

湖南省种粮大户调查

伴随工业化、城镇化加快发展，农村外出务工经商的劳动力增多，农民种粮的比较效益偏低，农业种植非粮化倾向严重，影响粮食生产。湖南省等粮食主产区培育和发展种粮大户，促进粮食生产规模经营，起到了稳定粮食生产和增加务农者收入的作用。

一、种粮大户成为稳定和发展粮食生产的重要载体

根据湖南省农业厅对桃江、桃源、隆回、株洲县和零陵区5县区的调查，近几年来，种粮大户呈快速发展势头。一是大户数量显著增加。到2011年，全省30亩以上和100亩以上的种粮大户分别为10.5万户和5.4万多户，分别是2008年的1.7倍和1.1倍（见表1）。二是大户规模明显扩大。2012年与2008年相比，全省100亩以上的种粮大户达到7441户，增加5655户；1000亩以上的增加102户；前10名种粮大户户均规模达到4200亩，增加4倍。三是大户类型多样化。从全

表1　　　　2008 年、2010 年、2011 年湖南省种粮大户数量统计　　　单位：户

年份　　　规模	20 亩以上	30 亩以上	100 亩以上	1000 亩以上	10000 亩以上
2008	75907	61048	48716	665	2
2010		95049	49400	735	4
2011		104762	54371	767	4

省种粮大户构成看，由种粮能手租地形成的占15%，依托专业合作组织发展起来的占20%，由农机大户发展而成的占60%以上，依托订单农业发展起来的占25%。

种粮大户对于发展粮食生产和农民增收作用巨大。一是提高了粮食播种面积和产量。2003～2011 年，全省粮食播种面积从6795 万亩恢复到7900 万亩，种粮大户粮食种植面积从5%上升到18%以上。到2011 年，种粮大户种植面积超过1600 万亩，占全省种植面积的20%以上。种粮大户的涌现，扭转了前些年"双改单"、耕地季节性抛荒的局面，双季稻恢复性增长。全省种粮大户80%以上种的是双季稻，60%以上是优质稻。种粮大户亩产比普通农户高5%～10%。二是增加了务农收入。5 县区大户种双季稻亩均纯收益350～550 元，高的达600 元，比普通农户收益高100 元。桃源县深水港乡、枫树乡和郑家驿乡的种粮大户每亩纯收益为507 元，高于普通农户460 元的平均水平。三是促进了农业科技推广和现代投入使用。根据对120 个种粮大户的调查，良种利用率达98.3%，对新技术接受率达95.7%，统防统治率达97.5%，其中91 户聘请农技人员为技术顾问。大户购买农机具更为踊跃，全省近三年购买农机中，大户占60%以上；购买大型耕整机、插秧机中，大户占90%以上。桃江县10 个种粮大户中，户均农机拥有量16 台，11 户拥有大型耕整机、插秧机、收割机。种粮大户的科技推广、辐射带动作用大，他们的生产实践成为粮食生产新品种、新技术的示范

展示点，成为农民学科技用科技的带头人、引导户，机耕、机收、软盘抛秧、测土配方施肥和病虫害统防统治覆盖率达100%。

二、种粮大户发展面临的主要问题

（一）土地流转不规范

种植大户租赁承包耕地仍然多为口头协议，带来纠纷隐患，即便签订了合同，多为短期合同，基本在5年以下，甚至一年一签，导致很多种粮大户"打一枪换一个地方"。隆回、桃江两县大户签订租赁转包书面合同仅分别为32.2%和40.3%，签订5年以上合同的不到10%。土地流转机构不健全，人员经费无保障，信息网络不完善。农户担心正式合同流转给大户，有"被出卖"的感觉，怕吃亏上当，到时要不回土地，习惯性地口头约定流转给亲朋邻里。

（二）基础设施不匹配

种粮大户租赁转包的耕地大多数是低洼滩涂甩田、旱地垦复田、废旧鱼池，耕地高低不平，基础设施老化，水利排灌设施差。种粮大户种植面积大，产粮多，但缺少烘干设备、晒坪、仓储，稻谷收获后，只得低于市价出售湿谷。90%的大户没有固定的仓库和晒坪。

（三）经营成本上涨快，侵蚀农业利润

种粮大户除了面临普通农户相同的生产资料价格上涨的困扰外，还面临经营规模大、地租和劳动力成本上升的特殊困难。

一是地租快速上涨，侵蚀利润。珠江县松子社区每亩租金由2010

年的400斤谷价涨到2011年的600斤谷价，承租该土地的种粮大户彭满珍亏损40万元。零陵区每亩租金由2010年的平均176元涨到2011年的233元。桃源县深水港乡种粮大户黄爱军租赁长湖村同一片区100多亩水田，2009～2011年的租金平均每亩分别为145元、177元、240元。新化县曹家镇、涟源市龙塘镇每亩租金由160元涨到500元，赫山区兰溪镇每亩租金由200元涨到580元。

二是雇工费用高，"请工难"。根据5县区50个100～120亩种粮大户的请工情况，2010年户均请工支出37180元，2011年早稻请工支出20129元。株洲县种粮大户彭满珍租用3380亩种植水稻，长期请工30多人，每月工资1400元，农忙时还要请工60多人，每日工资120元/人。近几年，湖南种粮大户在农忙特别是水稻"双抢"时，常遭遇"请工难"。调查的5县区，种粮大户因劳力缺口造成晚稻栽插错过最佳时节的至少有5000亩，而且工价还年年上涨。2010年请一天工需要80元左右，2011年上涨到100元以上，有的达120～150元。"请工难"、工价高已成为种粮大户的一块心病（见表2）。

表2　　2010年湖南省5县区部分种粮大户早稻生产亩收益统计

不同规模种粮农户	调查户数（户）	每亩产量（公斤）	每亩毛收入（元）	每亩物质费用（元）	每亩用工作价（元）	每亩总成本（元）	每50公斤稻谷平均售价（元）	每亩纯收益（元）
10亩以下	20	405.0	769.5	240.0	320	560.0	95.0	209.5
20～30亩	20	448.5	853.9	230.3	320	550.3	95.2	303.6
50～60亩	10	437.3	835.2	220.2	320	540.2	95.5	295.0
100～200亩	5	421.7	816.7	252.5	325	577.5	97.0	239.2
500～1000亩	3	401.2	799.2	246.6	325	571.6	99.6	227.6

注：种粮大户亩成本不含土地流转费，普通农户亩纯收益不含种粮补贴。

（四）信贷融资难

种粮大户生产需要的资金多，租赁转包 200 亩耕地，租金至少需要 6 万元，而且要在生产前一次付清，从播种开始，一季生产费用不能少于 6 万元。相对于其他行业，种粮的生产收益较低，生产风险较大，种粮大户没有固定资产抵押，到银行贷不到款，信用社的贷款数量少，但利息比银行贷款高 40% 以上，种粮大户常常为租赁转包耕地种粮贷不到款而苦恼。汉寿县种粮大户张昌元承包 1100 亩水田，需生产资金 40 万元，自筹资金只有 10 万元，生产资金缺口 30 万元。

三、政策建议

（一）提高粮食生产的比较效益

一是提高粮食生产者价格。种粮大户靠经营规模提高了家庭经营收入，但无法改变粮食生产与从事经济作物生产的比较收益问题，这一局面不改变，就难以保证种粮大户调整种植结构，出现非粮化的倾向。必须继续深化粮食价格和流通体制改革，提高粮食生产收益。二是发展优质稻生产，提高稻谷生产效益。三是加快粮产区粮食加工业的发展，鼓励种粮大户和粮食生产合作社参与粮食加工业。

（二）规范土地流转

一是进一步稳定家庭承包关系，加快土地确权颁证工作，确保地租全部归承包农户，保障土地承包权。二是规范土地流转行为，严格合同签订与履行保障土地流出方和流入方的合法权益。三是延长土地流转期限，稳定种粮大户的生产和投资预期。

（三）提倡适度规模经营

种粮大户的土地经营规模不是越大越好。从表 2 可知，在规模达 20~60 亩时，亩产最高近 450 公斤，每亩总成本最低仅 540 元，亩纯收益在 300 元左右。当规模超过 100 亩时，每亩总成本增加，而亩产和亩收益则大幅下降。湖南情况表明，一户 2 个劳力经营规模为30~100 亩为适当，不但基本不用请工，还可以做到精耕细作，土地产出率和利用率大于 100 亩以上的大户。种粮大户的经营规模要保持在一定的限度内，不可盲目求大。各地应根据实际情况，对种粮大户的适度规模、土地产出率、利用率、劳动生产率等指标予以设置，防止盲目扩大规模。

（四）完善服务体系

一是培育和发展农机、植保、农资、农技等专业服务组织，重点发展以机耕、机播、机收等机械化作业为主的农机大户和农机专业服务组织发展，提升粮食生产全程机械化水平。二是建立放心农资供应网络，提供优质农资服务。三是鼓励农业社会化服务组织开展承租、代管、代耕、烘干等各项服务，为种粮大户排忧解难。

（五）出台培育种粮大户的专项扶持政策

一是设立种粮大户生产补贴。对水稻种植面积在一定规模以上的农户，在现有补贴基础上追加专项补贴，增设绿肥补贴，对大户规模种植绿肥设绿肥补贴资金；对测土配方施肥、病虫害防治等对种粮大户设专项补贴。二是设立种植大户专项保险。鼓励保险机构推出种粮大户专项保险等新险种，合理设定保费，提高保险额度，受理灾后理赔，降低种粮大户的风险。政府对种粮大户进行保费补贴，建立种粮大户粮食价格风险基金。三是优先种粮大户土地整理等基础设施建设。整合现在的土地整理项目，优先安排种粮大户经营地块，可由种粮大户为主体进行土地整理和基本农田建设。四是提高种粮大户购机补贴标准。提高种粮大户购机补贴标准，补贴比例高于普通农户。五是建议种粮大户享受农业产业化龙头企业融资政策，将种粮大户纳入政府对农业产业化扶持之列，引导种粮大户与有实力的粮食加工企业发展订单合同，协调企业向金融机构担保，解决种粮大户融资难的问题。

执笔人：刘守英　李　青

成都市土地股份合作社案例

成都市大邑县伍家土地
股份合作社

一、伍家土地股份合作社成立的背景

（一）大邑县王泗镇伍家村的基本情况

大邑县王泗镇伍家村全村土地面积为3970.4亩，辖22个村民小组，共1063户3727人。伍家村北距县城12公里，东距成都市56公里，共有4条公交车线路通达村里。

伍家村辖区内有铸造厂2家，酒厂7家，木器加工厂12家，生猪养殖场1家，均属小规模经营。2011年的收入情况是：铸造厂2家平均年收入400万元，合计800万元；酒厂7家，平均年收入80万元，合计560万元；木器加工厂12家，平均年收入50万元，合计600万元；生猪养殖场1家，年收入40万元。这些解决了本村900人的劳动就业，平均每人年收入2.5万元。

（二）伍家村的劳动力情况

伍家村的劳动力非农就业比例高，非农收入占农民收入的比重高；农业人口比例低。大量劳动力外出打工，留在村里的务农劳动力较少，且年龄偏大，谁来种田成为一个不得不面对的问题。

具体来讲，伍家村共有劳动力2900人，其中男劳动力1500人，女劳动力1400人。这其中，常年在外打工的有1900人，占全村劳动力的比例达到65.5%；举家在外的有35户。现在，本村纯务农农户有102户，仅占全村劳动力的9.4%，且平均年龄50岁以上，其中男劳动力130人，女劳动力142人。本村劳动力在本县范围内打工的有434人，占全村劳动力的15%，年龄结构主要在25～48岁，主要从事建筑、销售、餐饮、服务等工种。村里到县外打工的劳动力有419人，占全村劳动力的14.4%，主要是在成都市各区县和西藏、新疆、浙江、青海等地打工，主要从事建筑行业。近年来，外出打工回来的劳动力有86人，占全村劳动力的3%，一般都是年老、伤病、投资亏本等原因回来的，其中年老、伤病的回来之后养老休息，其他原因回来的主要经营小本生意。伍家村目前剩余的闲散劳动力有20余人，占全村劳动力的0.7%，一般多在40～50岁，男女各占10余人（见表1）。

表1　　　　　　　　大邑县王泗镇伍家村劳动力结构

劳动力类别	人数	占全村劳动力比例	从事行业	备　注
全村劳动力	2900人	100%		男1500人，女1400人
常年在外打工	1900人	65.5%		占全村劳动力的65.5%
纯务农人数	272人	9.4%	农业生产	男130人，女142人
本县打工人数	434人	15%	建筑、销售、餐饮、服务等	25～48岁
县外打工	419人	14.4%	建筑	成都、西藏、新疆、浙江、青海

劳动力类别	人数	占全村劳动力比例	从事行业	备　注
外出打工回乡劳动力	86人	3%	养老、经营小本生意	年老、伤病、投资亏本
剩余闲散劳动力	20余人	0.7%	无固定职业	40~50岁，男女各10余人

（三）伍家村的土地情况

伍家村土地面积为3970.4亩，其中宅基地424亩，水田3146.88亩，旱田260.2亩，渔业用地25.5亩。伍家村是1982年10月分田到户的，当时参与分田到户的农户有960户；分田到户以来土地调整过28次。2010年3月进行土地确权颁证，确权颁证前拥有承包经营权的农户有1060户，共3728人。确权颁证结束时，水田确权3146.88亩，其中确到农户3152.38亩，确到集体5.5亩；旱田确权到农户260.2亩；渔业用地确权25.5亩，其中确到农户20.7亩，确到集体4.8亩（见表2）。

表2　　　　　大邑县王泗镇伍家村土地确权颁证情况　　　　单位：亩

土地类型	面　积	确权到农户	确权到集体
水　田	3146.88	3152.28	5.5
旱　田	260.2	260.2	0
渔业用地	25.5	20.7	4.8

自己耕种土地的农户越来越少，土地大量流转。并且，在确权颁证后由村集体出面组织集体流转的700余亩，进行非粮作物的种植与经营。具体来说，在进行确权颁证前，拥有承包权的农户有1060户3728人，当时承包地仍然自己耕种的有780户，有50户的土地已经转给亲戚朋友耕种，有25户的土地流转给外村人耕种。在土地确权颁证

之后，农户自种土地的情况大大减少，大量农户将土地流转出去，自己不再耕种土地。具体来说，只有560户还是原承包农户自己耕种，有30户是流转给亲戚朋友耕种，有18户是流转给外村人耕种。其他农户通过土地集体流转给业主、大户进行栀子花、非洲菊等高附加值的农业生产（见表3）。

表3 　　　　　　　确权颁证前后农户的承包地耕种情况　　　　单位：户

	拥有承包权的农户	自己耕种的农户	流转给亲戚朋友种的农户	流转给外村人耕种的农户
确权颁证前	1060	780	50	25
确权颁证后	1060	560	30	18

在确权颁证结束时，伍家村共有耕地2603.66亩，流转出去的有1429.49亩，涉及809户。其中，通过集体组织流转700亩，土地租金每亩为600斤大米/亩/年，流转方主要是种植大户、合作社，主要发展反季节蔬菜、花卉、药材等现代高效农业，每亩年收益为8000元左右。有150户流入土地，共计412亩（见表4）。

表4 　　　　　　大邑县王泗镇伍家村土地流转的经营情况

	土地面积（亩）	经营内容
流转出去的耕地	1429.49	反季节蔬菜、花卉、药材等
集体组织流转	700	反季节蔬菜、花卉、药材等
流入土地	412	
原承包户耕种	1977.59	水稻、小麦、油菜、蔬菜

现有耕地1977.59亩，还是由原承包户耕种。农户自种的土地主要种水稻、小麦、油菜和蔬菜，其中，水稻种植面积为1556亩，油菜600亩，小麦558亩。

二、土地股份合作社组建农业
公司的制度安排

（一）大邑县伍家土地专业合作社的成立与入股情况

2010 年 12 月，按照"群众自愿、土地入股、集约经营、收益分红、利益保障"的原则，由陈家祥、华术全等 8 户农户发起，以承包地经营权入股组建大邑县伍家土地专业合作社，并制定了合作社章程，设立了理事会和监事会，并选举产生了理事长、监事长各 1 名，理事、监事各 3 名，负责合作社的运营和收益分配。

第一，土地股份合作社入股土地的情况。伍家村 5、6 社共有 42 户农户入社（5、6 社共有 116 户农户），入股土地总面积为 77.97 亩，平均每户入股土地 1.86 亩，其中最多一户入股土地 3 亩，最少入股土地 0.34 亩。合作社以每亩作价一股，农户按入股的土地面积获得分配收益。

第二，土地股份合作社的入社资格规定。以户为单位，大邑县王泗镇伍家社区及其周边农户，自愿以土地承包经营权预期收益出资本合作社者，承认并遵守合作社章程。履行合作社章程规定入社手续的，可申请成为合作社成员。吸收有土地经营权的农村集体经济组织成为团体成员。

第三，成员可入股合作社的要素以及入社方式。章程规定，合作社成员可以用货币出资，也可以用库房、加工设备、运输设备、农机具、农产品等实物、技术、知识产权、土地承包经营权预期收益或者其他财产权利作价出资，但不得以劳务、信用、自然人姓名、商誉、特许经营权或者设定担保的财产等作价出资。成员以非货币方式出资的，可由全体成员评估作价，也可委托中介机构评估作价。

第四，成员入股出资额的计算方式。除了货币出资以外，以土地承包经营权预期收益为例，成员出资额=每亩土地承包经营权预期收益×面积×协议期限。并且规定，在计算出资额的协议期限内，成员不得退社。

（二）源艺农业开发有限公司的成立与入股情况

2011年1月，伍家土地专业合作社成员经商议一致同意后与业主合股组建了成都市源艺农业开发有限公司，主要从事非洲菊的种植和销售，合作期限5年。

第一，在大邑县工商局注册公司。2011年1月25日在大邑县工商局注册登记取得营业执照，形成了"公司+合作社+农户"的组织形式。公司注册资本30万元。其中，伍家土地专业合作社出资4.5万元，咏春花卉种植合作社出资25.5万元，按出资比例，业主占有公司股份85%，合作社为15%。

第二，实际投资中，土地股份合作社与业主的投资比例。源艺农业开发有限公司注册资本30万元，但是在具体的经营过程中，共投入568.58万元。其中，咏春花卉种植合作社以建非洲菊生产大棚设施、种苗、流动资金技术、市场等投资入股483.42万元，占公司投资份额的85.02%；伍家土地专业合作社以农村承包土地经营权预期收益评估（77.9703亩×10922元/亩=85.16万元）投资入股，占公司投资份额的14.98%，与公司注册时股份分配比例一致（见表5）。

表5　　　　　源艺农业开发有限公司的投资构成　　　　单位：万元

	公司注册资本	公司实际投入资本	所占比例（％）	投资要素
伍家土地专业合作社	4.5	483.42	85	资金、技术等
咏春花卉种植合作社	25.5	85.16	15	土地经营权预期收益评估价值折股
共　计	30	568.58	100	

（三）土地承包经营权预期收益的评估

伍家土地专业合作社入股公司的是 77.97 亩土地的 5 年土地经营权预期收益。成都市中正资产评估有限公司按照为委托方"核实资产价值，拟用于对外投资"提供价值参考依据，采取了选用收益法对 77.97 亩土地的 5 年经营权进行评估，即按照前 3 年的平均净利润加上近期物价上涨因素 3％ 为基数，再加上后 5 年的平均净利润评估价值为 85.156 万元，这也正是物价土地专业合作社入股公司的土地要素的折股计算方法。

收益法计算公式如下。

$$评估价值 = \sum_{t=n}^{n} \frac{R_t}{(1+r)^t}$$

式中：t 为年序号；

R_t 为未来第 t 年的预期收益；

r 为折现率或资本化率；

n 为有确定收益的预期年限。

三、源艺农业开发有限公司的经营情况

第一，成都市源艺农业开发有限公司为规范运行，制定了公司章

程，建立了"业主牵头 + 职业经理人 + 合作社成员监督"的运作模式。设立公司董事长1名，全面负责公司运营，经两个合作社商议，由咏春花卉种植合作社法人代表张利兵担任；设立总经理1名，负责生产销售业务，由外聘职业经理人刘德刚担任；设立1名监事，由伍家土地专业合作社法人代表陈家祥担任。合作社成员代表参与公司的生产、经营、管理、销售，理事长和监事每月监督核查公司财务报表一次（见表6）。

表6　　　　　　　　源艺农业开发有限公司的经营模式

公司构成	业主牵头	职业经理人	合作社成员监督
董事长	咏春花卉种植合作社法人代表张利兵		
总经理		外聘职业经理人刘德刚	
监事			伍家土地专业合作社法人代表陈家祥

第二，聘请职业经理人进行公司的经营管理。源艺农业开发有限公司改变原有土地种植结构，不再种植水稻、油菜、小麦和蔬菜，而是主要从事非洲菊的种植及销售。公司搭建全框架标准化钢架大棚112座，栽种花苗40余万株，年采摘非洲菊鲜切花可达224万枝，经济效益十分明显。公司的经营管理由外聘的职业经理人来进行专门管理的。经理组织工人进行非洲菊的种植和维护。他每天到公司，组织工人采摘非洲菊，包装好之后到成都市的花卉市场上出售。职业经理人每个月的基本工资是3000元，公司经营效益好的话，会有一定比例的奖金。

第三，部分入股农民到公司中打工，获得额外的工资收入并负责监督公司的日常经营情况。公司聘请本村入股农民20多名，到非洲菊基地打工。参与公司经营，对老百姓的市场经济意识的提高有很大的帮助。入股的农户与单纯的打工者不同，他们会主动地参与到公司的日常经营管理当中，有了强烈的责任感。

四、源艺农业开发有限公司的经营收益和分配情况

（一）经营成本与收益

就 2012 年来看，77.97 亩的非洲菊种植基地，每个月用工 2 万多元，农药 2000～3000 元，职业经理人的工资 3000 元左右。一年下来，经营成本需要近 30 万元。

由于非洲菊是高附加值产品，近年来成都花卉市场上非洲菊的市场需求强劲，公司的收益也不错。仅 2011 年，公司毛利大约有 110 多万元。就 2012 年 5 月统计看，公司每亩纯利润达到 1.1 万元，年纯利润达到了 88.1 万元（见表 7）。

表7　　　　　　　　伍家土地专业合作社的收益情况

	收益时间	户数	土地（亩）	毛收益（元）	纯收益（元）	亩平均纯收益（元）
伍家土地专业合作社	2011 年	42	77.97	1124174.9	881174.9	11301.46

（二）收益的分配情况

按照组建公司之初的投资比例进行分红，即源艺农业开发有限公司实际投入 568.58 万元。其中，咏春花卉种植合作社（业主）投入 483.42 万元，占 85.02%；伍家土地专业合作社投入 85.16 万元

（77.97 亩土地 5 年的承包经营权预期收益评估价值），占 14.98%。最后，伍家土地专业合作社获得分红收益 13.26 万元，土地合作社股东每亩收益 1700 元。其中，最多农户分红达 5100 元。相较于单纯的土地租金每年每亩 1000 元，农户每年每亩土地能多出 700 多元的收入（见表 8）。

表8　　　　　　　　　伍家土地专业合作社的收益分配情况

	公司分红共计（万元）	时间	户数	土地（亩）	农户总收入（元）	职业经理人分红（元）	户平均收入（元）	每亩分红（元）
伍家土地专业合作社	13.26	2011年	42	77.97	132600	36000	3157.14	1700.65
咏春花卉种植专业合作社	75.26							

另外，大邑县还设立了花卉行业风险基金，为防止公司经营过程中遇到问题时优先保障入股农户的基本土地租金收益。而这部分钱需要从公司的收益中提取，大约占利润的 10%，就目前来看主要还是从业主（咏春花卉种植专业合作社）所得利润部分中提取，2011 年约 10 万元。

表9　　　　2012 年王泗镇伍家村 42 户入股土地合作社的分红名单
（每亩为 1 股，每股分红 1700 元）

姓名	面积（亩）	分红（元）	姓名	面积（亩）	分红（元）	姓名	面积（亩）	分红（元）
史金祥	2	3400	周 敬	2	3400	胡庆华	1	1700
吕玉兰	1	1700	孟志云	3	5100	代志清	2.4	4080
敬小英	2.24	3808	李淑琼	2	3400	周仲秋	1.54	2618
周 康	2	3400	骆永迁	3	5100	华术金	1.75	2975
孟国和	1.6	2720	骆永涛	2	3400	刘文学	0.94	1598
苏成军	2.4	4080	王晓琴	3	5100	熊亚英	0.34	578

姓名	面积（亩）	分红（元）	姓名	面积（亩）	分红（元）	姓名	面积（亩）	分红（元）
李治忠	2.9	4930	王德全	2	3400	周国虎	1.23	2091
李桂群	2.2	3740	胡惠君	3	5100	刘术康	0.4	680
孟廷华	1.5	2550	周磊	2	3400	胡水清	3	5100
马术清	2.1	3570	米兴福	2	3400	陈玉芳	2	3400
苏福军	1	1700	石玉华	1.57	2669	胡天祥	3	5100
冯丽霞	1	1700	史术军	1.4	2380	周学成	3	5100
车术英	1.7	2890	任静	2	3400	孟春成	1	1700
何首先	1.76	2992	罗海清	1	1700	叶国珍	1	1700
合计	77.97 亩			132549 元				

五、存在的问题

1. 业主和农户在利益分配上未能够达成一致

按照业主与伍家土地专业合作社所签订的合约规定，业主分红占 85.02%，合作社分红占 14.98%。一方面，对于业主来说，他们认为自己投资了 400 多万元，这样的分红比例仍未能体现他们的投资额度；另一方面，对于入股农户来说，认为 77.97 亩土地评估价值为 85.16 万元太低，应该得到更多的份额。

2. 未能按照股份合作的"风险共担，利益均享"的原则进行合作

虽然股份合作社普遍强调要"风险共担"，但是在具体的合作过程中，往往按照保底分红的方式进行利益分配。按照大邑县的政策安排，如果公司经营过程中遇到风险困难，由县里所设立的花卉行业风险基金出钱优先保障入股农户每年每亩 600 斤大米的土地租金。这个

花卉行业风险基金是每年从股份公司中抽取的，大概有10%，就非洲菊种植基地来讲，有10万元左右。这10万元是从业主的收益分配比例当中出的，关于这一点，业主有很大的意见，认为这个是不符合"风险共担"的股份合作的市场原则的。而这也正说明了农民土地入股不是单纯的市场经济行为，其中包含了负责的社会因素和政治因素。

3. 公司经营，尤其是其财务制度未能完全正规企业化、透明化，难以在职业经理人与农户之间建立一种完全信任的合作关系

由于公司的具体经营过程由职业经理人负责，农户仅在加工厂内打工，由于缺乏一种透明、公开的公司经营制度，导致职业经理人与入股农户之间始终存在一种紧张的不信任关系，而这也影响到公司的具体经营。

六、关于土地股份合作社的讨论

伍家土地专业合作社与外来业主构建农业开发股份有限公司以后，调整产业结构，由原来的以种植水稻、小麦、油菜、蔬菜为主转向高附加值的非洲菊的种植和销售，农户每亩年收益由原来的1000元左右土地租金提高到现在的1700多元分红，部分入股农户还可以到非洲菊生产基地打工，获得一份打工收入。这大大地增加了农民的土地收益，取得了显著的成效。

但是，就伍家村土地股份合作社与外来业主共同构建农业开发有限公司的情况来看，农村土地股份合作社的存在是有其条件的。

第一，必须要做附加值高的农产品经营；

第二，经营必须要企业化、正规化；

第三，财务管理必须要按照现代企业透明制度化的要求进行；

第四，业主和农户在利益分配上必须要能够达成一致；

第五，在土地基本制度上必须要解决土地经营权相关的问题；

第六，必须要有一大批富有职业能力以及责任心的职业经理人进行土地股份合作社的具体经营管理活动。

执笔人：谭明智

崇州市桥贵土地股份合作社

一、股份制产生的背景

（一）青桥村的村庄人口和农户收入基本情况

1. 村庄人口和劳动力情况

桥贵土地股份合作社位于四川省崇州市隆兴镇青桥村，该村共有 22 个村民小组，858 户，3011 人。桥贵合作社以青桥村十四组的 31 户农户为主体组成。青桥村的劳动力有 1600 多人，青壮年几乎全部出去打工。其中，有 400 多人到省外打工；到附近郊县打工的占多数，有 800~900 人，剩下的基本是在本村或邻村的企业就近就业。

2. 农户收入来源

出去打工的农民，一般有点技术的，一天收入 140~150 元；没有技术的，一天收入 90~100 元。而在家种一亩田，一年的收入最多也只有 500 多元。因此，很多人选择外出打工，留在家里的一般都是老人和儿童。在青桥村，散户的农民种田产量很低，一年种粮下来，一般有 10%~20% 的农户会亏钱，主要是因为劳动力投入不够而导致粗放式的经营。保护基本农田和保证粮食产量的压力使得土地股份合作社在青桥村产生。

（二）规模农业与小农经营的成本与收益比较

1. 规模农业与小农经营的成本比较

（1）大春种植水稻。规模农业从购种、防治到收割等各个生产环节都要比散户经营的成本低。统一购种，一亩地较之散户单独购种大约节约10元。统一购农药，一亩地较之散户单独购农药节约10元。统一购肥料，一亩地较之散户单独购肥料大约节约15元。统一机耕，一亩只要60元，较之散户单独机耕节约20多元。统一机收，一亩大约是70元，而散户单独机收的价格80～90元，一亩地能省10～20元。合计起来，大春一亩地能节约70～80元。

其中，统一灌水，不但能节省很多钱，还可以避免之前各生产小组由于放水而发生的争执。统一机耕、机防、机收，不但可以减少成本，而且可以让农民省心。

（2）小春种植小麦。此种投入很少，规模经营较之散户经营的成本降低不多。肥料大概每亩90元，人工收割大概每亩40元。机收成本大概每亩70～80元。机收都是跨区作业，这要求规模经营的土地必须连成一片。

（3）在粮食储存方面，有专门的粮食仓储公司。储存按照每斤6.5分的基数，每增加一个水分点，加5分钱烘干费，晒的时候也要计算人工。农民一般愿意直接把粮食拿过去烘干，这样不但减少了人工成本和不必要的麻烦，还解决了在马路上晒粮的安全问题。粮食经过烘干之后再存上2～3个月，每斤价格就会涨好几毛钱。把粮食拿到仓储公司烘干存储会产生一些费用，因此也有些农民愿意直接卖黄谷（未烘干的谷子），但是黄谷一斤只卖0.95元，最多也就1.05元。对于农民来讲，粮食存几个月之后再卖还是合算一些。

值得注意的是，以上的成本算法都是假设，在采取同样生产方式的情况下，散户经营比规模经营的成本要高；然而农民散户经营农业时，对于机械化的要求并不高，在许多生产环节都是采取自家投入人工而不是购买机械化服务。如果不计算自家投入的人工成本，散户经营的成本一定低于机械化的规模经营。

2. 规模农业与小农经营的产量比较

散户经营粮食的亩产量要比规模经营粮食的亩产量低100多斤。2011年的粮食产量，规模经营大春亩产1350斤黄谷，晒干之后的亩产也能达到1000斤以上。2012年的气候不是很好，产量普遍不是很高，大春黄谷晒干之后的亩产也能达到930斤。

小春小麦规模经营，2011年一亩能打800斤干产，要比散户经营小麦的亩产量高出100多斤。青桥村油菜种的很少，除了粮食作物之外，村里的合作社还种了260亩的蘑菇。

一般来讲，在规模经营的情况下，大春水稻的亩纯收入约800元，高的可达到910元。小春小麦的亩纯收入在400~500元之间。可以看出，尽管规模经营的效益不一定高于散户经营（成本差异所致），但是规模经营的亩产量一定高于农户自家经营的亩产量。

二、合作社的制度安排和具体运作

（一）桥贵土地股份合作社的制度安排

1. 股东和股权设置

桥贵土地股份合作社的股东是十四组的31户农户，以户为单位。合作社以入社承包经营权的面积来认定股份，每0.01亩土地承包经营权为1股，合作社初始股总额为13457股。合作社对持股者签发股权证书，股权证实作为股份持有者的股份证明和分红依据。股权可以继承，经合作社同意可以转让、抵押，入股协议期内不得退股。

在《崇州市桥贵农村土地承包经营股份合作社章程》（以下简称《章程》）的第三章中规定股东享有如下权利：①出席股东代表大会并按章程规定行使表决权；②依照章程规定，按入股份额享受本合作社的红利分配；③有权对本合作社工作提出意见和建议，对本合作社的资本运作情况进行民主监督；④有权对本合作社工作人员违法乱纪行为向上级反映或举报；⑤合作社终止后，依法取得土地承包经营权的份额；等等。

在《章程》的第三章也同样规定股东应履行的义务：①入股土地依法征收或征用时，必须服从统一规划并依法享有土地征占资金补偿；②股东大会的决议和董事会的各项规定……

2. 组织机构和收益分配

合作社的最高权力机构为股东代表大会。股东代表人数为31人，由股东直接选举产生，每届任期3年。股东代表大会每年至少召开1次，必须有2/3以上的代表出席方可举行，经半数以上到会代表同意方为有效。按照《章程》规定，股东代表大会行使以下职权：①通过和修改章程；②选举或罢免理事会、监事会成员；③听取理事会、监事会工作报告；④审议和批准合作社发展规划、土地利用开发规划、财务分配方案。

理事会是股东代表大会的常设机构，理事会由3人组成。理事会由股东代表推荐，经股东代表大会选举产生。理事会设理事长1名，理事长为本合作社的法定代表人。《章程》规定，理事会在股东代表大会闭会期间行使下列职能：①执行股东代表大会决议；②聘任、解聘本合作社所属部门的专职、兼职负责人；③制定本合作社发展计划和投资方案、年度分配方案，并实施股东代表大会批准的各类方案；等等。监事会是合作社的监督机构，监事会人员不得由理事会和财务负责人兼任。

合作社坚持"股权平等，风险共担，利益共享，积累共有"的原则（《章程》第十七条）。合作社的收益在提取10%公积金和风险基金后再按股分配，也可全部用于分配。在桥贵合作社具体执行上，是达到目标产量黄谷800斤/亩后，按目标产量超出部分的分配为：10%为合作社提取的公积金；10%奖励给生产能人作为报酬；80%分配给全体股东（见《崇州市桥贵农村土地承包经营权股份合作社第一届股东大会第二次会议决议》第五条）。

（二）桥贵土地股份合作社的经营情况

1. 职业经理人视角下的经营过程

（1）职业经理人基本信息。桥贵合作社的职业经理人周某，40多岁，本组村民。1992年高中毕业，1993年复读了一年，1994在广西打工。1995～1996年回到成都，1996年开始养殖，主要从事养蛋鸡和生猪，目前养蛋鸡4000～5000只、生猪19头。养殖每年的收入波动很大，2010年养蛋鸡就亏钱了，2012年蛋鸡的价格才涨了起来。但是，2012年养猪是不赚钱的，可是还是在养，损失部分属于沉没成本。

（2）职业经理人的收入。周某2011年开始担任合作社职业经理人。周某作为合作社的职业经理人，其个人的年收益很少：大春水稻提成只有4746元。小春小麦基本上把所有的都收购了，然后用来作为养猪的饲料。周某可以用较低的价格从合作社那里收购农产品，这样可以从中赚取一部分钱。一年经营下来，经理人的提成收益只有8000多元。

除了提成，周某还将放水灌溉的工作全部承担下来，一年收入有2315元。关于这一点，农户是没有意见的。据周某说，一开始他找了两个人负责放水灌溉，但那两人做了几天嫌工资太低，就走了。后来开股东大会，周某经过股东大会同意，自己就把放水灌溉的工作承担了下来。

那么，当职业经理人会不会对周某自己家搞养殖有影响呢？周某自己说，当职业经理人花不了太多时间，不但对他家的养猪养鸡影响不大，而且还会降低购买养殖饲料的成本。

（3）职业经理人的工作内容。职业经理人大春种植的工作开始于3月份。首先是给股东做生产计划，决定要种什么东西，如果有股东反对的话就要重新商量。其实开会就几天的时间，商量确定下来就可以了。

4月份就准备开始生产了。这个环节也花不了多少时间，职业经理人会跟农业超市预定生产资料和投入品等。

5月份职业经理人开始安排组织机耕。在整个生产过程中，相当一部分的时间就是这个部分花的。这个部分大概需要半个月时间，到5月底就能结束。

6月份就开始田间管理、放水灌溉。田间管理，即职业经理人每天早晚去田间地头转一圈。而放水灌溉的时候，职业经理人只需要打开水阀，然后就可以在田边休息娱乐。

7~8月，职业经理人主要负责组织打药、病虫防治。

9月份，职业经理人组织收割，这个环节也不是很忙。桥贵合作社100多亩的土地，也就花2天的时间可以收割完。然后就是田间运输。田间运输这个环节，监事会的职责会得到体现，到时会有3个监事会的成员全程监督、过磅、测水分，以确保职业经理人在粮食打收过程中不会舞弊。

（4）职业经理人在合作社中的角色。按照周某的说法，像他这样的职业经理人在合作社只是扮演一个经营者和管理者的角色，而最高权力还是在社员。职业经理人可以获得购买农资和农业生产服务中的价格优惠。在生产的各个环节，职业经理人基本上是得不到什么好处的。

2. 合作社的银行融资与收益分配

（1）合作社的银行融资。如果合作社想要扩大经济作物的种植面积，以提高经济效益，就必须通过各种方式进行资金筹措。其中，银行融资是一种常用的融资方式。合作社在银行贷款需要抵押物，合作社农户手里的承包经营权证可以作为银行抵押物。按照现行法律，如果合作社想在银行贷款，那么银行不得不和合作社的 31 户农民一一签订抵押合同。而在成都，目前实行一种"农村土地经营权证"的制度。在《成都市农村土地经营权证管理办法（试行）》第二条中规定：农村土地经营权证是指土地规模经营业主依法流转耕地、园地、荒山、荒沟、荒丘、荒滩等农村承包土地的使用权，在流转期内享有的从事农业生产活动、获得土地经营收益和处分经营收益的权利。而在《成都市农村土地承包经营权抵押融资管理办法（试行）》第四条中规定，本办法所称抵押人是指通过家庭承包方式取得农村土地承包经营权的农户，或通过其他方式取得农村土地承包经营权的承包人，以及通过依法流转方式取得农村土地经营权的规模经营业主。可见，"农村土地经营权证"实际上将合作社土地的承包权和经营权（使用权）分离开来，承包权归农户，经营权归合作社。于是，"农村土地经营权证"成了合作社进行银行贷款的抵押物。

（2）合作社的收益分配。参与合作社收益分配的有三方：合作社、职业经理人和农户。其中，农户的收益主要来源于三个部分——股份分红、国家农业相关补贴和合作社务工工资收入。合作社种植一季大春需雇佣 8 ~ 9 个人（基本上是本组成员）来干活。2012 年本组的成员雇了 5 个人。在用工过程中，如果农业工人磨洋工，职业经理人可以将其辞退。因为雇工的工资属于生产成本，直接关系到职业经理人年终的分红。农业工人直接对职业经理人负责。合作社雇工的工资水平由股东代表大会决定，按照从事不同的生产环节以及活轻活重，雇工每种植季的工资从三五百元到一两千元不等（见《青桥村桥贵合作社股东分红财务公示表》）。

由于国家对粮食每年都有固定的收购保护价，因此种植粮食的风险相对于种植经济作物来讲不是很大。相对于经济作物来讲，种植粮食的收入属于"细水长流"。合作社分红采取"保底分利"的形式，即职业经理人保证每亩达到 800 斤的干产，如果达不到就没有提成；每亩超过 800 斤的部分按照 1 : 2 : 7（公积金 1、职业经理人 2、农户 7）或者 1 : 1 : 8 的比例进行分红，按何种比例主要依据股东大会的决议。在分红方式上，农户根据自愿，可以选择实物，也可以选择货币。2011年《青桥村桥贵合作社大春分红表》显示，一家农户一亩土地大春的分红金额能够达到 800 元以上（不计工资收入和国家农业补贴），而职业经理人一共获得 4000 余元的提成（平均一亩约 40 元）。

三、对合作社的总体评价

（一）土地股份合作社有别于历史上的高级社

土地股份合作社是一种有别于人民公社时期的高级社的生产组织形式。首先，主体性质发生了变化。高级社的经营主体是村集体，而土地股份合作社的经营主体是农户（股东）；其次，生产经营上也有很大差别。高级社时期实行"大锅饭"制度,许多成员出工不出力,而土地股份合作社的经理人有提成,因此保证了其生产的积极性。最后,高级社处于计划经济时代,不可能与其他经济实体联合,而土地股份合作社可以和社会资本合作,引进外来技术和资本。

(二) 土地股份合作社在银行融资的风险控制

土地股份合作社是以专业合作社的形式通过工商注册的,然后为了扩大生产必须向银行融资贷款。其风险有两个方面:信用风险和经营风险。与外来业主流转不同,合作社的职业经理人基本上都是本村的种植养殖大户、生产能人,因此信用风险已经在初期就已解决了。最主要的还是经营风险,即能不能赚钱还贷款。

合作社的还款期限最多不超过5年。在合作社决定贷款之初要开股东大会,采取农户自愿的原则,所有股东共同承担这个风险,抵押物便是合作社土地5年的经营权。银行和合作社会找一个评估公司来进行评估,确定5年之内的值是多少钱。假如第一年就还不上款,剩下4年经营权就由银行来进行处置。银行可以找一个业主,将这些土地以很低的价格出租出去,来覆盖合作社所欠银行的债务。5年期限到了,银行便会把土地的经营权还给合作社和农户。

合作社的土地是股东各家各户的,农户自家都有该土地的承包经营权证,而入股的土地统一会发一个叫"农村土地经营权证"的本本。这个本本也是有期限的,在土地抵押到银行的时候是有效的。其实就是两个证,老百姓是承包经营权证,到银行抵押的是土地经营权证。经营权是有约定期限的,抵押就是承担有限期限的责任。承包权是长久不变的,只有实现承包权和经营权的分离,才能实现土地的价值。

（三）展望：合作社的未来

地方上主管农业的政府部门认为，合作社最大的优势在于解放了青壮年劳动力。然而这种观点是有待商榷的。在土地股份合作社出现之前的很长时间，农民并未被束缚在自家的承包地上，而是选择了外出打工。相对于外来资本流转，土地股份合作社存在的价值在于，它在保护了基本农田的同时还保证了粮食的产量。

同时，土地股份合作社是一个独立的市场经济体，它在一定程度上脱离了村级行政划分的束缚。现在的合作社虽然大致还是按生产小组成立，但农户是自愿参与，本组的农户不想参加可以不参加，而别组的农户想参加也可以，不存在强迫的问题。这有利于农业生产要素进一步参与市场。

执笔人：韩启民

成都市龙泉驿区惠民
草莓合作社

一、惠民草莓合作社成立的背景

（一）龙泉驿区黄土镇三村村的基本情况

黄土镇三村村面积 3.52 平方公里，总人口 3280 人，耕地 2777 亩，属龙泉驿区典型的背部丘陵农业村。2009 年全村农民人均纯收入 7020 元。全村劳动力 1982 人，常年在外打工的有 1176 人，占全村劳动力的 59.33%（见表1）。

表1　　　　　　　　　三村村外出人口统计情况　　　　　　　单位：人

三村村总人口	全村劳动力	常年在外打工人数	打工占全村劳动力比例
3280	1982	1176	59.33%

（二）三村村的草莓种植情况

三村村很多劳动力到外面打工去了，土地就没有人种了。三村村村委班子意识到这个问题后，在 2006 年修好路以后试图解决这一问题，为给百姓寻找一条致富的路。2006 年，村委成员开始到双流考察，得知与三村村相类似的地理条件的村庄可以种草莓，于是从 2006 年开始三村村也试着种草莓了。

二、惠民草莓合作社的发展情况

（一）惠民草莓合作社的成立

刚开始的时候并未成立土地股份合作社，仍然是一家一户自己种自己销售，但是随着规模的扩大，市场的要求越来越高，村民逐渐意识到这样一个问题：如何来管理和销售？于是他们主动要求成立草莓合作社。

2007 年 4 月，三村村党支部提出"依托优势资源、发展优质草莓"的思路，并按照"农户主体、市场主导、政府引导、政策扶植"的原则，动员本村 18 户文化水平较高、思想开明、有较强创业意识和能力的农户入股惠民草莓合作社。

（二）惠民草莓合作社的筹股情况

龙泉惠民草莓合作社共筹集股金 28 万元。其中，5 名党支部成员每人出资 2 万元现金；13 户农户以各自 0.8 万元现金和 3.25 亩土地一年的租金折价入股，租金按照 1800 元/亩计算，筹资 18 万元。18 户农户共同组建了龙泉惠民草莓合作社，统一流转进 100 亩土地发展草莓种植，土地租金价格为每年每亩 800 斤大米。

最终，龙泉惠民草莓合作社共筹集现金 20.4 万元，以及 42.25 亩土地入股。按照合作社成立之初的章程规定，出现金 2 万元为 1 股；出 3.25 亩土地入社并出资 0.8 万元，合起来为 1 股。因此，合作社共

18 名核心股东（见表2）。

表2 　　　　　　　　　　龙泉惠民草莓合作社的入股情况

农　户	入股资金	入股土地	备　注
5 户	2 万元／户	0	为 1 股
13 户	0.8 万元／户	3.25 亩／户	为 1 股（租金 1800 元／亩／年）
共　计	20.4 万元	42.25 亩	

（三）惠民草莓合作社的发展规模

截至目前，合作社成员发展到 168 户，示范带动农户种植 850 亩，吸引其他业主规模流转土地 200 亩，草莓基地规模达 1200 亩，并辐射带动周边洛带镇宝胜村、大院村发展草莓种植（见图1）。

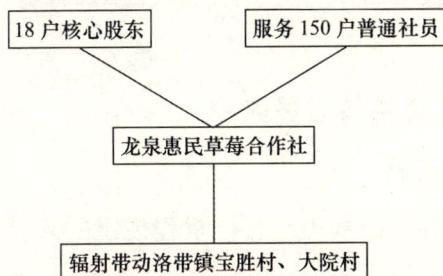

图1　龙泉惠民草莓合作社的辐射带动结构图

三、惠民草莓合作社的制度设置

（一）惠民草莓合作社的性质与机构设置

根据《成都龙泉惠民草莓土地股份合作社章程》规定，合作社是根据社员大会讨论决定的，以社员的农村集体土地承包经营权、资金入股为纽带，社员为成员的专业性农民合作组织。

合作社设社员（代表）大会、理事会、监事会等机构。社员代表大会是合作社的最高权力机构。社员代表由入股的农户直接选举产生，每届任期3年，可以连选连任。本届设社员代表12人。

理事会是合作社常设的执行机构和日常工作机构，有社员（代表）大会选举产生，并对社员（代表）大会负责；理事会设成员7名，理事长1名，每届任期3年，可以连选连任。章程规定：理事会对本社入股土地富有妥善管理的责任，督促承包大户不得改变土地的农业用途，不得违反国家的政策、法律。

监事会是本社常设的进度机构，由社员（代表）大会选举产生，对本社社员（代表）大会负责。设监事会成员3名，设监事会主人或监事1名。监事会每届任期3年，可以连选连任。

（二）成员资格与成员账户

1. 入社成员资格

承认并遵守合作社章程，履行章程规定的入社手续，能够利用合作社提供的服务，在工商机关登记备案，持有合作社《社员证》的个人、企业、事业单位或者社会团体，是合作社成员。

《章程》规定，合作社农民成员必须要占成员总数的80%以上；城镇居民可以成为合作社成员，但其所占比例不超过合作社成员总数的20%。

2. 入社成员账户

合作社为每个成员设立成员账户。成员账户主要记载以下内容：该成员的出资额、量化为该成员的公积金份额、形成财产的财政补助资金量化份额、捐赠财产量化份额、该成员与合作社的交易量、该成员与合作社的交易额、盈余返还金额、剩余盈余返还金额。

《章程》规定，土地股权可以继承，但不得转让、抵押，入股协议期内不得退股。合作社股份原则上实行静态管理，确定后不作变动。

（三）核心股东与普通社员

按照合作社《章程》规定，入社成员身份分为两类：核心股东与普通社员。合作社采取股份运作方式，由18位创社农户担任合作社核心股东，不断引导当地农户发展草莓种植，成为合作社普通社员。对按照合作社要求进行标准化草莓种植的普通社员，给予200元/亩的种苗补助和无偿的技术指导服务。核心股东农户与普通入社成员，在经营模式与分红模式上均不相同。

四、惠民草莓合作社的经营模式

龙泉惠民草莓合作社在管理上严格实行"六统一"。即，统一引进新品种；统一育苗和技术指导；统一提供生产技术、市场、经济信息；统一采购和供应生产资料；统一质量和包装；统一品牌和营销。高薪聘请技术人员常驻基地，制定、实施了无公害生产技术规程；既降低了农资投入成本，又保证了合作社产品质量和食品安全。并且，合作社注册了"芳好"牌商标，极大地提高了三村村草莓在市场上的品牌知名度和竞争力。

（一）18户核心股东成员的草莓种植方式

按照龙泉惠民草莓合作社成立之初的制度设置，核心入股农户与普通社员在经营模式上是不同的,即18户核心股东入股的土地以及流转来的土地是集中起来进行种植的。草莓基地聘请了专业的草莓种植人员和管理人员,统一进行种植与管理销售等。18户入股农户可以选择到基地打工,也可以不打工。如果打工,则发放打工工钱。

(二)普通入社农户的草莓种植模式

按照合作社的制度设置和具体经营模式,普通社员并没有统一进行草莓的种植,还是维持在传统的一家一户式的种植经营方式,然后由合作社统一组织进行销售。在这个过程中,普通社员与18户核心股东社员一样能够享受到合作社的各类服务,主要有以下几个方面。

(1)统一采购和供应生产资料。成为合作社的社员以后,可以由合作社统一出面购买农资产品,在价格上与单一农户到市场上购买会有一定的价格优势。现在龙泉驿区在各镇成立了合作社农资服务中心,为社员和百姓提供农资产品。

(2)统一引进新品种、统一育苗和技术指导。若合作社的社员种植草莓需要种苗,由合作社统一提供。合作社聘请专业的技术人员从外地购买种苗,然后自己繁殖育苗。买来的种苗是5毛钱一棵,进行繁殖培育后,新苗卖给社员则只有2~3毛钱一棵。合作社在育苗环节上是基本持平的。相较于社员自己到市场上去购买草莓种苗要便宜得多。

(3)统一质量和包装、统一品牌和营销。合作社注册了"芳好"牌商标,社员草莓在销售前统一进行包装,大大提高了本村草莓在市场上的竞争力和品牌效益。

(4)统一销售以及共享各类市场信息等,使得社员的草莓种植能够时刻围绕市场的动态来展开。

五、惠民草莓合作社的经营效益与分红情况

（一）草莓种植的收益

三村村草莓每亩平均年产量 3200 斤，其中冬草莓 1800 斤/亩，春草莓 1400 斤/亩。按冬草莓平均销售价格 5 元/斤、春草莓平均销售价格 3 元/斤计算，农户每种植 1 亩草莓，两季收入至少达到 1.3 万元，即 1800 斤/亩×5 元/斤 +1400 斤/亩 * 3 元/斤 =13200 元/亩。

与原有土地种植水稻、玉米、蔬菜相比，从物资投入以及人工使用等各个环节计算下来，草莓每亩增收 4400 元。龙泉惠民草莓合作社 168 户社员和 8 位业主，最少种植 1.2 亩草莓，最多的种植 23 亩；最少增收 5280 元，最多增收达 10.12 万元（见表 3）。

表3　　三村村种植草莓与传统种植水稻、玉米、蔬菜的亩收益比较　单位：元

项　目		草　莓	水稻蔬菜玉米
物资投入	白　膜	308	不用
	黑　膜	80	不用
	竹子、砖	250	不用
	农　药	500	100
	肥　料	800 元（有机肥等）	100
	小　计	约2000	200
用　工		100 个工 ×35 元/工 =3500	20 个工 ×35 元/工 =700
亩收入		13000	4000
草莓每亩增收		4400	

（二）惠民草莓合作社的分红机制

按照合作社章程，合作社对于 18 户核心股东和 150 户普通入社成

员的分红形式是不相同的。即合作社从每年盈利中，对18户核心股东社员按股份进行分红，对普通社员按交易量0.2~0.4元/公斤标准进行返利。

2009年的净利润分配情况如下。

2009年，合作社年销售草莓185万公斤，其中合作社与经销商联销103万公斤，合作社直销82万公斤。合作社直销收入达到778万元，合作社净利润达到65万元，合作社成员人均增收1000元以上（见表4）。

表4　　　　　　　　2009年龙泉惠民草莓合作社分红情况统计

资金类别	金额（万元）	所占净利润比例（%）
盈余公积金	6.5	10
公益金	3.25	5
科技教育基金	3.25	5
合作社风险基金	10.1	15.6
核心股东分红	1.4×18=25.2	38.8
普通社员返利	16.7	25.6
合计：合作社净利润	65	100

（1）提留公益金和留存发展资金。合作社从65万元净利润中，按10%比例提取法定盈余公积金6.5万元，按5%比例提取法定公益金3.25万元，按5%比例提取科技教育基金3.25万元，按15.6%比例提取合作社风险基金10.1万元，共计23.1万元。

（2）核心股东按股分红。对18户合作社股东按照每户1.4万元的标准进行分红，共计25.2万元。

（3）普通社员返利。对吸纳的150户普通社员和外村、外地引进的8户业主，按全年实际交易量0.2~0.4元/公斤标准进行返利，共计16.7万元。

（三）惠民草莓合作社社员收益情况

龙泉惠民草莓合作社社员收益情况见表5。

表5　　　　　　　　2009 年龙泉惠民草莓合作社核心股东和

普通社员草莓种植收益构成表　　　　单位：元

	土地租金	年终分红	合作社打工	销售返利	自种草莓增收	共计
核心股东收益（到合作社基地打工的）	5760	14000	8400			28160
核心股东收益（不到合作社基地打工的）	5760	14000	0			19760
普通社员平均收益				2833	24933	27766

（1）18 户合作社核心股东收益。土地租金 5760 元（1800 元/亩 ×3.25 亩）＋年终分红 14000 元＋合作社打工挣钱 8400 元（35 元/天 ×30 天/月 ×8 个月）＝28160 元。

（2）普通社员收益。户均返利 2833 元＋户均增收 24933 元＝ 27766 元。

户均销售返利：每亩返利 500 元（冬草莓 1800 斤 ×0.2 元/斤＋ 春草莓 1400 斤 ×0.1 元/斤）×户均亩数（850 亩/150 户）＝2833 元。

户均增收：亩增收 4400 元 × 户均亩数（850 亩/150 户）＝ 24933 元。

六、惠民草莓合作社遇到的问题

（一）招工工价上涨幅度大，工价过贵

龙泉惠民草莓合作社在其草莓种植过程中所遇到的最大问题是招

工难、工价贵的问题。具体来说，草莓基地的整个种植都是要请人做的，最多的时候每天要 50~60 人，基本都是短工，只有在农忙的时候才来。平时管理 10 来个人，负责常年的种植工作，比如说地膜的透气、修花等，他们是按月结算工钱的。

在合作社成立之初，当时工价不高，35 元一天。现在的工人是50~60 元/天。2008 年的时候，一亩地，人工大概需要 80~120 元。2011年，一亩用工量就上涨到150 元。

（二）劳动力大量外出务工，招工面临无人可招的困境

现在随着青壮年劳动力大量外出打工，留在本村本地的劳动力越来越少，年龄越来越大，以后工人越来越难请。就目前来看，合作社所请的也主要都是 50 岁、60 岁甚至是 70 岁的劳动力。而且随着周边更多的农民自己种植草莓，基本都不愿意到合作社来打工了，所以人工就更不好请了，招工面临无人可招的困境。

（三）所招工人年龄结构偏高，在管理上存在一定的困难

由于合作社目前所招的草莓种植工人年纪都比较大，在管理上形成了很大的困难。"去年都是岁数大的劳动力，不好管理，上厕所都是好多人一起去，一去就是 10~20 分钟，管理上还是存在很大的问题"。而且工人干活越来越不到位，使得人工费涨了，而用工量增加了。

（四）在乡土环境下，难以形成规范化的公司式管理

按照合作社负责人的说法，他每天都会到地里看看，然后再到村委会上班。草莓的种植过程中是需要有人管理的，但是也管不过来，

因为大家都乡里乡亲的害怕得罪人，难以建立一种非常规范化的公司式管理模式。

（五）草莓种植受气候影响太大，因技术原因难以保证产量

比如说2011年正是由于气候原因，草莓开花不授粉，有一批果没结，合作社在种植效益上基本是持平的。并且草莓种植存在的一个很大问题是，种植4～5年以后，土壤便会有病菌积存，如果不进行处理，便不适合草莓种植了。

（六）草莓合作社的发展规模不宜过大

从三村村惠民草莓合作社的发展经验来看，草莓合作社的发展规模不宜过大，一是上述招工困难以及工价贵等问题，另外一个是规模扩大之后面临技术上和管理上的瓶颈，难以解决种植经营过程中的激励机制。维持在适当的经营规模可以充分带动并利用农户自家种植草莓的积极性。

执笔人：谭明智

成都市崇州市新华村新念
土地股份合作社

一、土地股份合作社成立的背景

（一）村基本情况

四川省成都市崇州市锦江乡新华村地处锦江乡东北，全村面积
4.1 平方公里，耕地面积 4024.41 亩，其中水稻种植面积 3200 亩。新
华村在 2005 年由两个村合并而成，全村现有 20 个村民小组，总户数
1024 户，总人口 3093 人，劳动力 1875 人，人均耕地面积 1.3 亩。

（二）土地分配与制度变化

新华村 2009 年开始进行土地确权到户。在土地股份合作社成立之
前，新华村有 100 多亩地流转出去给业主种树，当时的土地流转费是
每亩 1000 多元，流转的都是成片的肥沃土地。农民出去打工之后，很
多人的土地都是免费送给别人种的，代种的土地面积占耕地面积的1/4
左右。在土地股份合作社成立之前，农业生产的情况是，劳动力大春
时节回农村从事农业生产，其他时间出去务工。

（三）劳动力转移与农业用工情况

在 20 世纪 80 年代末 90 年代初，新华村外出务工的情况开始出现并且务工人数逐年增多。本村现有劳动力 1875 人，共有 900 多人外出务工，其中有 400 多人是外出务工，500 多人是在成都就近务工。外出务工的农民主要从事的产业是建筑业，务工流入地是云南和西藏。就近务工主要是在酒厂工作，务工地点也经常出现变动。

关于农业用工，每亩土地的用工要看机械化的程度。如果使用机械，每亩地 3~4 个工；如果不使用机械，每亩地大概 10 个工。其中，3~4 个工主要是搬运工。10 个工，主要用在插秧、喷药、施肥、灌溉和割草等环节。

在土地股份合作社成立之前，全程机械化基本上是没有的，因为土地细碎，机械不好使用，其中机耕和机收基本都达到了，所以说土地股份合作社成立之前，应该是半程机械化。土地股份合作社成立以后，机械插秧、机械耕地、机械收割和机械防治，实现了全程机械化，这是因为土地的适度成片提高了机械化的工作效率。

二、土地股份合作社的制度安排和运作细节

（一）新华村的土地股份合作社

2011 年 3 月，按照村民小组为单位，新华村成立了 8 个土地股份合作社。2011 年 12 月，新华村对 8 个土地股份合作社进行了联合组建，注册成立了崇州市新念土地股份合作社。2012 年初，又增加了 3 个村民小组。现在的新念土地股份合作社共包括 11 个村民小组，分别是陈家林、潘家巷、李家百林、张家梗子、华顺、郑家庙、茨街子、

崔家林、王家阁、冯家林和吴家粉房。新念土地股份合作社入社土地面积 889.46 亩，入社 277 户，主要种植作物为大春种水稻，小春种小麦、油菜和蔬菜。

新念土地股份合作社相当于一个大的联合社，下属的 11 个合作社都是自己种自己的地，每个合作社自己聘请自己的职业经理人。这 11 个合作社都是独立核算的，新念土地股份合作社会帮助协调一下各个方面的业务。每个合作社内部的经营都是自主决定的，联合社只是提供一些服务。

全村还有 9 个小组没有参加土地合作社，其中有 4 个小组是因为土地在交通便利的地方，在等业主来进行流转，还有 5 个小组是有部分土地分散参加了其他村民小组的土地股份合作社。这 11 个合作社不完全是以生产小组为边界的，这是因为土地确权之后，以农户为单位的土地可以自由流转，打破了原生产队的界限。

（二）合作社的章程设置：以陈家林合作社为例

按照《崇州市陈家林农村土地承包经营权股份合作社章程》的安排，主要有几个方面内容：土地折股与股权认定、股东的权利与义务、合作社组织机构和财务制度与收益分配。

第一，土地折股与股权认定。按照《崇州市陈家林农村土地承包经营权股份合作社章程》的规定，每 0.01 亩土地承包经营权为 1 股，以户为单位，对入股土地面积以承包经营权确认面积为依据，全合作社初始股份总额为 18771 股。

合作社的股份都是土地入股，没有资金入股。合作社共有土地 889 亩，工商注册的时候用了 430 亩，注册资金是 650 万元，这是按照每年的收成乘以年份来计算的。合作社的农业机械启动资金是农民自筹的，每亩地一个农民按照土地面积交 100 元作为启动资金。

第二，股东的权利主要体现在：可以按照入股份额享受合作社的红利分配，出席股东大会并对合作社的发展形势行施表决权，并且在合作社终止之后依法取得土地承包经营权的份额。股东的义务主要体现在：执行股东大会和理事会的各项决议，为合作社的发展尽职，入股土地被征用或征收时，服从统一规划并享有土地征占资金补偿。

第三，合作社的组织机构主要包括股东大会、理事会与监事会。股东大会是合作社的最高权力机构。陈家林合作社共有股东代表 58 名，由股东直接选出，每届任期 3 年。股东代表大会每年至少召开 4 次，选举和表决都是一人一票制。

理事会由 3 人组成，经股东代表大会选举产生，每届任期 3 年。理事长为合作社的法定代表人。理事会的主要职能是，制定合作社的发展计划、年度投资方案和分配方案，制定合作社的管理制度并进行管理。理事会会议每半年召开一次。

监事会由 3 人组成，由股东代表大会选举产生，每届任期 3 年，设监事长一名，监事会成员不得由理事会成员和财物负责人兼任。监事会的主要职能是，检查合作社的社务和财务的运行情况。

第四，财务制度与收益分配情况。按照《章程》的规定，基本原则是风险共担、利益共享、积累共有。

具体的施行情况是，陈家林合作社的收益分配是"保底分红"的机制，按照每年土地种植产量和收益来进行分红，其中保底部分归农户，超产部分按照1:2:7的比例分别分配给合作社公积金、职业经理人和农户。将职业经理人的收入与粮食的产量相挂钩，对于保证粮食生产和提高农业职业经理人的生产积极性是十分必要的。

（三）合作社的运作：以陈家林合作社为例

在当前的人地结构下，大量的农村劳动力外出务工，只剩下老年人和妇女在农村种地，土地股份合作社的出现解决了这一问题。将生产队的耕地集中起来，入股成立合作社，聘请一位农业职业经理人来从事农业生产。所以在合作社的日常运作中，职业经理人的选拔和日常的工作都非常重要。

而和职业经理人的日常工作密切联系的就是合作社的分红机制。分红机制对于保持职业经理人的生产积极性是非常重要的，因此，不可忽视的就是通过合作社的分红机制来考察合作社的日常运作。

除上述两点，从合作社整体的运行情况来看，陈家林合作社在土地股份合作社统一经营的基础上，为入社社员提供种子、农药和肥料"三统购"，机耕、机插（播）、机防、机收、管理（放水等）"五统一"的统一管理和服务。同时，合作社还会根据社员为合作社服务的情况提取部分服务费作为公益金和务工人员的收入。

第一，职业经理人的选拔酬劳。在新华村的合作社中，每个合作社都是自己聘请自己的职业经理人，但是关于职业经理人的选拔标准是比较一致的。一个非常明显的现象就是，各个合作社一般都会选自己生产队里的生产能手，而不会选外村的人来做职业经理人，因为股东代表们还是觉得本生产队的人更加令人放心。

不仅要选放心的人，还得选大家都认同的、可以管理好耕地的生产能手，因此职业经理人也都是从事农业种植的，并且是很有经验的。

而关于职业经理人的酬劳，在新华村刚刚成立合作社的时候，职业经理人的分红比例比较低，对于职业经理人的积极性的调动不高。最早是1：1：8的分红比例，也就是超产部分按照这个比例分别分给合作社公积金、职业经理人和农户，后来改成了1：2：7。不同合作社还有不同的分红比例。

第二，合作社的分红比例非常重要，但是这个问题在每个合作社又不是特别一致。总体来看，在新华村主要有三种分红方式，一种是以陈家林合作社为代表的"除本分利"的经营分配方式，第二种是以冯家林合作社为代表的"保底经营"的经营分配方式，第三种是以华顺合作社为代表的"保底分红"的经营分配方式。但是，对于这三种分红方式的考察并没有发现不同。其中，陈家林合作社为代表的"除本分利"的分红方式是大部分合作社采用的分红方式。

陈家林合作社是属于新华村第五生产小组，共有 83 户人，水稻种植面积 281.07 亩，其中有 47 户加入土地股份合作社，入社土地面积达到 149.07 亩。分红方式是"除本分利"，这种分红方式是要保证一个最低限度生产量，这被称为"保底产量"，如果实际产量超出保底产量的超产部分，要拿来按照1:2:7的比例分红。表1 更直观地反应了这一分红机制。

表1　　　　　　　　　　合作社分红比例表　　　　　　　单位：元

户名	面积（亩）	保底产量		实际产量		成本投入	补贴收入		盈余部分		分配方式		分配比例（%）		
		数量（斤）	金额	数量（斤）	金额		种子	肥料	扣除成本所得	超产部分	现金	实物	农户	合作社	能人
某人	1.14	912	1076	1254	1479	725	102.6	45.6	351	403	781	无	282.1	40.3	80.6

从这个表中我们可以看出，保底产量是合作社和职业经理人签订的任务产量，职业经理人经营合作社的耕地，要达到这个产量，后面的是实际产量，可以看出已经超过了保底产量。那么，实际产量金额减保底产量金额就是盈余部分中的超产部分金额（即 1479 – 1076 元），就算没有超产，农户也可以得到保底产量金额减成本投

入金额（即 1076 – 725 元），盈余部分的这两个部分加起来就是实际产量金额减成本投入金额（即 1479 – 725 元）。而合作社的分红机制 1:2:7 具体就是在超产部分 403 元里进行利益分割，其中农户得到 282.1 元，合作社得到公积金 40.3 元，职业经理人得到 80.6 元。但是，农户所得并不仅仅是分红的部分，还有保底产量的所有和补贴收入。

在一户农户的一亩地中，职业经理人可以得到的收益就是上述的情况，合作社的入股土地越多，职业经理人得益越多，而只有职业经理人赚钱了，入社农户也才能得到更多的收益。所以在这种分红比例下，如果合作社土地面积大，职业经理人是可以有很可观的收益的。农户也在这种分红方式下得到了更多的收益，新华村的陈家林合作社 2011 年大春水稻生产平均每亩分红 595 元，比一般农户要高。

还有一项内容是合作社分得的公积金，这部分钱主要是为了下一年的扩大再生产。公积金按照股份量化，不是集体的，具体的作用是入社的社员开会决定的。公积金的性质是入社社员的，用途是合作社的公益事业和农业发展。公积金不是按照行政区划的性质来分红的，所以不能和村或者生产队的界限等同，涉及多少社员，就归这些社员共有。

（四）土地股份合作社取得的成效

1. 总体成效

土地股份合作社统一组织农资采购，进一步降低了生产成本；统一销售，增加了经营收益。这有利于实现农业生产的机械化、标准化、集约化、规模化和品牌化，更有利于土地资源和人力资源的调配和使用。

土地股份合作社的生产方式和组织方式增加了农作物产量。从新华村合作社的效益来看，各个土地合作社的水稻亩产量都在 850～900 斤，个别合作社的产量达到了 1000 斤以上，普遍高于一般农户的产量。

土地股份合作社有利于订单农业和农产品的品牌化。新华村在 2011 年上半年与崇州市国家粮食储备库签订了"优质富硒水稻"的订单，平均亩产（湿谷）1200 斤，销售价格 1.18 元一斤，每亩分红 590 元，比未入社农户平均每亩多增收 200 元。2011 年下半年与成都市古味觉食品有限公司签订了 1000 亩青菜的农业订单，农民增收 10 余万元。

2. 具体成效

土地股份合作社可以在生产中降低成本并且提高收益，这体现在合作社和普通农户的生产成本和收益的对比之中（见表 2）。

表 2　　　　合作社和普通农户在大春种植水稻时各生产环节对比

生产环节	新华村合作社	普通农户
肥　料	每亩需 30 公斤，110 元	不用测土配方，每亩 100 元
农　药	每亩 60 元左右	每亩 60 元左右
种　子	每亩 50 元左右	每亩 50 元左右
机　耕	每亩 60～75 元之间	因为是小块土地，每亩 90～100 元
机　收	每亩 60～70 元之间	不倒伏每亩 90～100 元，倒伏每亩 180 元
灌　溉	每亩 20～35 元之间	自己灌溉，成本较低
机械插秧	每亩 260 元	自己育秧每亩 110 元
施肥打药	用工每亩 30 元	自己的人工，不算成本
运　输	每亩 30～50 元之间	自己的人工，不算成本
晾　晒	每亩地 70～100 元	自己的人工，不算成本
成　本	每亩地生产成本 750～800 元之间	每亩地成本 500 元左右

生产环节	新华村合作社	普通农户
产　量	亩产 1000 ~ 1100 斤，每亩地 1400 ~ 1500 元总收入	亩产 850 ~ 900 斤，每亩地 1200 元总收入
收　益	纯收入每亩 600 ~ 700 元之间	不算人工成本，每亩地 700 元左右

　　这里面有一个问题值得注意，如果仅仅从数字上算，普通农户的收入和合作社的收益差不多，而且只算成本的话，普通农户的成本比合作社还低。但是，这里面的问题在于：普通农户有四项生产成本是没有算人工的，如果算上也是一笔成本。按照现实的情况，新华村的劳动力大部分是大春回来种粮食，其他时间外出务工，大春期间耽误打工，打工一天至少可以取得 100 元的收入，一亩地需要 10 天左右的时间进行耕种，这样算下来还有 1000 多元。如果自己做不完，需要请别的村民来帮忙的话，还需要请村民吃饭。在这种情况下，如果再加上从外地和本地的往返路费，对于普通农户来说，成本就比上面显示的数字大了很多（见表 3、表 4）。

表 3　　合作社和普通农户在小春种植小麦和油菜的成本和产量对比

作物生产环节	新华村合作社		普通农户	
	小麦	油菜	小麦	油菜
种子	每亩 50 元	合作社种植油菜有一个专门的服务公司，机耕、机收全部机械化，大概是 410 元，农药每亩 30 元左右	每亩 50 元	普通农户种植油菜，如果是自己收打，总成本很低，可以不算人工
肥料	每亩 90 ~ 100 元		每亩 90 ~ 100 元	
播种施肥人工费用	每亩 30 元		自己的人工，不算成本	

续表

作物生产环节	新华村合作社		普通农户	
	小麦	油菜	小麦	油菜
农药	每亩 40～50 元		每亩 40～50 元	
收割	每亩 60～80 元		自己的人工，不算成本	
运输	每亩 30 元			
晾晒	每亩 30 元			
成本	每亩 350～400 元	每亩 450 元	每亩 180～200 元	每亩 30 元
产量	亩产 600～700 斤，每亩地总收入 600～700 元	每亩地总收入 750～800 元之间	亩产 500～600 斤，每亩地总收入 500～600 元	亩产 320 斤，每亩地总收入 800 元

表4　　　　　　　　　小春种植小麦和油菜的收益情况　　　　　单位：元

收益情况	土地股份合作社	普通农户
小春小麦的收益	每亩 100	每亩 300～400
小麦油菜的收益	每亩 350～400	每亩 770

和大春种植水稻的情况一样，普通农户在种植的时候没有把自己的人工算为成本，如果把普通农户的人工算为成本的话，农民种植小麦和油菜所得的收益将会很少。

三、评　　价

（一）土地股份合作社与土地流转的关系

第一，经营权的问题。合作社经营的内容——种植的作物，是参加合作社的社员共同决定的，一般只能种植传统的粮食作物。因为农民都有这个意识，种植花卉苗木的话，可能会得到短期的利益，但是种花卉会损失土地的肥力，是没有长远利益的。

　　而土地一旦流转给了业主，那么经营权就在业主手里，种植的作物是业主一人决定的。业主基本上都是种花卉苗木，因为种植花卉的效益高，这也是业主付出高额流转费的原因。但是这种做法是损失长远利益的。

　　第二，意愿问题，而且这种意愿问题还涉及一个参与度的问题。土地股份合作社遵循"入社自愿，退社自由"的原则，在实际中也确实有农民自由入社、自由退社的现象。这种规定确保了自由入退社的权利在农民手中。那么对于入社的农民来说，合作社的效益与自己的分红密切相关，这在一定程度上增加了合作社内农民的参与度。

　　而土地流转给业主之后，一般都会签订一定时限的土地流转合同。在合同期内，流转出土地的农民是不能自由自愿地收回土地或者改变土地流转对象的。这种情况也在一定程度上减少了农民的参与度，因为土地收益的好坏在合同期内与自己无关。

　　第三，区位问题。土地股份合作社的区位一般都不如土地流转地带的区位好，一般都处在一个交通条件不是很便利，而且土地也不是非常成片的地区。而土地流转的地带区位一般都比较好，因为业主可以支付高额的流转费，业主流转到的地方一般都是交通便利、土地成片的地方。

　　总之，土地股份合作社从战略角度来讲，种植粮油作物可以保证国家的粮食安全。而土地流转的问题在于，土地流转失败的可能性会比较大，尤其是规模较大的土地流转项目。因为土地流转项目的目的性不完全一样，有的是为了经营，取得收益；有的是为了取得政策的支持，所以土地流转项目在退出的时候可能会失败。

　　土地流转的项目如果是种植花卉苗木，表明这个时期花卉苗木的市场需求量大，但是不能要求这些土地流转的项目全都去种花卉苗木，长期下去会出问题。土地股份合作社可以保证大部分的土地还掌握在农民手中，因此土地股份合作社未尝不是一种过渡的、可取的方式。

（二）新华村与新华村的合作社

四川省成都市崇州市锦江乡新华村在本村的现实情况，就是在人地结构不合理、劳动力大部分外出务工而只剩下老人和妇女种地的情况下，组织了农村土地股份合作社，聘请农业职业经理人来经营农村土地。这种做法是有着实时实地的合理性的，可以在一定程度上解决普通农户不靠农业生产生活之后农村土地没人种的问题，还可以在一定程度上解决 10 年后谁来种地的问题。

执笔人：韩启民　谭明智

成都市崇州市杨柳土地
股份合作社

一、成立的背景

　　杨柳社是崇州市最早搞起土地股份制的合作社。杨柳社想到搞土地股份制合作，要应对的主要是劳动力问题。当地农民，青壮年几乎全部出门打工，在村中务农的均是妇女或是 50 岁以上无法出去打工的男人（常年在外打工的占总劳动力的 64%）。这种劳动力的短缺在各家各户参差不齐，有的家里有人种地，有的家里无人能种，承包地就不能有效利用。为了解决"谁来种地"的问题，杨柳社中 31 个农户决定拿出 95 亩左右的土地承包经营权，按每亩 100 股的形式组建土地股份合作社，实现统一经营、按股分红、风险共担、利益共享。

二、应对问题

　　杨柳社最初是为了应对劳动力问题而诞生的。走到现在，当我们结合当地的经营常规去考虑杨柳社的机制设计时，我们发现它实际上应对了三个农业生产中的重要问题。

首要的是劳动力问题。

其次是资金问题。家庭联产承包责任制下，一家一户的生产很难积累其资金。在我们的调查当中，我们发现农户同时作为一个经营单位和生活单位，每年的收入往往只能保证自己一年的生活费用和下一年的生产投入，实际上很少能够存款。对于想大幅改动自己生产方式或者从粮食作物转向经济作物生产的农户，很难获得启动资金。

最后是人才问题。很多讨论中假设了农业生产不需要人力资本的投入，任何人都可以从事农业生产。这难免有所偏误。在小农户中，农民既需要进行生产决策、种植劳动，还需要改进技术、销售产品乃至风险控制。这实际上对农民的生产技能和生意头脑提出了不小的要求。在今天，农业部门的收入偏低已是事实，我们可以猜测头脑较好的人更倾向于去城市闯荡，那么农业部门的生产能力和销售水平就成了问题。

下面我们就谈一谈杨柳社的机制如何应对上述三个问题。先谈一谈杨柳社的股份合作如何解决劳动力的问题。

三、劳动力问题

杨柳社的股份合作是如何解决劳动力问题的呢？主要从下面几个方面来看。

土地股份合作社首先是一种土地的集中，集中之后统一管理。在劳动力使用方面，可以以雇工的形式利用起村里和村外的劳动力，提高劳动力的使用效率。成都平原上人多地少，杨柳社的人均土地只有1亩左右。如果各家各户种，有劳动力的农户种自己的一亩三分地，可谓游刃有余，劳动力出门打工的农户则只好荒着土地。把土地集中起来，干农活的时候需要多少人就喊多少人，社中的劳动力人均耕作面积扩大了，各家各户的土地都得到了耕种。有人问，集中之后的土地靠这么点人种得过来吗？农业生产对于劳动力的总投入需求并没有那么大，留守的劳动力尚可勉强应对，何况还有一个因素——机械化的帮助。

土地集中管理之后，雇佣机械化服务的成本降低了，机械化的水平也提高了。土地集中之后，地块更大了，整块农村土地的机耕、机收可以统筹安排，花费的人工和时间减少了。崇州市在介绍自己的经验时特别强调，土地股份合作是一种有效地集中土地进行规模经营的模式，但是必须有方便的机械化服务相配套，规模化经营的优势才能显现出来。所以，崇州市对自己搞的"农业服务超市"非常自豪，这一"超市"可以为客户提供农业相关的机械、技术服务，包括犁田、耕田、插秧、施肥、收割、运输、晾晒、加工包装、储存等全程机械化服务；农药、种子和肥料；病虫害专业化防治、生产管理、稻麦代育代管；等等。

四、资金问题

土地合作社可以扩大资金的投入规模。杨柳社建立之初，曾按入社土地每亩100元的标准筹措了一笔启动资金。但是这里重点要说的不但是各家各户筹措的资金，还有银行贷款。杨柳社从2011年起把合作社的土地承包经营权拿去进行银行抵押贷款，获得贷款上限16万元的资质。到目前为止，杨柳社贷款两次，2011年贷款6万元已经还清，2012年贷款10万元尚未还清。这两笔资金主要用于小面积经济作物羊肚菌的固定投入。

有人说，银行抵押贷款抵押的是个人的土地承包经营权，不需要合作社也可以搞。但是事实上，由于对土地价值进行估价比较复杂，风险评估比较困难，银行要挨家挨户地谈贷款比较难，索性就不做了。土地股份合作不但是一个土地的实际集中，也是一个产权的集中，降低了土地承包经营权抵押的难度。

五、人才问题

提到人才问题，就不得不提崇州市推行的所谓"职业经理人"制度。

杨柳社的职业经理人周维松在30多岁，早年为农发局的农业技术人员，现任杨柳社和另一个合作社的职业经理人以及桤泉农业服务超市站长，其主要收入来源除了在合作社领取的分红和奖金以外，农业服务超市站长的工资也是一部分。

杨柳社之所以选周维松，是因为他的农业技术好。此外，先聘一年，经理可以赊销农资和种子，不需要任何的抵押，只需要一个欠条就可以赊销，大家都很信任他。种什么作物是职业经理人向合作社提议，种田的农户是职业经理人来选，种子、化肥等农资通过职业经理人统一选择购买。

周维松懂得农业生产技术，也有一定的经营头脑，他来合作社进行统一的管理经营，为农民打开了新思路。但是，对他的身份"职业经理人"的概念其实并不准确。因为他兼任着其他职务，其实并不是一个专职的经理人。

从实际情况来看，农业生产的剩余较低，能够给职业经理人的分成非常有限，实际上养不活一个严格意义上的职业经理人。我们看到其他合作社的职业经理人，有的自己搞一点养殖，把合作社生产的玉米买为饲料；有的搞一些农资的流通，做职业经理人的同时可能借机赚取一些批零差的费用。

六、经营情况

下面的问题是杨柳社的做法到底挣没挣到钱，怎么挣到的钱？通过对杨柳社5个种植季节账目的简要分析，我们可以下一个判断。

杨柳社地处成都平原，一年两季，分为大春、小春。大春种植水稻，小春种植小麦、油菜等经济作物。成立合作社以来，利用银行贷款的资金支持和专家大院的技术支持，杨柳社在职业经理人的带领下开始小面积种植羊肚菌。

表1是对前四个季节种植和销售情况的一个简要归纳。第五季的产出因还未出售，暂不列入。

表1　　　　　杨柳社前四个季节种植和销售情况　　　　单位：元

时　间	种植作物	亩数	毛收益	总成本	纯收益	亩均纯收益
2010年大春	水　稻	80	109371.6	39832	69539.6	869.245
2011年小春	羊肚菌	10	88434	40921	47513	4751.3
	小　麦	75	34739	22173.5	12565.5	167.54

时　间	种植作物	亩数	毛收益	总成本	纯收益	亩均纯收益
2011 年大春	水　稻	80	123346	34258	89088	1113.6
2012 年小春	羊肚菌	10	67710	51088	16622	1662.2
	油　菜	30	22593.37	25094	24316.37	324.2183
	小　麦	45	26817			

细读表 1，可以获得以下信息。

（1）羊肚菌的价格波动较大，属于高投入、高回报、高风险的作物。从 2011～2012 年，投入提高了 25%，毛收益却下降了 23%，两年的收益落差巨大。

（2）水稻、小麦的生产成本是比较稳定的，跨年的变化不大。由于有国家收购价托底，这类作物的收益波动往往是由产量波动决定的，因而这一波动不大。种植粮食作物的收益比不上经济作物，但是风险是很低的。

（3）通过对羊肚菌种植的进一步分析，我们可以看到合作社比起小农户的优势。一是扩大了种植规模，降低了成本。羊肚菌的不少成本来自固定投入，比如大棚、搭架，这些投入可能会享受规模效应。二是提高了抗风险能力。如果小农户进行经济作物的生产，往往可能是某一年赚了很多，第二年又赔了进去，风险较大。合作社进行经济作物生产，种植总规模较大，则可以通过与粮食作物和一般经济作物的组合分散风险。例如，总种植面积的 10% 用来种植高风险经济作物，其他土地种植低风险作物，应对价格波动。小农户的户均土地才几亩，如果进行这样的组合种植，是不方便也不划算的。

由于缺乏合作社成立之前该村的生产、销售数据，我们难以通过对比判断合作社成立、改变种植方式之后收益是否增加了。然而这一数据的缺失本身就是耐人寻味的。小农生产不需要记账，因而也不存在数字管理。合作社成立以后由专人记账，尽管账目很不规范，但至少提供了一定的记录，为更细致地管理决策提供了依据。

七、增收情况

对于农民增收，土地股份合作社的效果如何呢？

杨柳社的基本分配形式是"超产分成"。大春时以干谷800斤为保底，先除去公积金，超过部分合作社的农户与职业经理人五五分红，农户内部按股分红。羊肚菌的分红方式为，纯收入中职业经理人和理事长各提10%的奖金，剩下的按股分红。实际上，每年的具体分配规则还要看当年的收益情况。如果总收益比较好，职业经理人和其他合作社理事会的成员可能多拿一点，算是股东大会对其的鼓励；反之，亦有可能少给职业经理人的分红。

截至目前，杨柳社共分红四次，情况见表2。

表2　　　　　　　杨柳社的四次分红情况　　　　　　单位：元

时　间	农户总收入	职业经理人分红	户平均收入	每亩分红
2010年大春	5590.14	6000.00	180.33	58.84
2011年小春	46685.00	2660.00	1505.97	491.42
2011年大春	67040.74	10400.00	2162.60	705.69
2012年小春	49530.00	2600.00	1597.74	521.37

农户分红在2010年大春的数据很低，这和合作社刚刚组建缺乏启动资金有关。之后三个种植季节的分配情况有着很好的代表性。事实上经过对账目的分析，我们发现合作社的收益几乎全部用于分配。

在职业经理人方面来说，从合作社获得的收入仅有8000~12000

元，跟城市工资相比是不高的。职业经理人分红要高于户均收入，说明职业经理人的收入跟农民比相对要高一点。因此，我们猜测担任职业经理人的人除了这一块的收入还有别的收入来源，或者职业经理人可以帮助他们进行自己的其他营生。因此，职业经理人其实并不是专职人员。

这里有一个隐藏的问题。根据账目，合作社 4 年的工资支出大概情况见表 3。

表 3　　　　　　　　杨柳合作社 4 年的工资支出情况　　　　　　单位：元

时　间	2010 年大春	2011 年小春	2011 年大春	2012 年小春
工资支出	10995	17009	12599.25	16379

我们不清楚这里的劳动力有多少人来自合作社成员。假设我们认为全部工资收入给了合作社成员，户均的收入在大春的时候还可以提高 350～400 元，在小春可以提高 500 元。

最后一个是解放劳动力的问题。合作社的成立是不是能够解放部分劳动力、使之进城务工提高收入呢？这个问题，杨柳社现有的数据回答不了。打工收入比起农业生产要高得多，情况更可能是以往有人宁愿不种地也要到城市打工。合作社的成立并没有增加打工劳动力的数量，只是减轻了他们的后顾之忧，同时更有效地利用了土地。

执笔人：李　代

邛崃市羊安镇汤营农业公司

一、邛崃市羊安镇汤营村概况

汤营村位于邛崃市羊安镇北部，离成都 50 公里，属于成都远郊。汤营村辖 15 个村民小组，总共 1170 户，3666 人；总耕地面积 2701 亩，人均耕地面积 0.75 亩。

2005 年汤营村开始了土地股份合作社的探索。土地经营方式改变与产业发展和人口流动状况紧密相关，下面就邛崃以及汤营的人口就业以及土地经营情况做一个说明。

（一）人口就业

邛崃市总人口 66.5 万人，其中乡村人口 51.3 万人。乡村劳动力资源约 38 万人，参与纯农业的劳动力约 20 万人，有 18 万~20 万人在本市转移就业或外出务工，而这其中有约 11 万人长年在邛崃市外务工。而汤营村劳动力转移就业或外出务工的比重更大，占到了该村劳动力总人数 2400 人的近 70%。

在调查中，该村支书对本村劳动力构成和就业情况有个形象的分类，见表1。

表1		汤营村劳动力构成和就业情况	
劳动力分类	特　征	就业方式	比例（%）
一类劳动力	有技术者	在外地打工	20
二类劳动力	青壮年劳动力	在附近工业园区打工	50
三类劳动力	40～60岁	闲散或者在汤营公司打工	30

同时，务工收入在邛崃市农村人口人均收入中占很大比重。根据邛崃市农口统计，2011年农民人均可支配现金收入8598元中，务工收入（工资性收入）所占比重达50%以上。邛崃市农民人均收入结构见表2。

表2	邛崃市农民人均收入结构	
来　源	具体项目	收入及比重
工资性收入	劳务输出，含农业产业化经营收入	50%左右，达4200元
畜牧业收入	生猪为主	30%左右，达2550元
种植业收入	以茶叶为主，其他有蔬菜、水果、粮油	15%左右，达1250元
其他收入	财产性收入，财政转移性收入	5%左右，达600元

（二）非农产业和农业产业化的发展

汤营村务工人口占其劳动力人口的高比重，得益于该村临近羊安工业园区。羊安工业园距离汤营村只有2公里，目前已经有145家企业，仅第二产业就需要工人3万人左右。汤营村有50%的青壮年劳动力在附近的羊安工业园就业。

此外，邛崃市的农业产业化发展十分迅速，本报告仅从农业龙头企业和专业农业合作社的发展情况做一个介绍。

该市有农业龙头企业32家，2011年收入34亿元，涉及肉食品加工、茶叶、粮油等行业。在32家龙头企业中，国家级龙头企业有2

家，市级龙头企业有 8 家。从带动劳动力上来说，在本地农业企业里长期工作的劳动力有 2 万多人，每年人均收入 8548 元。

邛崃市农村专业合作社也得到了比较迅速的发展，2011 年全市共有 260 个合作社。具体情况见表 3①。

表 3　　　　　　　　　　邛崃市农村专业合作社的情况

专业合作社数	260
1. 从事种植业的	110
其中：粮食产业	32
茶叶	19
蔬菜（含食用菌）	34
蚕桑	1
水果	16
其他	9
2. 从事林业的	12
3. 从事畜牧业的	93
其中：生猪产业	90
4. 渔业	3
5. 服务业	41
其中：农机服务业	14
6. 其他	1
7. 统一组织产品销售的合作社数	170

（三）土地流转和规模经营

截止 2011 年，邛崃市共流转农用地约 38 万亩，流转形式主要以出租为主（占了 88% 的比重），其次是转包（6.07%）和股份合作（2.97%）的模式。而流转土地的主体以农户（67.48%）和企业

①　数据来自于邛崃市农村发展局汇报材料。

（23.73%）为主，专业合作社（6.69%）流转土地仍然只占较小的比重。访谈中，农村发展局的同志介绍，流转土地规模在20～50亩的占了总流转土地的50%。我们可以用邛崃市农村发展局提供的数据对邛崃市土地流转情况做一个说明（见表4）。

表4　　　　　　　　邛崃市土地流转情况　　　　　　单位：万亩

指标名称	2011 年	2010 年
流转总面积	38. 6784	37. 4784
其中：1. 转包	2. 35	2. 35
2. 转让	0. 08	0. 08
3. 互换	1	1
4. 出租	34. 0484	32. 8484
5. 股份合作	1. 15	1. 15
6. 其他形式	0. 05	0. 05
流转去向		
其中：1. 流转入农户的面积	26. 0984	25. 7984
2. 流转入专业合作社的面积	2. 6	2. 05
3. 流转入企业的面积	9. 18	8. 83
4. 流转入其他主体的面积	0. 8	0. 8
流转用于种植粮食作物的面积	0. 6	0
流转出承包耕地的农户数	50340	45840
签订流转合同的耕地流转面积	12000	0
常年性撂荒面积	0	0

通过以上数据，我们发现邛崃市农村劳动力在企业（包括农业企业）中就业的占了很大的比重，务工收入在农民人均收入中也占据了相当的比例。也就是说，大量的劳动力从经营土地的农业生产中转移出来。邛崃市劳动力务工总结为三种主要的形式：外地务工、本地工业园区务工以及本地农业企业用工。

人口就业情况的变化导致土地经营方式发生很大的转变，土地流转所占的比重大，并为多种形式的土地规模经营形式提供了条件。

二、汤营农业有限公司的成立背景与发展历程

（一）成立背景

汤营农业公司成立于 2005 年，当初成立汤营农业公司经营土地有以下背景。

第一，汤营农业公司成立与邛崃市乃至成都市农村劳动力转移就业的整体情况有关。前文已经提及，汤营村在本地或外地务工的劳动力占总数的 70%，而这部分务工的劳动力又主要是有技术的青壮年。务工收入是农民人均收入的主要来源，占到了人均收入的一半左右；而土地生产经营的收益很低，算上一年两季的大春小春种植，一年一亩净收入不超过 300 元。所以，大量青壮年、有技术的劳动力从经营土地的农业生产中转移出来，导致大量土地闲置，从而使土地流转成为必然趋势。就羊安镇来说，全镇的 2.4 万亩耕地中已经有 1.5 万亩开始集中经营。

第二，汤营农业公司成立与 2005 年羊安镇的土地整理工作有关。羊安镇 2005 年实施了"金土地工程"，通过"小田变大田"和"宅基地变耕地"的办法，新增了 7000 亩耕地。现在，整个羊安镇集中居住人口超过 72%，最远的村子搬到距离新城一两公里的地方。汤营村目前 213 户已搬入了拆村并居的集中居住点（虽然汤营村看起来只有 213 户参与了土地整理，看起来比较少，但是实际上汤营村在工业园区规划区内，很多土地走的是征用的途径而非土地整理），散居的农户只有 6 个组，大概 400 户（这部分农户主要在规划

区内）。

土地整理给土地经营带来了一系列问题。首先，农户全部集中到集中区居住，耕作半径的扩大导致农户不能再回到原来的土地耕种，所以农户的土地怎么办就成了问题。其次，土地整理时把原来各家各户的土地打乱，出现了需要再分土地的问题。

第三，政府的鼓励和支持。村委在想如何处理土地问题的时候，从浙江人在成都租地种西瓜中得到了启发，提出了土地股份合作社的思路，并得到了市政府的支持，并由兴农公司入股 100 万元支持合作社的发展。

汤营村为何选择土地股份制的模式呢？因为汤营村有很强的土地流转的需求。首先，劳动力大量外流导致了土地实际上的闲置，甚至 2005 年之前经常是出租土地不收租金反而给耕种者 100 元肥料钱。其次，2005 年以后的土地整理和集中居住导致了耕作半径扩大，进一步增大了耕作成本。

但是，目前土地流转主要以出租为主，业主流入土地主要种植经济作物。这种土地出租的模式是"短命鬼"，因为业主流转都是短时间的，今年流转明年不一定会流转①。老百姓怕麻烦，就把租金提高，这样反而进一步阻碍了土地出租。也就是说，土地出租模式很高的交易成本导致了很难通过土地出租的方式解决汤营村土地流转的需求。在这样的情况下，必须有一个主体出来统一管理和经营土地。在羊安

_____

① 在访谈中，汤营村支书（同时也是汤营农业公司的总经理）说，土地出租是个"短命鬼"，一般土地租用最多 3 年期限。土地出租之所以"短命"，可能的原因是：流转土地种植西瓜是当地最为成熟的土地流转经营模式，而西瓜种植必须轮种，所以不能长期的租用同一块土地；除此之外，很难找到其他比较适合的土地集中经营项目。

镇的 2.4 万亩耕地中有 1.5 万亩集中经营，成立了 12 个土地股份合作社，而汤营村全村的 2228 亩耕地（以前土地有 3000 多亩，经过拆迁征用还剩下这么多）流入汤营公司的有 2070 亩，没有私人之间流转的情况[①]。

在具体的土地经营方式上，也有两种不同的选择，一种是村民以土地入股组成土地合作社以后，合作社再将土地流转其他业主的模式，在羊安镇的 12 个土地股份合作社中有 11 个采取了这种经营方式。另外一种是合作社直接经营土地的模式，只有汤营公司采取这种经营方式，但是汤营公司直接经营的土地也只有 1000 亩，其余土地再次流转给了其他业主。

（二）发展历程

2005 年 12 月汤营农业公司成立，股东主要由三部分构成：506 户农户以 1000 亩土地承包经营权入股，村集体以土地整理新增的 60 亩耕地入股，邛崃市兴农投资公司投入 100 万元股金成立汤营农业有限公司。入股的 1060 亩与市上投资的 100 万资金是对等的，各占 50% 的股份，核算的时候，每亩土地作价一股。其中，村集体入股的 60 亩土地是土地整理的时候增加的土地，属于"沟沟边边"。入股土地每亩每年保底收入 800 斤黄谷，公司经营利润一半留作再生产资金，另一半作为分红资金（兴农公司占 50% 股份，其余股东占 50% 股份）。公司的股东构成情况见图 1[②]。

[①] 没有加入公司的 200 多亩，是因为这些土地在"边缘地区"，道路和基础设施很差，公司无法去种。

[②] 来自于该村委会。

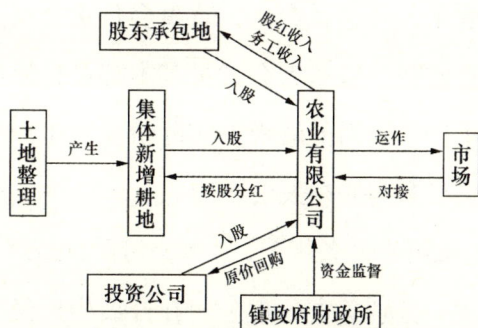

图1 汤营农业公司的股东构成情况

2007年汤营公司实行增资扩股，入股到公司的土地达到2070亩，入股农户达到了823户。

2010年，把农户的土地经过评估公司评估折成现金到工商部门登记注册①，这样农民的土地经营权可以用来化解债务（土地经营权用来抵押、流转以化解债务）。而以前农户是"投而不入"，如果公司破产，农户的土地还是农户的土地。

三、经营模式

（一）汤营农业公司的组织架构

《章程》第七章第十六条规定，"为保障公司生产经营活动的顺利进行，正常经营公司，设立股东会、董事会、监事会，负责全公司生产经营活动的预测、决策和组织领导、协调、监督等工作"。董事会

---

① 虽然汤营公司有2070亩土地，但是有近1500亩在规划区内。所以，只是对没有在规划范围内的511.33亩土地5年的经营权进行估价，总估价为2352118元；加上对等的资金股份，注册资金为4752220元。

和监事会都是由股东大会选举产生，董事会负责公司经营，监事会对董事会的活动进行监督。股东大会成员基本都是村里的老人，这部分人长期从事农业生产，因而能够根据实际情况对生产做出决策，并不是谁的股份大就选谁参与股东大会。

《章程》第七章第十七条规定，"本公司设总经理、业务部、财务部等具体办理机构，分别负责处理公司在开展生产经营活动中的各项日常具体事务"。汤营公司有工作人员10人，其中销售3人，会计、出纳2人，项目经理4人。目前，汤营农业公司的总经理和法人代表是胡桂全，同时胡桂全从20世纪90年代就开始担任汤营村党支部书记，并且"经济头脑很活"，同时还经营着自己的产业。

公司机构设置和具体运作流程如图2。

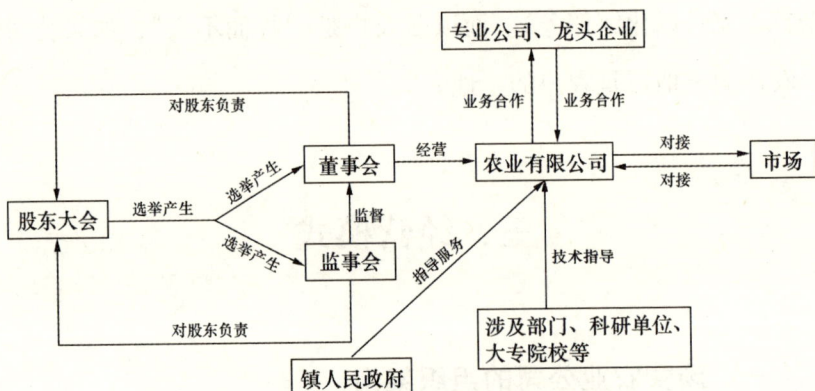

图2　汤营公司机构设置和具体运作流程

（二）汤营公司的具体运作

前文已经提及，与羊安镇的其他土地股份合作社不同，汤营村土地股份合作社除了将一部分土地转包给其他业主以外，自己还经营一部分土地。本报告将汤营村直接经营土地的情况做一个说明。

目前，汤营公司入股的土地有2070亩，不过汤营公司自己经营的只有1000亩，具体经营产业如表5。

表5	汤营公司具体经营的产业
生猪养殖	存栏2000头，年出栏5000多头，完全自繁自养
西　瓜	每年稳定在300亩，每亩西瓜产值在1.5万～1.8万元之间。西瓜的项目负责人是浙江人。汤营自从2003年起，就有浙江人来种西瓜。汤营公司就跟他合作，"我们提供土地，你出技术，创造利润我们一起分配"
食用菌	50亩的大棚食用菌，每年产量40万袋，每袋1.5公斤
蔬　菜	大棚蔬菜和常规蔬菜，面积有500亩，其中大棚的面积是106亩。项目负责人是本镇人，60多岁，是合作社找来的，以前就是种植蔬菜的能手
鱼　塘	360亩的鱼塘，转包给了10个人经营

图3是汤营公司各个项目在地理空间上的分布。

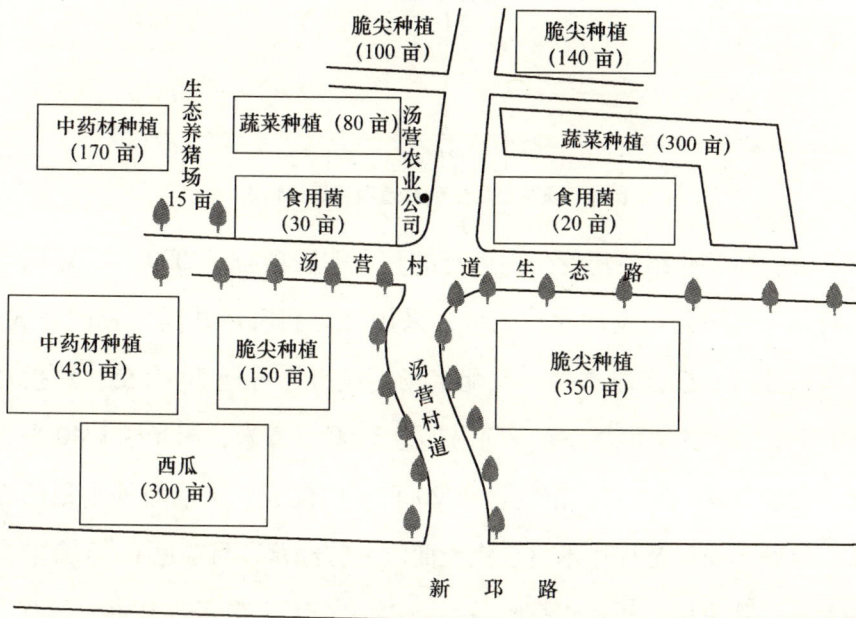

图3　汤营公司各个项目的地理分布

注：本图中的中药材和脆尖并非是公司目前直接经营的项目。

　　需要进一步说明的是汤营公司的生猪养殖板块。汤营公司在生猪养殖项目上，发动已经到新型社区集中居住的农户以现金入股公司。经营风险和利润，股东和公司各承担50%。现已建成生猪规模养殖场1个，占地15亩，已有200余户农户入股。汤营公司发挥了集中经营在购买农资和销售时的优势，在饲料购买和销售渠道，公司都与相关企业实行订单合作。2006 年，生猪养殖方面共收入 90 余万元，实现利润 6.9 万元，入股农户每股现金分红 110 元。图 4 为汤营公司生猪养殖项目运作情况示意图。

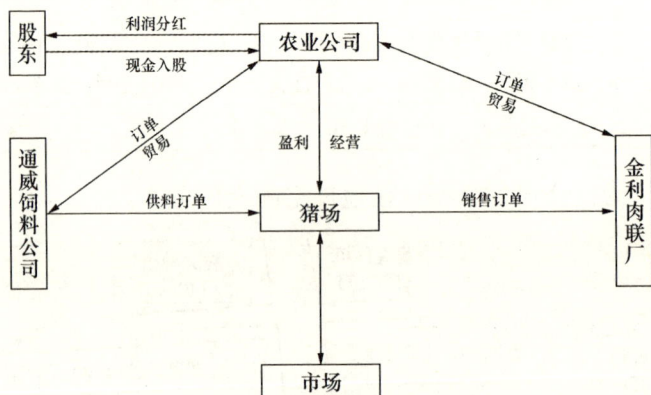

图4   汤营公司生猪养殖项目运作情况

最后简要介绍下汤营公司进行的其他非农项目。2009 年，邛崃市汤营农业有限公司发动农户入股，采用公司和农户共同出资的方式，在汤营社区 8 组修建木材、汽配市场。该市场占地 50 余亩，总投资 380 万元，建临时性办公室及简易摊位 3000 平方米，阳光棚 1740 平方米，堆场 2000 平方米。市场已于 2009 年底建成，采取对外出租的方式，接纳羊安镇及周边木材、汽配商家入驻经营，目前已有 20 余家汽配商家入驻市场，预计年纯收益达到 25 万余元。市场收益由公司及出资农户按照投资比例分配。

（三）项目负责人制

每个项目的具体运作都由项目负责人负责实施。项目负责人都是长期从事农业生产的农业能手。项目负责人只有 1000～2000 元的基本工资，然后根据业绩分成。

表6是汤营农业公司各个项目负责人的基本情况。

表6 汤营农业公司各个项目负责人的基本情况

	项目经理人情况	待遇	规模
生猪养殖	本镇外村		2000头存栏，出栏年3000头，占地20亩
食用菌	郫县，40岁，以前是食用菌养殖大户，2005年经营自己的土地，2006年到来	基本工资2500元/月+年终提成	50亩，40万袋（一说20万、30万袋）
西 瓜	浙江人，50岁		300亩，亩收益1.5~1.8万元
蔬 菜	本镇外村，蔬菜种植能手，60~70岁		500余亩，其中大棚106亩

每个项目需要的农业生产雇工由公司统一安排，价格都是由公司统一规定。汤营公司常年雇佣（即保证每个月20天）农业劳动力200人（以老人为主），这其中以本村人居多，平均收入每年8000~10000元。由于本村劳动力紧缺，临时雇佣农业工人主要以外村人为主。

规模经营也有利于降低生产成本。以蔬菜种植为例，常规种植每亩每年的投入在2000元左右，公司投入比散户经营要少①，并且也有利于机械化②。表7是2011年度汤营公司各个项目成本与收益情况。

表7 2011年度汤营公司各个项目成本与收益情况

		西 瓜	食用菌	生猪养殖	蔬 菜	总 计
	规 模	160（亩）	200000（袋）	（头）	500（亩）	
成本	单位成本（元）	4379.2	4.3	1310	不详	
	总计（元）	700000	1290000	471600	不详	
	收益（元）	413600	390000	260000	701719	1765319

---

① 但是具体如何减少缺乏数据和材料。

② 由于汤营主要是经济作物种植，很少涉及机械化耕作。

四、收益与分红

汤营农业公司 2005～2008 年实行"保底 + 分红"的收益分配办法，入股土地每亩每年保底收入 800 斤黄谷，此外还有分红收入——公司经营利润一半留作再生产资金，另一半作为分红资金。表 8 是 2006～2008 年"保底 + 分红"实现情况。

表 8　　　　　2006～2008 年"保底 + 分红"的实现情况

年　份	保　底	分红（元/亩）	入股土地（亩）
2006 年	兑现 800 斤黄谷	103	1060
2007 年	兑现 800 斤黄谷	155	2070
2008 年	兑现 800 斤黄谷	60	2070

2008 年以后取消了 800 斤黄谷保底，直接分红。同时为了规避风险，每年将从销售收入中提取 10% 作为抗风险基金。2011 年实现每亩土地分红 600 元[①]。

总经理胡桂全对于合作社的评价是，"社会效应大于经济效益"，"要说汤营公司效益多大多大，每年都纯赚 100 万元，那都是吹牛的"。"这么大的风险，在这么原始基础上成立的公司，要它每年创收多少，简直是胡说"。这个公司的社会意义在于，"它一直可以维持这么多的务工人员，一直可以维持"。此外，由于村集体在公司中占有一部分股份，"村里有什么事情，搞些什么公共服务，由于村里在公

---

① 虽然规定每年利润的一半用来积累、一半用来分红。但是 2011 年分红比例超过了一半，按照胡桂全的说法，这是因为"前几年积累了一定的利润，所以现在拿了较多的利润分红，没有按照一半一半来分红"。

司有一些股份，可以解决公共服务资金"。

五、土地经营制度的创新

（一）土地经营权抵押贷款

汤营农业公司曾在 2011 年用 511 亩土地经营权抵押贷款 100 万元，每亩土地一年经营权 920 元（一亩土地的 5 年经营权则为 4600元）。贷款经过成都农村产权担保股份有限公司担保，在成都农商行贷款 100 万元。在抵押贷款过程中，面临的最大问题是土地评估的问题。首先，没有对农用土地的评估标准；其次，也没有专门的农用土地评估机构。最后是市政府指定一家公司，参照征地补充标准，结合土地流转租金做了一个评估。

在羊安镇只有汤营公司一家成功的土地贷款，主要是政府在评估、担保和融资的各个环节都起到了很大作用。进一步，我们发现在邛崃范围内，土地抵押贷款还不是很普遍，甚至在整个成都都很少。首先，农业本身就是一个风险很大的行业。其次，银行规避风险也成问题，农业用地不像国有土地那样容易变现。再次，也没有相关的评估机构和评估标准。

（二）土地经营权评估注册

2010 年，汤营公司把农户的土地经过评估公司评估折成现金到工商部门登记注册，这样农民的土地经营权可以用来化解债务（土地经营权用来抵押、流转，以化解债务）。这种做法在全国都是唯一一例，并得到了工商总局的批准。

公司（或合作社）流转农户土地经营权以后，农业主管部门会再给公司（合作社）流入的土地发一个土地经营权证，这是成都市推动土地流转的一项重要试验。这样，流入土地的主体（公司或合作社）可以利用农业主管部门颁发的土地经营权证进行土地抵押或者注册。

六、讨　论

邛崃市土地流转普遍以出租为主要形式的时候，为什么汤营村采取土地股份制的办法？这个问题在文中已经给出了尝试性的回答，即目前的土地流转市场并不足以满足汤营村（以及羊安镇）农民大规模土地流转的需要。于是在政府推动下，采取了集中流转土地的办法，将土地集中经营。因而可以认为，政府、村集体在其成立过程中可以发挥很大的作用。

执笔人：付　伟

成都市金堂县翻山堰村菌果
专业合作社

翻山堰菌果合作社位于成都市金堂县翻山堰村，2010 年，合作社有 235 户农户，土地 527 亩，这是其基本规模。下面介绍翻山堰村菌果合作社成立的背景、历程、组织架构和运作现状以及其面对的一系列现实问题。

一、合作社成立的社会背景

（一）翻山堰村的自然位置及区位

金堂县翻山堰村距县城有 24 公里路程，距成都市 75 公里，有 1 条公交车线路通达村里。2012 年底有一条高速公路即将开通，届时去县城的路程将缩短为 12 公里，去成都市的距离将缩短为 45 公里。

（二）翻山堰村的土地利用

翻山堰村土地面积 6180 亩，其中水田约 2000 亩，旱地 2640 亩，由于该村毗邻龙泉山脉，故有林地约 1500 亩，距离村庄 6～7 公里。另外，本村还有 150 亩水域面积。

现有耕地 1200 亩还是由原承包户耕种，约 700 户，其中近 1000 亩是农户自己种植食用菌，剩下的 200 亩则是用来种植水稻及油菜。另有约 3000 亩土地流转出，分别是流转给菌果专业合作社 527 亩，养猪专业合作社 700 亩，业主 1400 亩，剩余的近 400 亩土地则属于私人流转。业主的这 1400 亩土地主要是用来栽种果树、种植蔬菜、发展观光农业等，租金 900～1000 元不等。

全村农作物种植面积近 4000 亩，主要种植食用菌、蔬菜与西瓜等。其中，食用菌种植面积超过 2000 亩，亩产约 5000 万袋/每年（每袋约为 1.5 斤，价格约为 5000 元/每吨）；蔬菜种植面积约 1000 亩，另外接近 1000 亩的土地栽种果树。

本村私人养殖业发展规模较大，主要发展生猪、家禽养殖，并成立有专门的生猪养殖合作社，年产生猪数量超过 1 万头。另有年产生猪数量超过 100 头的养殖户 12 家。

（三）人口与劳动力外流

翻山堰村共 17 个村民小组，1280 户，4382 人。总劳动力近 3000 人，其中男劳动力 1500 人，女劳动力 1500 人。常年在外打工的有 1900 人，举家在外的有近 40 户。劳动力主要流向广州，在外经商及从事建筑、服装鞋帽制造、物流、服务等行业。2008 年之后，因金堂县工业园及成都经济的发展，村里的劳动力存在部分回流的现象。现在在县城打工的人有近 300 人。闲散劳动力即年龄在 60 岁以上的老人，加上小孩，有 1000 余人。

（四）制度背景：土地确权

翻山堰村1983年包产到户。2010年，翻山堰村6100亩的耕地及林地均已确权至全村1280户。没有确权到集体名下的土地。本村有230户已经参与土地整理。全村集中居住预计到2013年实现，住址距离其原村两三公里。

（五）村庄经济及村庄财务情况

翻山堰村地理位置偏僻，多山地、丘陵，交通不便，没有村集体办的产业。

翻山堰村村集体并无收入，村干部及办事人员的工资一年在七八千元左右，由上级镇政府发放。2012年上级发放公共服务专项管理资金35万元，用于修建道路、电路改造及环境卫生的整治。

综上，就自然条件而言，翻山堰村土地平坦，有较为丰富的土地资源；就社会经济条件而言，同中国中西部的大多数农村一样，其存在着两个突出的现象，一是壮年劳动力的大量外流，导致该村"空巢"的现象严重，二是与人口外流相伴随的土地流转现象引人注目。这两个现象相互映照，应该说这两个现象为合作社的产生、成立提供了不可忽略的重要的社会经济背景。在制度层面，对于农村土地的颁证确权，为土地流转提供了制度性的依赖。下面我们再来看一下翻山堰村菌果合作社的成立历程，看一看除了土地、人口及制度环境这些必然性的因素之外，还有没有什么其他的因素激发了这个合作社的产生。

二、翻山堰村菌果合作社的成立历程

（一）种植食用菌的源起

翻山堰村 1983 年包产到户以后，农民主要种植水稻。但是仅仅种植粮食作物，经济效益不好，老百姓穷则思变，正好 20 世纪 80 年代末 90 年代初金堂县组织食用菌种植技术的推广，在翻山堰村种植食用菌的户数就多了起来。在成立合作社之前，食用菌在该村就已经得到了普遍的种植。现在翻山堰村是金堂县食用菌产量最多的村。

（二）各级政府的支持

2009 年，成都市有关部门在得知翻山堰村大面积种植食用菌之后，主动联系翻山堰村村委，给出了成立合作社政策方面的相关建议，加之当时正在进行土地整理，要进行集中经营，所以就成立了专业合作社，并进一步要以专业合作社为依托成立产业园，以起到提档升级、示范带动的作用。10～11 月，正是食用菌收获的时候，需要大量的人手，有的大户一天要摘两三万斤。所以说其食用菌的种植，除了在外面务工的，在村里面的剩余劳动力全部利用起来了。

翻山堰村建立合作社，主要针对的是以前规模小、产量不高的现象，以前的种植使用竹子搭的简易的大棚，现在建起了钢架的大棚，还修了一条路，实现了规模化生产，起到了提档升级的示范带头作用。

2009 年在刚成立专业合作社的时候，只有 11 个人，合作社土地160.98 亩。根据 2009 年 10 月 10 日签订的一份土地承包经营权流转合同，出让甲方为赵家镇翻山堰村村民委员会，法定代表人为村主任；

受让乙方为成都赵家镇翻山堰菌果专业合作社，法定代表人依然为村主任。

土地的流转方式为租赁，流转用途为建设食用菌产业园区，搭建标准化种植大棚。土地的流转期限为 2009 年 10 月 10 日至 2028 年 10 月 9 日，流转数量为 160.98 亩。

（三）村民自愿参与及动员

2010 年，合作社有 1、2、7、8、9 组 235 户农户，以其 527 亩农村土地承包经营权入股组建赵家镇翻山堰村菌果合作社。现在好多人是主动加入的，当然也有一些动员。合作社解决了一部分剩余劳动力的问题。

从翻山堰村成立的历程来看，依然可以看出人口、土地这些重要的结构性因素对于翻山堰村村民的决策所起的决定性作用，但同时不能忽略这些结构性因素与村民决策之间的一个关键的影响变量，即政府行为所起的作用。翻山堰村菌果合作社发展到现在，以至于要起到"提档升级、示范带动"的作用，与各级政府特别是镇政府的支持大有关系。

三、翻山堰村菌果合作社的章程及其运营

（一）有关组织机构及财务管理的重要章程

翻山堰村菌果专业合作社章程第十九条规定，农业专业合作社成员大会是本社的最高权力机构，由有全体成员组成，成员大会行使下列职权：

（1）审议、修改本社章程和各项规章制度；

（2）选举和罢免理事长、执行监事；

（3）决定成员出资标准及增加或者减少出资；

（4）审批本社的发展规划和年度业务经营计划；

（5）审批年度财务预算和决算方案；

（6）审批年度盈余分配方案和亏损处理方案；

（7）处理重大财产处置、对外投资、对外担保和生产经营活动中的其他重大事项；

（8）对合并、分立、解散、清算和对外联合等做出决议；

（9）决定聘用经营管理人员和专业技术人员的数量、资格、报酬和任期；

（10）听取理事长关于成员变动情况的报告。

第二十二条规定，本社设理事长一名，不设理事会，理事长为本社的法定代表人，理事长任期3年，可连选连任。

第二十三条规定，理事长行使下列职权：

（1）主持成员大会，执行成员大会决议；

（2）签署本社成员出资证明；

（3）签署聘任或者解聘本社财务会计人员和其他专业技术人员聘书；

（4）组织实施成员大会和理事决议，检查决议实施情况；

（5）代表本社签订合同；

（6）制定本社发展规划、年度业务经营计划、内部管理规章制度等，提交成员大会审议；

（7）制定年度财务预决算、盈余分配和亏损弥补等方案，提交成员大会审议。

第二十四条规定，本社不设监事会，只设执行监事一名。理事长、经理和财务会计人员不得兼任执行监事。

第三十一条规定，本社资金来源包括以下几项：

（1）成员出资；

（2）每个会计年度从盈余中提取的公积金和公益金；

（3）未分配收益；

（4）国家扶持补助资金；

（5）与本社业务相关的其他资金。

第四十条规定，当年扣除生产经营和管理服务成本。弥补亏损、提取公积金和公益金后的可分配盈余，经成员大会决议，按照下列顺序分配：

（1）按成员与本社的业务交易量（额）比例返还，返还总额不低于可分配盈余的20%。

（2）按前项规定返还后的剩余部分，以成员账户中记载的出资额和公积金份额，以及本社接收国家财政直接补助和他人捐赠形成的财产平均量化到成员的份额，按比例分配给本社成员，并记载在成员个人账户上。

（二）经营模式：土地与融资及其运作

合作社成立之初并非是土地入股的形式，而只是传统的反租倒包。后来，据介绍，在镇政府的牵头下考虑到产业园建立起来之后，加入合作社的成员除了每年可获取600元租金，社员的土地还有一定的分红。另外，可以创建一个示范性的食用菌种植基地，起到提档升级的带动作用。

合作社成立之初，除了社员的土地之外，13位业主出资100万元。2010 年，经社员商议，以 150 亩土地承包经营权为抵押通过金堂县现代农业投资公司借贷 150 万元，共有资金 250 万元。用这 250 万元修建了田间的道路以及 50 亩钢架大棚，平均每亩土地投资 0.5 万元。另外，2011 年下半年，还有来自外地的大业主修建了分别占地约 100 亩与 50 亩的食用菌加工厂（尚未使用，现在被用做仓库）与菌渣处理厂，分别预计投资 1000 万元和 600 万元。然后合作社再将这 150 亩土地以每亩 5000 元的价格返租给了出资的 13 位大户及两位大业主，由其自行生产，自负盈亏，同时每年获取 75 万元的租金收入，打造所谓"大园区，小业主"的模式。入社社员的土地租金（保低租金加分红）就是用这笔租金收入支付的。另外，"两年之后，设想从 13 名大户的销售收入中抽取一定比例的提成。"

除了用于发展食用菌种植及加工的 150 亩土地外，合作社还有入股土地 377 亩。这 377 亩土地用于种植果树，其要在四五年之后才能有产出。这部分土地的运作模式是，村民出土地，种植大户出树苗并负责其他栽种过程中的费用，5 年之后有产出时再五五分成。目前，这一块没有收入。农户之所以会让这位来自外村的种植大户种植这些土地，是因为这些土地本身是山地，比较偏远，平时基本被撂荒。

四、专业合作社的入股与分红

（一）翻山堰村菌果专业合作社的入股

最先入股的是 150 亩地，另外有 13 个大户采取资金的方式入股，即乡镇干部所说的是"两入股，两分红"的模式。除了农户拿自己的土地入股之外，还由 13 个大户出资了 100 万元入股。这 100 万元并没有明确折算成多少股，核算下来，大约 10000 元算做 1 股。农民的 1 亩土地算做 1 股。

（二）模糊的分红机制

先期建成的菌果种植园与后期 300 亩的水果种植园分成机制不同。

菌果种植园，面积 150 亩，收取业主每亩 0.5 万元的租金。当时规定，每亩土地分红除了 600 元的保底租金以外，分红不超过 600 元，10000 元分红不超过 1000 元。其中，用于建设废料处理厂的 50 亩土地由于已经开始投入生产，其 2012 年的租金一共是每亩 793 元。这个价格是社员商量的结果。其余的 100 亩，2011 年，农户的土地分红为 600 元，2012 年土地的分红每亩为 695 元，其中 600 元仍为保底租金，多出来的 95 元则为分红。这个分红数目也是通过社员开会决定的，目的在于调动社员的积极性。社员大会选出一定的社员代表参与讨论。由于产业园（村主任即本社社长习惯用产业园来称呼专合社）刚建立，没有利润，要还贷，因此出资 100 万元的业主在近 5 年内不予分红。

后期入社的 300 余亩用于种植果树的山地以流转的形式流转给了一位来自邻村的业主，由这位业主种植树苗及负责树苗的养护工作，最后待其有产出之后（约 5 年）再与农户五五分成。农户之所以答应 5 年之后再参与分成，是因为这些林地平时也基本处于撂荒状态。

（三）出钱的种植大户

当初出钱入社的成员就是现在的这些业主，他们也非常愿意找一块地方来发展食用菌的种植，因为其有较高的经济利润。这 13 个大户均来自本村。

这 13 个大户的生产经营情况如下。

主要投入：原料，包括秸秆、木屑、棉絮等，每袋约 2.2 ~ 2.5 元。人工费：每袋 0.7 ~ 1 元。每亩投入 6.75 万元。

产出：每袋 2.9 元，每亩 2.5 万袋。每亩产出 7.25 万元。

利润：每亩 1.5 万元。再扣除每亩 0.5 万元的租金，最后获得净收益约 1 万元。

这 13 名大户中，最大的一个业主租了 20 亩，可年产 50 万袋菌子，最小的一个租了 5 亩。因此，种食用菌的经济收益是相当可观的，而他们本身就像规模种植，合作社就为他们提供了这样一个平台。农民每亩 600 元的保底租金就来自于这些业主。

相对于种植粮食作物而言，种植食用菌的收益是高的，但是农民的土地数量是有限的，单凭这些收入不够，也不如在外务工的收入高。另外，种植食用菌需要较高的技术水平，单纯靠土方法也是不行的，没有竞争优势。从这个角度看，集中种植食用菌还是有优势的。

（四）合作社的台账

由于合作社不直接参与生产，所以它实际上并没有什么真正的台账。就目前来看，合作社主要的收入是出租种植食用菌的土地所获得的每亩 0.5 万元的租金，按照合作社章程的规定，这 0.5 万元，65% 的部分用于还款，30% 的部分用于分红，5% 的部分提取为合作社的公积金。专业合作社自 2012 年以后每年的收益可以非常简单的计算出来：即 0.5 万元×150 万元/亩，为每年 75 万元收入。

2011 年合作社的台账如下。

收入：土地租金收入为每亩 0.5 万元 × 50 万元亩，为 25 万元（另外租给两位大业主的 100 亩土地 2011 年尚未收取租金）。

分红：（并未以 30% 的收入进行分红，而是以每亩 695 元的租金支付给农户）150 亩 × 695 元亩，为 10.425 万元。

公积金：25 万元 × 5%，为 1.25 万元。

还款：14.575 万元。

负债：135.425 万元。

五、翻山堰村菌果专业合作社发展
面临的一系列问题

（1）上级政府插手现象严重，这与该合作社的成立性质有关。乡镇政府对于该合作社的理解是，"我们按照以合作社为依托打造产业园的思路，成立合作社主要是为了搭建一个平台，从而起到示范带动的作用。另外，还可以进行食用菌新品种的研发，集约种植，提高土地的利用率，还可以解决剩余劳动力的问题"。

（2）合作社内部组织运营极不规范，合作社的组织运营并未完全按照合作社的章程具体操作。涉及分红的问题，分红的具体数目不是严格按照合作社运营的收益来精确计算出来的，而是"社员们商量的结果"。与这个问题相连的更重要的问题是，虽然该合作社名义上是采取"双入股、双分红"的运营模式，但实际上有名无实，土地入股的程度很低，与之相应，分红的程度也不会高。

（3）合作社的资金链问题。翻山堰菌果合作社当前的运营模式实际上与反租倒包无异，只是在反租倒包之前相关的土地及生产的基础设施得到了一定的完善。合作社目前负债 100 余万元，而其收入近年内也主要以收取地租为主，这个数量是固定的，缺乏弹性，种植果树是否有收入以及收入如何也没有明确的预期，这在一定程度上让人怀疑其发展的后劲问题。

执笔人：王绍琼

案例
八

崇州市梁景土地股份合作社

一、股份合作社产生的背景

（一）村庄基本情况

梁景土地股份合作社成立于 2012 年 3 月，该合作社位于四川省崇州市集贤乡梁景村。该村距崇州市 5 公里，距成都市 30 公里，没有公交车通达。相对于崇州市的其他土地股份合作社，梁景股份合作社地处偏远，交通较为不便。

本村一共 888 户，2980 人，劳动力 1825。常年在外打工的 1150，其中男劳动力 710，女劳动力 440；举家在外的 36 户。本村在 2004 年进行过一次合并，是由梁景村和楞严村合并而成。本村一共 7 个小组，最大的组户数为 92 户，最小的组户数为 22 户。

（二）土地种植与村庄经济

1. 土地种植结构

本村分田到户是在 1982 年，确权之前每年根据人员变动进行土地调整。2008 年 7 月开始确权办证，其中 36 户的土地转让给亲戚朋友，自己种地的户数是 852 户。本村有 3460 亩地,其中水田 3309(承包地),旱地 100 多亩(集体土地),渔业用地 51 亩。整个村庄的种植结构是,大春水稻 3309 亩,小春小麦 1800 亩,油菜 1200 亩。本村共有 437 亩宅基地,没有进行集中居住。

本村耕地全部确权,其中耕地 2639 亩还在由原承包户耕种;120 多亩已经进行了流转,流转发生在村内,涉及流出土地的 75 户,涉及流入土地的有 1 户。该户为本村种植大户,主要种植大田蘑菇,每亩产量 3500 斤,效益约 15000 元。农户自种的作物为水稻、油菜和小麦。本村有 1 户养猪大户,养猪 500 头以上;15 户养猪 100 头以上。

2. 村庄经济

本村没有集体办的产业,有私人酿酒业,占地 70 亩左右,投资人包括本村人和外村人,7~8 家酒厂,可提供就业人数为 750 人,每年收入 1500 万元。

村级财政方面,转移支付每年 60316 元,其中办公开支 10000 元,工作人员工资 45696 元。2013 年的公共服务专项资金为 37 万元,2011 年的公共服务专项资金为 32 万元。

(三) 劳动力和就业

本村纯农户有 170 户,平均年龄 65 岁以上,以老人和妇女为主。在本县范围内打工的有 1305 人,主要是 20~40 岁的劳动力,分别从事建筑业与服务业。县外打工的劳动力有 520 人,主要是在成都和西藏打工,主要从事建筑业。这些年有 230 人回来。本村没有剩余的闲散劳动力。

二、合作社的运作情况

（一）合作社的成立

梁景土地股份合作社于 2012 年 3 月成立，参加股份合作社的农户一开始是 156 户，目前增加到 330 户；入社土地一开始是 558 亩，目前增加到 730 亩。梁景合作社目前主要由七个村民小组的成员构成。

在成都平原地区，通常农民都愿意将自己的承包地流转给外地的业主。因为"流转"这种土地租赁的方式保证农民每年能够获取一笔相对固定的且并不少的土地租金收入。梁景村的农民也一样。然而，梁景村距市区较远，交通也较为不便，因此该村的耕地无法以每亩1000 元左右的价格流转给外来的业主。于是在政府的引导下便成立了土地股份合作社。

（二）合作社的运行和制度安排

该合作社和其他的合作社一样，土地折股一亩 100 股，启动资金每亩 100 元。合作社目前无银行贷款，生产成本由职业经理人以个人名义进行私人借贷。经理人作为农资和农业生产服务的发包商，可以从中获取一些利润。职业经理人得到的好处有两个，一个是合作社统一购买农资的批零差，还有一个是购买农资和农业生产服务时 1% ~ 3% 的返点。

整个合作社按村民小组分为 7 个管理小组，每个管理小组再设一名职业经理人。但是这里的各小组职业经理人仅仅起到协调管理的职能，在生产经营、财务核算以及分红方面不具有独立性。因为整个合作社由职业经理人（牟崇伦）出资，因此他在合作社拥有较大的支配权；而各小组的职业经理人实际上只起到协调和联络的功能。

合作社目前遇到的最大的困难是机械化程度不高，土地过于分散，流动资金不够。合作社发展面临的问题还有雇工和基础设施等方面。雇工的困难在于劳动力的单价较高，还有一个因素是土地碎片和贫瘠。

（三）合作社的收益分配

合作社主要种植水稻、小麦和油菜，没有养殖业。合作社的分红方式为"保底分红"，就是说农户每亩会收到 200 斤大米的实物为保底收入，亩产超过 1000 斤黄谷时，超过部分按照 5∶3∶2 的比例进行分红，社员得 5，职业经理人得 3，公积金得 2。

由于合作社成立不久，第一季大春种植的水稻还没有卖出，因此暂时无法得知收益分配的具体执行情况。

三、总体评价

（一）保底收入偏低反映了该村的地理区位较差

较之其他的土地合作社，梁景土地合作社的保底收入偏低，仅为每亩 200 斤大米。而农民与合作社（或其经理人）之间之所以能够达成如此低的地租约定，说明梁景村的地理区位较差、级差地租较低。这也正说明了为什么梁景村的土地无法选择流转而是成立土地股份合作社。

梁景村的村干部认为，土地股份合作社是考虑到如何找到农业发展的出路问题时所想到的最稳妥的办法，是摸索出来的东西。土地股份合作社和土地流转应该可以相互转化和相互补充。因为合作社对土地位置的要求不高，可以直接接手土地流转做不下去的项目。

（二）偏低的保底收入无法激励职业经理人提高产量

合作社的分红方式为"保底分红"，就是说农户每亩会收到200斤大米的实物为保底收入，亩产超过1000斤黄谷时，超过部分按照5∶3∶2的比例进行分红。"保底"产量与"超产分红"产量两个值相差太远，使得职业经理人一般不会选择最大限度地提高亩产，而是选择一个对自己最为有利的分配方式的产量。

由于该合作社成立后只种植了一季大春水稻，因此无法得知其小春和经济作物的情况。但据村干部说，合作社打算在2012年小春种植牧草以提高效益。

执笔人：韩启民

成都市邛崃市种粮大户周家林

四川省成都市邛崃市固驿镇花园村村民周家林，2011年被国务院授予"全国种粮售粮大户"。2012年，周家林拥有通过流转来的耕地2000亩左右，涉及农户1000多户，共3000~4000人。主要从事粮食作物（水稻和小麦）和经济作物，包括油菜、中药材和食用菌的规模化经营。

一、发展情况

四川省成都市邛崃市固驿镇花园村村民周家林，从1982年毕业以后务农，当时只有几十亩土地可以耕种，包括自己的2亩多承包地和从外出务工、做生意的农民手中流转来的几十亩耕地。

2005年，国田公司进行整村流转土地，共流转土地4002亩，周家林从国田公司租种土地380亩，租金是600元一亩，租期10年。2006~2007年，周家林又从花园村的村民，包括一些亲朋好友手中流转土地，面积达到500多亩。

2008 年，国田公司因经营不善倒闭，要把流转的农民的土地退给农民，恰逢当年成都市试点确权到户，需要农民把土地认领回去。但是经过数年的流转，农民已经习惯了每年 800 斤稻谷的租金和在公司务工，周家林根据这种情况，又流转了国田公司退还的一部分土地和邻村仁寿村的土地。2009 年，土地已经达到了 800 亩左右。

2010～2012 年，通过流转，逐步达到了总面积 2000 多亩的规模。

二、生产经营情况

（一）生产种植情况

就 2011 年的情况，种粮大户周家林一共有 1000 多亩地，实行大春种植粮食作物、小春种植经济作物的做法，其中大春夏季（5～9 月）种植水稻，小春冬季（9 月到第二年 5 月）种植油菜和小麦，还有一部分土地种植中药材和食用菌等经济作物。同时兼营水稻制种。

具体的情况是：大春种植水稻 1000 多亩，小春种植小麦 500 亩，油菜 200 多亩，中药材 200 多亩，食用菌几十亩。

（二）土地流转和租金情况

在流转土地的方式方面，周家林主要是跟村集体谈流转土地，极少情况下也需要找具体的农户谈流转的事宜。一般情况下，周家林看中了一块地，会直接找到村上，由村上再找到小组上，进而找到具体的农户商量。流转土地需要和村长或者农户签订合同，一般也会给每亩地 20 元的中介费，这个中介费和地租没有关系，而是为了感谢村集体帮助协调土地和水源。

流转土地的农民和周家林不按照现金来结算，而是按照粮食产量来结算，粮食的价格按照市场的价格来定。土地租金是平均每亩地600~700斤黄谷，以实物来确定价格，这样确定的价格可以保证流转土地的农民共享收益。

（三）雇工情况

周家林的2000多亩土地都是由当地的农民来具体种植的，最多的时候需要300~400人。每一季的农业生产的每一个环节需要的人工数也不相同。其中，插秧的时候就找长期帮人插秧的农业经纪人或者小包工头，给一个标准的价格，包给他们去做。插秧、打药、制种每季需要400人左右。这些人大部分都是当地没有出去打工的妇女，她们一般可以得到65元/天的工资，三个农忙季算下来，周家林要支出工资80万元左右，平均到每亩地，要支出700~800元的工资。

在雇工方面的问题是，在过几年可能会出现雇不到工的现象，因此逐步提高农业种植机械化的程度是解决雇工问题的一个出路。但是机械化的实现也有赖于细碎的田块的整合和统一。

（四）收入和赢利情况

就2011年拥有1000多亩土地的情况看，大春种植水稻，平均有500元/亩的利润，小春种植小麦和油菜的利润比较低，大概200元/亩。小春还有200~300亩土地种植中药材，种植中药材的利润要看市场，2011年亏损了7万~8万元，而2010年就盈利了十几万元。其中，2011年亏损就是因为市场上种植中药材的农民太多了。

农民很难控制天气和市场这两个因素，因此经济作物的利润不如粮食作物稳定。粮食作物每年总是可以维持在相对稳定的水平，从

2005 年以来，周家林种植的粮食作物一直是盈利的。2011 年，周家林的纯收入在 60 万 ~ 70 万元左右。

周家林种田盈利的原因在于节约成本和规模化效益。节约成本减少了支出，而规模化经营提高了产量。但是周家林也不是一味地追求高产量，而是在投入和产出之间找到一个最高的平衡点和最大的效益比。如果只追求产量的话，还会导致投入的上升，因此必须找到一个最佳的平衡点，可以用最合适的投入得到最大的产出。

三、生产管理情况

（一）管理者

2000 多亩的土地，如何管理是一个问题。周家林管理土地的现状是主要是他一个人在管，同时也请了两个人来协助进行管理工作。这两个人的主要工作就是在田间地头监工，同时在农忙的时候也会从事农业生产。

具体的农业生产，比如插秧的时候，就请当地长期帮人插秧的农业经纪人和小包工头来做，把这项工作承包给他们。周家林和两个管理者主要的工作就是监工，如果做不好的话，还是要返工的。

协助周家林从事管理的两个管理者都是熟悉农业生产的人，其从事监督生产的工作可以得到每年 2 万元左右的收入。

（二）包工头

除周家林和两个协助管理者以外，在具体从事农业生产的时候，还要依靠一批包工头从事管理。而周家林对于这批包工头的管理主要体现在对他们的工作进行监督，主要管两个方面，一是行距，二是每一陇的秧苗数，这两个方面是最影响产量的。对于农作物的管理是只管质量不问产量，质量不好的话要返工。

周家林对于包工头的管理还体现在要保证包工头不能克扣工人的工资。因为如果包工头克扣工人的工资，工人就会消极怠工，最后会影响产量。周家林采取的办法是要给领头的包工头一部分单独的钱，保证他们不能克扣工人的工资，同时还会给包工头每人每天十几元的电话费，而工人是没有这部分钱的。

四、种粮大户规模化经营之效果

种粮大户的规模化经营效果主要体现在两种生产经营方面。种粮大户周家林与小农散户在生产环节方面的不同反映出两种生产经营方式的区别，规模化的经营更有利于节约成本和提高收益，投入产出的效益在规模化的经营方式中更容易体现，而小农散户式的经营方式却面临着投入与产出相抵消的问题（见下表）。

大春种植水稻时各生产环节对比

生产环节	种粮大户	普通农户
种　子	自己制种，每亩 15 元	每亩 40~50 元
耕　地	自己的机耕，每亩 30 元	每亩 70~80 元
插　秧	包给经纪人，每亩 80 元	人工插秧，每亩 230 元
农　药	打三次药，一共每亩 66 元	打三次药，一共每亩 90 元
化　肥	有机肥 30~40 元	有机肥 30~40 元
管理和灌溉	会省不少钱	
收　割	每亩 70 元	每亩 400~500 元

续表

生产环节	种粮大户	普通农户
粮食风晒	每亩 50 元	没有这部分钱
田　租	每亩每季 450～500 元	没有这部分钱
成　本	800～900 元	1300～1400 元
产　量	1100～1200 斤，可卖 1900 元	800～900 斤，可卖 1400 元

由上表可以看出，散户在各个生产环节都要有着更多的成本投入，最后在产值和总成本之间是基本一致的，也就是说散户在粮食种植方面是不盈利的。而种粮大户周家林在成本投入方面比普通农户减少了，而在产量方面比普通农户高，平均每亩收益可达 800 元左右。

而在小春的农业生产中，周家林分别种植小麦、油菜、中药材和食用菌。其中，小麦种植 500 亩，油菜 200 多亩，中药材 200 多亩，食用菌几十亩。干小麦每亩可以卖 700 元左右，成本在 550 元左右，每亩只有 100～200 元的利润。

油菜和食用菌只有几万元到十几万元之间的利润，而中药材要看市场行情，市场行情不同，收益不同，只是规模化种植比小农生产抵御风险的能力更强。

值得注意的是，周家林还涉足了种子生产。种子公司借用周家林的土地来种种子，再卖给周家林。周家林在种子方面节省了成本，其中一斤种子可以省 18 元，一亩地要用一斤多的种子，每亩地可以省 27 元。而普通农民自己买种子就要几十元。周家林通过制种，每年可以得到的收益在 50 万元左右。

执笔人：徐宗阳　谭明智